YURI ELKAIM
Energy Booster
In 7 Tagen frei von chronischer Erschöpfung

Buch

Erschöpfung und Müdigkeit sind Probleme, mit denen sehr viele Menschen zu kämpfen haben. Yuri Elkaim, kanadischer Fitness- und Ernährungsexperte, war jahrelang selbst davon betroffen, bis er die Ursachen wissenschaftlich erforschte. Aus dem Erkenntnisgewinn entwickelte er ein Programm, mit dem man seine Energie innerhalb von einer Woche verdoppeln kann. Zu seinen Empfehlungen gehören eine überwiegend basische Ernährung, basierend auf Paleo, Superfoods und Rohkost sowie der Verzicht auf Weizen, Koffein und Zucker. Ergänzt durch eine wohldosierte Einnahme von Nahrungsergänzungsmitteln gegen Neurostress und Burnout-Prophylaxe mittels Bewegung und Meditation. Yuri Elkaim konnte bereits mehr als 500.000 Menschen weltweit von seiner Methode überzeugen. Seine Mission ist es, diese Zahl bis 2018 zu verdoppeln. Mit zahlreichen Rezepten und Selbsttest.

Autor

Yuri Elkaim, ganzheitlicher Ernährungsexperte und Fitnesstrainer, begann seine Karriere als Profi-Fußballer, um schon bald auf die Seite des Trainer und Coachs zu wechseln. Elkaim lebt in Toronto. Mit seinen Ernährungs- und Fitnesstipps, seinem Blog und der Super Nutrition Academy konnte er bislang das Leben von einer halben Million Menschen nachhaltig beeinflussen.

Yuri Elkaim

Energy Booster

In 7 Tagen frei von
chronischer Erschöpfung

Aus dem Englischen von
Jochen Lehner

GOLDMANN

Die amerikanische Originalausgabe erschien 2014
unter dem Titel »The All-Day Energy Diet«
bei Hay House Inc., U.S..

Der Verlag weist ausdrücklich darauf hin, dass im Text
enthaltene externe Links vom Verlag nur bis zum Zeitpunkt
der Buchveröffentlichung eingesehen werden konnten.
Auf spätere Veränderungen hat der Verlag keinerlei Einfluss.
Eine Haftung des Verlags ist daher ausgeschlossen.

Verlagsgruppe Random House FSC® N001967

2. Auflage
Deutsche Erstausgabe Juni 2016
© 2016 Wilhelm Goldmann Verlag, München,
in der Verlagsgruppe Random House GmbH,
Neumarkter Str. 28, 81673 München
Copyright © 2014 Yuri Elkaim
Originally published in 2014 by Hay House Inc. U.S.
Umschlaggestaltung: UNO Werbeagentur, München
Umschlagmotiv: Getty Images, stilllifephotographer
SSt · Herstellung: cb
Satz: Satzwerk Huber, Germering
Druck: GGP Media GmbH, Pößneck
Printed in Germany
ISBN 978-3-442-22131-8

www.goldmann-verlag.de

*Den Lieben meines Lebens gewidmet,
Amy, Oscar, Luca und Arlo. Euretwegen ist es wirklich nötig –
und so bereichernd –, mehr Energie zu haben.*

Inhalt

Vorwort 9
Einleitung: Was haben Fußball, Müdigkeit
   und Haarausfall miteinander zu tun? 15
Die sieben Gebote der Energie 28

Die Müdigkeitsepidemie 33
  1. Weshalb sind wir so müde? 35
  2. Drei hinterhältige Energieräuber 59
  3. Geheimnisse der Körperchemie 75
  4. Falsche Ernährungsgewohnheiten 87

Neue Energie 109
  5. Was Sie essen müssen, um den ganzen Tag
     Energie zu haben 111
  6. Das 7-Tage-Energie-Reset 181
  7. Nahrungsergänzungen und Superfoods für
     stetige Energie 201
  8. Esskultur 221

9. Bewegung: Was Sie aufbaut, statt Sie
    fertigzumachen 239
10. Stressabbau und stabiler Hormonhaushalt –
    die besten Rezepte 258
11. Finden Sie das, was Sie wirklich erfüllt 291

Anmerkungen 303
Kostenlose Downloads 310
Zu guter Letzt 312
Über den Autor 315

Vorwort

Ich fühlte mich elend und müde, auf meinem Kopf stand nur noch halb so viel Haar, wie ich einmal gehabt hatte. Und ich war erst 17.

Man denkt doch, dass ein junger Mann in diesem Alter aktiv und fit ist und voll im Saft steht – energiegeladen, gesund, was kostet die Welt? Damals glaubte ich noch, ich könnte es mit allem aufnehmen, wenn es auch schwer werden würde, denn immerhin verbrachte ich jeden Tag 12 bis 14 Stunden schlafend im Bett. Und selbst mit diesen langen Ruhezeiten kam ich nur gerade so über die Runden.

Dieser Zustand ist keineswegs selten, Abermillionen Menschen kämpfen eben jetzt damit. Um ehrlich zu sein, bin ich froh, dass ich diese Tortur über mich ergehen lassen musste. Sie hat in mir den unüberhörbaren Wunsch geweckt, andere bei der Suche nach mehr Gesundheit und Vitalität zu unterstützen. Ich stelle mir vor, dass auch Sie zu diesen Menschen gehören werden.

Ich heiße Yuri Elkaim und habe nichts Geringeres vor, als im Laufe der nächsten Jahre mindestens zehn Millionen Menschen so weit aufzubauen, dass sie sich bester Gesundheit erfreuen und sich den ganzen Tag lang energiegeladen fühlen. Ich werde Ihnen weiter unten von meinen Gesundheitskrisen erzählen, von Energielöchern, die mir das Leben aussaugten, und von dem Weg, auf dem ich das alles schließlich abgeschüttelt habe und auf dem es auch Ihnen innerhalb weniger Tage gelingen kann. Zuvor möchte ich aber ein paar Dinge mitteilen, die aus meiner Erfahrung auf dem Gebiet der Gesundheit zutreffen. Dass ich daran glaube, hat mit Hunderttausenden Menschen zu tun, denen ich im Laufe der letzten 15 Jahre zu staunenswerter Gesundheit verhelfen konnte.

Zu einem Leben in Freiheit und Freude gehört Gesundheit, und wir alle haben gerade einmal die Oberfläche dessen angekratzt, was uns an Gesundheit möglich ist. Dafür gibt es viele Gründe, die man aber aus meiner Sicht alle auf einen Nenner bringen kann: Wir verstehen die Bedeutung unserer Energie nicht oder wissen sie nicht richtig einzuschätzen.

Mir ist Energie wichtiger als alles andere. Energie, auch wenn viele nicht weiter darauf achten, ist *das* Zeichen der Gesundheit und zugleich die wesentliche Zutat, wenn wir uns wahrhaft lebendig fühlen möchten. Wenn Ihr Motor »rundläuft«, sind Sie nicht nur geistig ganz auf der Höhe, sondern sind auch körperlich jeder Herausforderung gewachsen. Was sich dann bei der Arbeit oder in Ihren Beziehungen an Schwierigkeiten zeigen mag, wirft Sie nicht zurück, sondern steigert Ihre Leistungs- und Glücksfähigkeit.

Ohne genügend Energie schleppen Sie sich dagegen durch den Tag, lustlos, freudlos, und schon lange vor der Ziellinie sind Sie einfach nur noch fix und fertig. So kann man eigentlich nicht leben, aber leider ist es genau die Daseinsform, mit der sich die meisten von uns von Tag zu Tag begnügen müssen. Das muss nicht so sein. Jeder Tag ist ein Geschenk, jeder Augenblick sollte voll ausgekostet werden können, schließlich möchten wir unser Bestes geben für all die Dinge, die uns im Leben wichtig sind.

Mein Interesse und Engagement besteht darin, anderen aus dieser Patsche herauszuhelfen. Uns allen steht ein gesundes und glückliches Leben zu, aber wenn es dazu kommen soll, müssen wir so gut wie alles anders machen als bisher: wie wir essen, wie wir uns bewegen, wie wir mit Stress umgehen. Ohne gründliche Revision all dieser Bereiche werden wir uns kaum je so gut fühlen, wie es für uns vorgesehen ist.

Das klingt jetzt vielleicht nach viel Arbeit, aber Sie werden in diesem Buch eine einfache Vorlage finden, nach der Sie diese energetische Generalüberholung vornehmen können. Bevor wir jedoch einsteigen, müssen wir uns erst einmal klarmachen, dass so gut wie alles, was man uns zur Verwirklichung eines gesunden und glücklichen Lebens beizubringen oder zu verkaufen versucht hat, schlichtweg falsch ist. In westlichen Ländern ist das Gesundheitssystem vielfach eher auf Reparaturen und Kuren ausgerichtet als auf umsetzbare Vorschläge der Krankheitsvorbeugung, die uns die Zustände ersparen könnten, an denen so viele leiden. Ich bin zwar im Grunde ein Technik- und Wissenschaftsfreak, aber die Erkenntnisse der modernen Gesundheitswissenschaft sagen mir wenig, solange sie uns nicht wirklich zu mehr Gesundheit und Wohlbefinden verhelfen. Außerdem können Sie heute zu jedem Thema wissenschaftliche Literatur finden, mit der sich so gut wie alles beweisen oder widerlegen lässt.

Meine eigenen Forschungen und Erfahrungen haben mich davon überzeugt, dass vieles von dem, was wir essen und trinken, direkt für unsere schlechte Gesundheit und den Energiemangel mitverantwortlich ist. Sogar als gesund angepriesene Produkte können uns mit ihren Konservierungsstoffen und anderen chemischen Substanzen auf Dauer erheblichen Schaden zufügen. Grundsätzlich sollten wir uns mit allem, was wir zu uns nehmen, besser fühlen als vorher. Schläfrigkeit nach einer Mahlzeit darf keinesfalls als normal akzeptiert werden, chronische Erschöpfung ganz sicher ebenfalls nicht. Das Abschlaffen nach dem Essen beschert uns ein Leben der zur Verzweiflung treibenden Müdigkeit.

Als ehemaliger Leistungssportler und Personal Trainer glaube ich nicht, dass es einen Sinn hat, sich in Form zu bringen, nur um auszusehen, wie man nach gängigen Klischees auszusehen hat. Fitness hat nicht viel damit zu tun, was für eine Figur Sie in Ihrer Unterwäsche machen. Ist es da ein Wunder, dass der bloße Gedanke an Sport und Training bei vielen einfach nur Widerwillen auslöst? Sollte es nicht so sein, dass wir uns darauf freuen, uns nach einem Work-out richtig gut zu fühlen? Dazu müssen wir etwas an der Art unseres Trainings ändern, sodass wir uns danach nicht ausgelaugt, sondern gestärkt und wie aufgetankt fühlen. Unser Training sollte uns stärker machen und die Unfallgefahr nicht noch erhöhen.

Schließlich bin ich auch noch überzeugt, dass unsere Art, zu arbeiten und unsere Familie zu versorgen, ätzend ist. Unsere Arbeit verschafft uns das nötige Geld für alles, was zu bezahlen ist, doch darüber hinaus bietet sie nicht viel. Sie saugt uns unsere natürliche Energie ab. Ihre Arbeit sollte Sie begeistern, schließlich nimmt sie einen Großteil Ihrer Zeit in Anspruch – sollte sie nicht etwas Anregendes haben und Sie mit einem Gefühl tiefer Befriedigung in den Feierabend entlassen?

● ● ●

Auf unserem weiteren gemeinsamen Weg durch dieses Buch werde ich Sie mit ein paar revolutionären (und vielleicht stark vom Gewohnten abweichenden) Erkenntnissen, Ideen und Strategien vertraut machen, mit denen es Ihnen leichter fallen wird, beengende Muster zu durchbrechen und sich die ganztägige Energie zu sichern, die Ihnen vorschwebt. Zu meinen Klienten sage ich gern: »Wenn Sie wissen, wie irgendetwas Bestimmtes zu heilen ist, können Sie alles andere nach dem gleichen Muster heilen.« Das bedeutet: Wenn Sie den Weg zu mehr Energie gefunden haben, werden Sie auch leichter abnehmen und in den meisten Fällen mühelos Ihre Gesundheit wiederherstellen können. Sie können das alles schaffen, es ist viel leichter, als Sie denken.

Auf diesem Weg werden Sie viele Bereiche Ihres Lebens wieder ins Lot bringen, die bisher einfach nicht rundlaufen wollten. Es ist der Weg Ihrer Selbstheilung.

Damit Missverständnisse gar nicht erst aufkommen: Mit Energy-Drinks und anderem gefährlichen Firlefanz hat das alles nichts zu tun. Rechnen Sie hier nicht mit einer weiteren zweifelhaften Wellnessmode, die am Ende nicht viel von dem liefert, was sie verspricht. Es handelt sich vielmehr um grundlegende Gesundheitsmaßnahmen, die bei 99 von 100 Leuten mit 99-prozentiger Sicherheit funktionieren. Es sind überdies Maßnahmen, für die Sie unabhängig von Ihrer Ernährungsform einen Platz in Ihrem Leben finden können. Um aus den hier vorgetragenen Ideen Gewinn zu ziehen und Ihr Leben zum Besseren zu wenden, brauchen Sie nur ein Mensch zu sein, das ist die einzige Voraussetzung. Wirklich, das kann ich Ihnen zusichern, ich habe es in unzähligen Fällen immer wieder bestätigt gefunden.

Wenn das Musik in Ihren Ohren ist, dann los!

Einleitung:
Was haben Fußball, Müdigkeit und Haarausfall miteinander zu tun?

Bevor wir loslegen, muss ich Ihnen noch meine Geschichte erzählen, eine an Schmerzen und Peinlichkeit reiche Geschichte, der ich aber alles verdanke, was ich heute über Gesundheit weiß. Schon dieser einleitende Satz lässt die alte Verunsicherung wieder hochkommen, all die Scham, die ich empfunden habe. Es ist so schlimm, dass ich schon erwogen habe, meine persönliche Geschichte einfach wegzulassen. Andererseits freut es mich aber, Ihnen davon erzählen zu können, denn Sie werden hier eine Menge Wertvolles und Nützliches finden.

Ich war nicht immer ein Bestsellerautor von Büchern über Gesundheit und Ernährung oder ein gefragter Berater für ganzheitliche Ernährung. Und ganz sicher kann man meine frühere Ernährungsweise nicht als ausgewogen bezeichnen.

Ich blicke auf zwei Jahrzehnte zurück, in denen ich immer von irgendwelchen Malaisen geplagt war. Ich war todmüde und kämpfte gegen eine wahre Flut von Gesundheitsstörungen – und das, obwohl ich ein sportlicher junger Mann war, der als fit galt. Ich versuchte das alles irgendwie zu überspielen, aber es kam doch der Tag, an dem es einfach genug war.

Es war an einem Mittwochabend Mitte März, ein paar Tage vor meinem 17. Geburtstag, ich war gerade vom Fußballtraining nach Hause gekommen und befand mich in noch schlechterer Verfassung als sonst. Es war für die Jahreszeit recht warm, und ich erinnere mich noch gut an das klebrige Gefühl meiner verschwitzten Trainingskleidung. Ich war Torwart, die gepolsterte Hose und die kniehohen Strümpfe zeigten deutliche Schmutzspuren meiner vielen Aktionen. Am linken Oberschenkel waren ein paar Schrammen zu erkennen, die den gleichen Ursprung hatten. Ich war verdreckt und fertig, aber das war gerade erst der Anfang.

Ich konnte mich kaum noch auf den Beinen halten, als ich mich in meinem Elternhaus die Treppe hinauf ins Bad schleppte, um zu duschen. Wie immer nach dem Training war ich müde und fühlte mich richtig mies, aber das war jetzt doch eine andere Größenordnung: Ich konnte nur sehr mühsam atmen, und der klopfende Schmerz in meinen Händen war schlimmer als je zuvor. Ich hatte eigentlich schon immer an Ekzem gelitten, und die verschwitzten Torwarthandschuhe, die ich mehrmals die Woche tragen musste, ließen dieses Ekzem jedes Mal aufflammen und fürchterlich nässen. Es war so schlimm, dass ich sogar an warmen Frühlingstagen meine Winterhandschuhe im Schulbus trug, damit meine Klassenkameraden diese schuppige, reptilienartige Haut nicht sahen. Jetzt starrte ich im Bad auf meine roten, verquollenen Hände und fand mich abstoßender als je zuvor.

Diese entzündeten Hände wären für sich allein schlimm genug gewesen, aber ich bekam außerdem wie gesagt ganz schlecht Luft und dachte mir, es sei wohl besser, mir einen Stoß aus meiner Asthmapumpe zu gönnen, damit ich wenigstens wieder leichter atmen konnte. Das war immer im Frühling und nach dem Training besonders schlimm, aber der heutige Zustand übertraf alles. Er erinnerte mich an meine asthmatischen Anfälle als kleiner Junge, wo ich dann eine Atemmaske umgeschnallt bekam und zusätzlich Kortison gespritzt wurde, nur damit ich irgendwie Luft bekam. Damals waren Sport und Spiel mit meinen Freunden so gut wie unmöglich gewesen, und jetzt musste ich mir die Frage stellen, ob es wohl wieder so schlimm werden würde. War nicht sogar meine Zukunft als Fußballer infrage gestellt, meine Zukunft in diesem Sport, der mir alles bedeutete? Ach, wie sehr ich mir wünschte, eine ganze Trainingseinheit beziehungsweise ein Spiel durchstehen zu können, ohne für den Notfall das Asthmaspray neben dem Torpfosten stehen zu haben! Es sah zunehmend so aus, als würde es dazu nicht kommen.

Ich betrachtete mich im Badezimmerspiegel und kam mir vor wie eine Horrorfilmgestalt. Die Gesundheit spielte nicht mehr mit, ich musste hilflos zusehen, wie mein Leben einfach zerfiel. Es waren ja nicht allein die Hautkrankheit und das Asthma, nein, ich hatte kaum die Kraft, einen ganzen

Tag durchzustehen, sogar ohne Training. Jeden Morgen wachte ich mit dem Gefühl auf, am Abend eine ganze Flasche Schnaps in mich hineingegossen zu haben. Ich hatte es so satt, mich alt und verbraucht zu fühlen – mit 17!

Als ich wieder ein wenig zu Atem gekommen war, stieg ich in die Dusche, um Schweiß, Dreck und diesen ganzen Selbsthass abzuspülen. Ich griff nach der Shampooflasche, drückte mir etwas von dem Gel in die Hand und schäumte mir das Haar ein. Vom warmen Wasser überspült kehrte ein Hauch von Frische und Zuversicht zurück. Ich schloss die Augen und gestattete mir einen tiefen Seufzer.

Die Erleichterung hielt nicht lange an. Als ich die Augen wieder öffnete, blickte ich erstaunt auf große Knäuel Haar in meinen Händen. Haare, überall braune Haare, du meine Güte!

Tief erschrocken sprang ich aus der Dusche und trocknete mich ab. Auch im Handtuch fingen sich immer mehr Haare, Haare, Haare. Entsetzt blickte ich in den Spiegel und konnte es nicht fassen: Über meinem linken Ohr war eine runde kahle Stelle von zwei bis drei Zentimetern Durchmesser. Sie war mir bisher wohl nicht aufgefallen, weil sie von meinem langen Haar verdeckt wurde. Oder das Haar war an dieser Stelle eben erst ausgefallen und in meinen Händen beziehungsweise im Handtuch gelandet. Ich verstand gar nichts mehr, ich war starr vor Schreck. Niemand in meiner Familie hatte je Haarprobleme gehabt, ganz bestimmt nicht in meinem Alter. Was war nur los mit mir?

Als ich am nächsten Morgen aufwachte, war das Kopfkissen voller Haare, und um es kurz zu machen: Ein paar

Wochen später war ich kahl, sogar meine Augenbrauen und Wimpern waren weg.

Ich kam mir vor wie eine zur Jahrmarktsattraktion gewordene Missgeburt. In der Schule musste ich die befremdeten und leicht angeekelten Blicke in meiner Klasse und sogar beim Fußball ertragen. Manch einen beschäftigte vielleicht der Gedanke, ob ich etwas Ansteckendes hatte, ich weiß es nicht. Am liebsten hätte ich mich im Umkleideraum in meinen Spind eingeschlossen und wäre nie wieder aufgetaucht.

Ich weiß wirklich nicht, wie ich diese Zeit ohne meine Familie und meine besten Freunde überstanden hätte. Ich werde ihnen immer dankbar sein. Meine gesundheitlichen Probleme waren immer schon schlimm genug gewesen, aber das hier ließ sich jetzt kaum noch überbieten. Ich war am Boden zerstört.

Und wissen Sie was? So schrecklich das alles war, heute bin ich dankbar dafür. Wäre es nicht passiert, könnte ich Ihnen heute keine lebensverändernden Erkenntnisse vorlegen. Der Horrorabend nach dem Fußballtraining und der weitere Gang der Ereignisse weckten mich endlich auf und machten mir Beine. Jetzt war klar, dass ich in meinem Leben ein paar Dinge drastisch verändern musste.

Ich schwor mir, diesem unerklärlichen Haarausfall genauso auf den Grund zu gehen wie meinem Asthma und diesem ebenso quälenden wie peinlichen Ekzem. Und die ewige Müdigkeit – damit sollte jetzt auch Schluss sein. Ich würde irgendwie herausfinden, was da los war, oder Schluss machen.

Wie ich vorgehen wollte? Ich würde Ärzte aller Fachrichtungen aufsuchen, um herauszufinden, wie ich mich heilen konnte. Als erster stand ein Immunologe auf der Liste, und der erzählte mir, es handle sich um eine Autoimmungeschichte namens Alopezie. Ich hätte mir da noch mehr Aufschluss gewünscht, doch dieser Arzt wusste nur die Diagnose und sonst nichts. Wie war das möglich?

Im Laufe der folgenden sieben Jahre der akribischen Suche, die mich durch alle Fachbereiche der Medizin führte, schälte sich statt einer Antwort ein Muster heraus: Nicht ein einziger Arzt hatte eine Idee, was man über Kortisonspritzen direkt in die Kopfhaut hinaus noch unternehmen konnte. Kein einziger der vielen Spezialisten machte sich Gedanken, worin die Ursache meiner Gesundheitsprobleme liegen mochte und wie man vielleicht bei dieser Ursache ansetzen konnte. Viel mehr interessierte sie der Einsatz wenig erprobter Medikamente, und fast immer lief es auf Salben hinaus oder auf Injektionen von wer weiß was für Stoffen. Echte Lösungsansätze gab es nicht, das Ganze war unbeschreiblich frustrierend.

Und so kam ich mit 24 zu meiner zweiten radikalen Entscheidung.

Da nicht mehr zu bezweifeln war, dass die Medizin und die Mediziner außerstande waren, mir zu helfen, schwor ich mir, alle Bücher über Krankheit und Gesundheit zu lesen und alle sonstigen Quellen auszuschöpfen, um mich so kundig zu machen, dass ich mir schließlich selbst helfen konnte. Wenn dieses kaputte Medizinsystem schlichtweg versagte, musste ich eben herausfinden, was ich selbst unternehmen konnte.

Ich schrieb mich an der University of Toronto für einen Kurs in Gesundheitserziehung und Kinesiologie ein. Das war zwar ein guter Anfang, aber ich bekam doch noch kein klares Bild davon, was eigentlich die Voraussetzungen der Gesundheit sind. Das sollte sich in nicht allzu ferner Zukunft ändern.

Vorher gab es jedoch noch ein Zwischenspiel, und das begann damit, dass ich irgendwie doch wieder die Kraft fand, in der Universitätsfußballmannschaft zu spielen. Das tat ich vier Jahre lang und arbeitete nebenbei noch als persönlicher Trainer – und das bei vollem Studienprogramm. Ja, von meiner Veranlagung her neige ich wohl ein bisschen zum Typ-A-Verhalten.

Das Studium machte mir Spaß, und ich liebte meinen Trainerjob, aber eigentlich wollte ich in den europäischen Profifußball. Und dazu kam es sogar dank der guten Beziehungen meines Agenten zu französischen Clubs.

Nach dem Collegeabschluss schickte mein Agent ein Videodossier von mir zusammen mit glühenden Empfehlungen an einen der Topvereine in Frankreich. Sie zeigten sich beeindruckt und luden mich ein, im Rahmen eines Probevertrags bei ihnen zu spielen. Ich würde nach Frankreich gehen und mir eine Karriere als Profifußballer aufbauen!

Aber als längst noch nicht erstklassiger Torwart spielte ich die meiste Zeit nur in der Reserve. Man braucht hier normalerweise Jahre, bis man auch mal in der A-Mannschaft eingesetzt wird. Immerhin war ich schon mal da, wo die Musik spielte.

So spannend das alles war, bald holte mich mein Asthma wieder ein. Hinzu kam, dass der Traum vom Profifußball zu schwinden begann, einfach weil ich so wenig zur Beschleunigung meiner Karriere tun konnte und dazu auch noch viel zu kritisch auf meine Leistungen blickte. Jedenfalls war ich die meiste Zeit kreuzunglücklich. Der Kummer verstärkte meine Vorliebe für Baguette, Croissants und Kaffee, und die alte Kraftlosigkeit kam wieder über mich.

Ganz in der Tiefe schwante mir, dass meine Gesundheitsstörungen etwas mit meiner Ernährung zu tun hatten, und die war unausgewogen, um es einmal ganz vorsichtig auszudrücken. Ich hatte eigentlich immer schon vorwiegend von Getreide, Zucker und Milchprodukten gelebt, dazu industriell verarbeitete Lebensmittel jeder erdenklichen Art. Etwas Leichtes, Erfrischendes und Nahrhaftes wie Obst sah man mich nur selten essen. Und Gemüse – was war das überhaupt?

Nach nur einer Saison in Frankreich wurde mir klar, dass es doch nicht das Leben war, das ich mir wünschte. Ich wollte mehr auf die Beine stellen, ich wollte die Welt verbessern, vor allem gesünder machen. So kam es zu dem Entschluss, meine Fußballschuhe an den Nagel zu hängen. Von jetzt an geht es aufwärts, dachte ich.

• • •

Dummerweise blieb es bei meiner ungesunden Ernährung, als ich nach Kanada zurückkehrte. Fußball war jetzt nicht mehr meine Berufung, blieb aber ein Hobby – und meine Gesundheitskrisen blieben mir ebenfalls erhalten. Lag es etwa an meiner Ernährung? Die Frage verfolgte mich.

Dann sah ich einmal die Ankündigung eines Tags der offenen Tür einer Schule für ganzheitliche Ernährung in Toronto. Ich wusste gleich: Da muss ich hin.

Es wurde für mich ein Aha-Moment, als ich mich an diesem Tag dort umsah und alles begierig in mich aufnahm. Ich war kaum ein paar Minuten dort, als sich mir auch schon die ersten Antworten erschlossen, nach denen ich so lange vergeblich gesucht hatte. Es verschlug mir den Atem!

Ich war Feuer und Flamme und schrieb mich sofort ein. Es wurde noch besser, als ich mit einem meiner künftigen Lehrer, einem fantastischen Doktor der Naturheilkunde, ins Gespräch kam und ihn fragte, ob meine Autoimmunerkrankung, die chronische Müdigkeit, das Ekzem und das Asthma mit meiner Ernährung zusammenhängen könnten.

»Aber ja«, sagte er, »das erleben wir hier jeden Tag.«

Unfassbar, dann gab es also doch eine Lösung, und ich stand vielleicht am Beginn des Weges zu meiner vollkommenen Heilung! In meinen vier Studienjahren an einer hoch angesehenen Universität hatte ich nichts von diesem Zusammenhang erfahren. Es sprang mir förmlich ins Auge: Wenn ich von diesen Dingen nichts wusste, musste es Milliarden andere in der Welt geben, die ebenfalls im Dunkeln tappten. Kein Zweifel, da lag meine Berufung.

Mit Feuereifer setzte ich alles, was ich dort lernte (und was Sie in diesem Buch wiederfinden werden), sofort um, und tatsächlich: Mein Haar begann wieder zu wachsen, und die Energie kehrte zurück. Das Ekzem verschwand, das Asthma verschwand, ich war absolut begeistert.

Besonders freute mich, dass ich morgens mit klarem Kopf aufwachte und dann für den ganzen Tag Energie hatte. Ich brauchte weniger Schlaf, ich konnte mehr tun. Ich war produktiver, konnte mehr Menschen helfen, war mehr für meine Kinder da und konnte mich auch noch meinen anderen Passionen und Hobbys widmen.

Etwa zwei Monate nach dem Beginn meiner Studien an dieser Schule für ganzheitliche Ernährung hatte ich wieder Haare auf dem Kopf. Es ging seitdem allerdings mehrmals wieder aus und wuchs nach, das scheint bei Alopezie einfach so zu sein. Asthma, Ekzem und Energielosigkeit hatte ich dagegen offenbar ausgetrickst, und das fühlte sich an wie ein gewaltiger Sieg.

Mit jetzt wieder federndem Schritt in dieser auf Anstöße wartenden Welt machte ich mich daran, das in der Schule Gelernte mit meiner sportlichen Erfahrung zu verbinden, und entwickelte schließlich einen aus gesunder Ernährung, Bewegung und anderen Zutaten bestehenden Ansatz, der mich landauf, landab zu einem der gefragtesten Experten auf dem Gebiet der Gesundheit und Fitness machte.

Alles, was ich auf diesem unglaublichen Weg gelernt habe, möchte ich jetzt an Sie weitergeben.

Ich hoffe, meine Erzählung macht Ihnen deutlich, dass ich mich trotz meines heutigen Experten- und Beraterstatus in nichts von Ihnen unterscheide. Ich bin nur eben durch die Hölle gegangen und dabei auf ein paar echte Lösungen gestoßen. Von diesen Lösungen möchte ich Ihnen berichten.

Es handelt sich um ein planvolles Vorgehen, das Menschen wie Ihnen und mir Energie für den ganzen Tag gibt und dazu einen gesunden Körper, auf den wir stolz sein können.

Es ist ein Plan, der mir und Tausenden meiner Klienten am Morgen putzmunter aus dem Bett zu springen und dann mit unerschöpflicher Energie und Klarheit durchs Leben zu brausen erlaubt.

Mit dem hier vorgestellten Plan werden Sie endlich zu den Ergebnissen gelangen, die Sie so lange vergeblich angestrebt haben. Wir werden uns sieben Kerngebiete vornehmen, die in Ordnung gebracht werden müssen, wenn Sie den Durchbruch zu Gesundheit und Energie schaffen wollen. Diese Bereiche sind:

1. der pH-Wert oder Säuregrad Ihres Bluts,
2. die Gesundheit Ihres Verdauungssystems,
3. der Zustand Ihrer Nebennieren,
4. empfohlene Nahrungsmittel,
5. nützliche Nahrungsergänzungen,
6. einfache Techniken der Stressreduzierung und
7. das richtige Bewegungsprogramm (damit Sie sich nicht noch mehr fertigmachen als bisher).

Dieser Plan wird Ihr Leben verändern. Meines hat er ganz sicher verändert, und das war leicht zu erkennen, weil bei mir so vieles im Argen lag. Um nur ein Beispiel für mein neues Leben zu nennen: Als ich vor ein paar Jahren 30 wurde, war bereits unser erster Sohn angekommen, Oscar. Innerhalb der nächsten drei Jahre erwiesen uns Luca und Arlo die Ehre. Drei kleine Jungs und lauter fesselnde Aufgaben im Gesundheitsbereich – das geht nur, wenn man über reichlich Energie verfügt. Wie sieht es bei Ihnen aus?

Wenn Sie wie ich Kinder und tausend weitere anspruchsvolle Verpflichtungen haben, ist Energie die entscheidende Zutat zu einem tollen Leben. Stellen Sie sich vor: morgens aufstehen und sich richtig wach fühlen, den Arbeitstag ohne Energielöcher bewältigen und am Feierabend immer noch reichlich Kraft für die Kinder haben. Wie würde das Ihr Leben verändern? Und erst das Leben Ihrer Kinder?

Oder stellen Sie sich vor: Sie bei der Arbeit oder in der Ausbildung und immer mit geradezu laserartiger Konzentrationskraft. Ihr Körper bewältigt das alles wie von selbst, die Tage der Koffeinflauten und der Süßigkeitengier liegen hinter Ihnen. Endlich haben Sie Ihr Leben selbst in der Hand und fühlen sich großartig. Sie sehen auch großartig aus. Und das Beste: Das alles haben Sie innerhalb weniger Tage durch die Beachtung einiger einfacher Gesundheitsprinzipien erreicht.

Ich kenne Sie nicht, aber ich bin jetzt schon ganz aufgeregt, was Ihre Zukunft angeht. Beinahe zappelig. Sie werden Veränderungen erleben, die einer kompletten Verwandlung gleichkommen. Sie werden der ganzen Welt erzählen können, wie Sie zu sich gefunden haben, und sich jetzt nicht mehr mit halben Sachen begnügen müssen.

Wirklich, es steht Ihnen zu, sich großartig zu fühlen und toll auszusehen. Fangen wir an.

Die sieben Gebote der Energie

Zu der Frage, durch was wir uns energiegeladen fühlen, habe ich im Laufe der Jahre ein paar interessante Beobachtungen gemacht. Manche dieser Beobachtungen sind wissenschaftlich belegt, andere sind einstweilen Theorie. Jedenfalls habe ich aus diesen Beobachtungen meine Energieprinzipien abgeleitet. Sie bieten Ihnen eine solide Grundlage für das Verständnis all dessen, was Sie in diesem Buch erfahren und dann auch anwenden werden. Denken Sie sich diese Prinzipien als die sieben Gebote der Energie. Die Bedeutung der sieben Prinzipien wird Ihnen im Laufe der Lektüre immer klarer werden. Hier möchte ich sie Ihnen erst einmal gesammelt präsentieren.

1. Prinzip: Ihr Blut ist der Fluss, der Ihren Zellen Sauerstoff für die Energiegewinnung zuträgt. Nahrungsmittel und sonstige Einflüsse, die Ihrem Blut oder den roten Blutkörperchen als den Trägern des Sauerstoffs schaden, rauben Ihnen Energie.

2. Prinzip: Da die Verdauung stark von der zur Verfügung stehenden Energie abhängt, rauben Ihnen all die Nahrungsmittel und Einflüsse Energie, die Ihre Verdauung über Gebühr belasten oder stören. Anders herum bewirkt Nahrung, die Ihnen mehr Energie (nicht Kalorien) zuführt, als zu ihrer Verdauung erforderlich ist, dass Sie sich lebendiger fühlen.

3. Prinzip: Da die Verdauung so viel Energie verbraucht, können Sie Ihre Energie steigern, indem Sie weniger essen (ganz davon abgesehen, dass es nachweislich lebensverlängernd wirkt).

4. Prinzip: Ihre Nebennieren unterstützen Sie bei der Stressbewältigung. Übermäßiger Stress (durch Ernährung, Sport, Lebensweise und so weiter), den Sie nicht regelmäßig abbauen, sodass er schließlich chronisch wird, schwächt Ihre Nebennieren, behindert die Bewältigungsmechanismen und raubt Ihnen letztlich Kraft.

5. Prinzip: Auch die geistigen Funktionen sind offenbar für unsere Energie wichtig. Wenn der Kopf ständig übervoll ist und wir dazu noch deprimiert sind und uns nicht mehr konzentrieren können, kann uns das Energien abzapfen. Deshalb stabilisiert alles, was uns geistig klarer macht, unseren Energiehaushalt.

6. Prinzip: Bewegung ist Leben, Stillstand ist Tod. Wenn Sie sich ständig energielos fühlen, deutet das darauf hin, dass Ihr Körper zu wenig Energie in Bewegung investiert, weil er alles selbst für Heilung und notwendige Reparaturen braucht. Erinnern Sie sich, wie schlapp Sie sich bei einer Krankheit oder auch während einer Schwangerschaft gefühlt haben.

7. Prinzip: Wie Sie etwas Bestimmtes heilen, so heilen Sie auch alles andere. Was Ihrer Energie auf die Sprünge hilft, wird Ihre Gesundheit insgesamt verbessern. Sie nehmen leichter ab, Sie werden leistungsfähiger, Ihr Erkrankungsrisiko nimmt ab.

● ● ●

Das sind wie gesagt meine Beobachtungen. Ob Sie mir glauben oder nicht, spielt keine Rolle, denn wenn Sie diese Prinzipien erst einmal in Aktion erlebt haben, wird es nicht mehr viel zu argumentieren geben. Ich bin ja nicht ohne Grund Energieexperte. Sie ahnen sicher bereits, dass Sie kein x-beliebiges Ernährungsbuch vor sich haben. Sie finden hier bewährte und nicht der Norm entsprechende Prinzipien und dazu Strategien, die wirklich etwas bewegen.

Wir werden Kapitel für Kapitel im Detail auf die einzelnen Prinzipien eingehen. Sie dürfen mit Aha-Momenten und unzähligen umsetzbaren Tipps rechnen, die bereits Zehntausenden meiner Klienten auf der ganzen Welt geholfen haben. Wichtig ist, dass Sie mindestens einen Vorschlag in jedem Kapitel aufgreifen und umsetzen. Sollten

Sie es tun, kann ich Ihnen versprechen, dass Sie Ihr Energieniveau innerhalb einer Woche auf das Doppelte steigern werden. Tun Sie es nicht, werden Sie weiterhin mit Energiemangel zu kämpfen haben.

Bevor wir jetzt einsteigen, noch zwei wichtige Anregungen.

Erstens: Lesen Sie das Buch ganz, wenn auch natürlich nicht unbedingt auf einen Sitz. Lassen Sie kein Kapitel aus, denn in jedem warten Schätze auf Sie, die Ihr Leben von Grund auf verändern können.

Und zweitens: Bleiben Sie aufgeschlossen. Ich werde Ihnen einiges zumuten und vieles infrage stellen, was man Ihnen über Ernährung und den menschlichen Körper beigebracht hat. Bleiben Sie offen für Möglichkeiten, die in der wissenschaftlichen Literatur und den Medien kaum oder gar nicht beachtet werden. Was ich damit meine, werden Sie insbesondere den Kapiteln über Ernährung entnehmen können.

Halten Sie sich diese Gebote immer wieder vor Augen, wenn wir uns jetzt auf unseren gemeinsamen Weg machen. Im ersten Teil, »Die Müdigkeitsepidemie«, werden Sie schnell erkennen, welche entscheidende Rolle das erste Prinzip für die Energie spielt, die Ihnen Tag für Tag zur Verfügung steht.

Aber jetzt los!

Erster Teil

• • •

Die Müdigkeitsepidemie

1

Weshalb sind wir so müde?

Das Leben muss auch Herausforderungen bieten, aber es darf nicht der Eindruck entstehen, dass es nicht zu bewältigen ist. Manchmal fühlt es sich aber so an, nicht wahr?

Wenn ich Sie frage, ob Sie gern mehr Energie hätten, antworten Sie doch sicher sofort und sehr entschieden mit Ja. Nun ja, auch ohne das sagt der Umstand, dass Sie dieses Buch lesen, eine ganze Menge. Das ist nur zu verständlich, denn mehr Energie zu haben und sich lebendiger zu fühlen gehört zu den Wünschen, die ich bei fast allen Menschen vorfinde, und selbst wenn dieser Wunsch nicht direkt so ausgesprochen wird, schwingt er eigentlich mit. Manche möchten abnehmen, andere wünschen sich mehr Muskeln, die Haut soll besser aussehen, oder man möchte im Sport oder Beruf mehr Leistungsvermögen haben. Und wie nennen wir das, was uns all diese Ziele leichter erreichen lässt?

Richtig, Energie.

Durch mehr Energie haben Sie nicht nur mehr vom Leben, sondern können auch weitaus mehr für Freunde, Angehörige und das Gemeinwesen tun. Für mich zählt vor allem Letzteres. So schön es war, meine Gesundheitsstörungen nach und nach zu überwinden, der größte Gewinn lag darin, dass ich einfach mehr Energie hatte. Ich brauchte nicht mehr zehn bis zwölf Stunden Schlaf, sondern kam jetzt mit sechs bis acht Stunden aus, und am Morgen fühlte ich mich meist zum Bäumeausreißen. Konzentrationskraft und Produktivität hielten den ganzen Tag über an, sodass ich mich mehr Menschen widmen und mehr für die Verbreitung meiner Erkenntnisse tun konnte. So etwas kann sehr mühsam werden, wenn man sich schachmatt fühlt und eigentlich nur noch herumliegen möchte.

Dieser herrliche Zustand hielt eine ganze Weile an, erwies sich dann aber als nicht dauerhaft. Als Jahre später unsere Kinder da waren und das Leben hektischer wurde, fiel mir auf, dass es mit meiner Energie wieder bergab ging. Ich wachte nicht mehr so gut auf, und die Energie hielt oft nicht den ganzen Tag lang vor. Auch mein Bewegungsprogramm wurde mir jetzt zur Last, ich besaß einfach nicht mehr die inzwischen bereits gewohnte Leistungsfähigkeit. Mir war das unverständlich, denn ich ernährte mich gut (wovon noch ausführlich die Rede sein wird). Irgendetwas stimmte da nicht.

Wieder machte ich mich auf die Suche nach möglichen Schwachstellen in meiner körperlichen Verfassung. Nach ausgiebigen Recherchen, Besuchen bei meinem Arzt für Naturheilkunde und etlichen Laboruntersuchungen stellte sich schließlich heraus, dass meine Nebennieren angeschlagen waren. (Was das im Einzelnen bedeutet, werden Sie ebenfalls noch erfahren; für jetzt genügt es zu sagen, dass mein Körper einfach stressanfälliger wurde.) Mit diesem Wissen konnte ich meine Nebennieren allmählich wieder in Gang bringen, und mein Energiehaushalt besserte sich deutlich.

Alles, was ich da in Erfahrung brachte, finden Sie in diesem Buch, und es wird auch Ihnen helfen, sich den Anforderungen des Lebens besser gewachsen zu zeigen. Möchten Sie nicht morgens auch aus dem Bett springen können und den ganzen Tag über unerschöpfliche Energie verfügen? Was, wenn Sie den gefürchteten Energieknick am Nachmittag vermeiden könnten, durch den Sie am Feierabend derart erledigt sind, dass Sie sich kaum noch Ihren Kindern widmen, geschweige denn ins Fitnessstudio gehen können? Wäre es nicht großartig, sich einfach nur *toll* zu fühlen?

Das geht, sofern Sie wissen, wohin Ihre ganze Energie verpufft.

* * *

Energie ist Leben. Ein energiegeladener Körper ist auch gesund. Ein müder, lustloser Körper fleht eigentlich ächzend und stöhnend um Hilfe. Energiemangel gefährdet nicht nur unsere Gesundheit, wir leisten auch nur einen Bruchteil dessen, was wir leisten könnten, wir schleppen uns wie Untote durch den Tag, und unsere kurzfristigen Überbrückungsmaßnahmen bieten wenig Hilfe.

Ich spreche natürlich von Koffein, der Droge Nummer eins in der Welt, die von Abermillionen Menschen in der

Form von Kaffee, aber auch als Energy-Drinks konsumiert wird. Einer 2008 veröffentlichten kanadischen Erhebung zufolge wurden 2004 in den USA 1,5 Milliarden Dosen Red Bull verkauft. Der US-Markt für solche Getränke legte von 2004 bis 2009 um über 240 Prozent zu und wird den Hochrechnungen nach einen Umfang von 19,7 Milliarden Dollar erreichen.[1]

Nur seltsam, dass Abermillionen Menschen trotzdem an Energiemangel leiden. Die Müdigkeit plagt uns sogar mehr denn je. Haben Sie den Eindruck, dass die Kaffeetrinker und Konsumenten von Energy-Drinks in Ihrem Bekanntenkreis (und vielleicht gehören Sie auch dazu) wirklich von morgens bis abends voller Energie sind? Wir sind total gestresst und überarbeitet, und mit all dem Koffein kommen wir am Morgen trotzdem kaum aus dem Bett und schaffen nur mit großer Mühe alles, was zu tun ist. Das Verfahren funktioniert ganz offensichtlich nicht.

Das hat ganz simple Gründe. Solche Getränke überschwemmen unseren Körper mit aufputschendem Koffein, das auf Dauer unsere Nebennieren zermürbt und unseren Blutzucker durcheinanderbringt. Da spielen dann die Hormone verrückt, und der Energiehaushalt läuft aus dem Ruder. Diese Substanzen mögen uns einen kurzfristigen Energieschub verschaffen, aber die langfristigen Folgen, auf die wir später noch zu sprechen kommen, sind wirklich beängstigend.

Jetzt jedenfalls stehen wir in den Ländern mit massenhaftem Koffeinkonsum vor einer Epidemie der Müdigkeit, und es sind wirklich Hunderte Millionen, die daran leiden.

Das Ausmaß ist nur noch als katastrophal zu bezeichnen, unzählige Menschen werden um das Glück, die Produktivität und die sexuelle Erfüllung gebracht, die sie eigentlich haben sollen. Das muss aufhören, und deshalb habe ich dieses Buch geschrieben.

Was wir essen, tut uns auch nicht unbedingt gut. Seit dem Beginn der industriellen Verarbeitung von Lebensmitteln in den Fünfzigerjahren des vorigen Jahrhunderts greifen wir aus Bequemlichkeit und auf Kosten unserer Gesundheit zu Fast Food und Fertiggerichten ohne wesentlichen Nährwert. Sie schmecken uns, aber sie tun uns nicht gut. Es handelt sich um tote Nahrung, und da der Mensch ist, was er isst, wie das Sprichwort sagt, fühlen wir uns entsprechend leblos und energielos. Solche industriell verarbeitete Nahrung nährt nicht, sondern schadet häufig unserem Verdauungssystem, macht das Blut sauer und zehrt dabei auch noch die Energie unseres Körpers auf.

Nie waren wir so krank, so fett und so müde wie heute. Zum Glück besteht die Lösung eben nicht darin, mehr Eiweiß und weniger Kohlenhydrate zu uns zu nehmen oder die neueste Hollywood-Diät über uns ergehen zu lassen. Wir müssen den Dingen vielmehr auf den Grund gehen, unseren derangierten Körper wieder ins Gleichgewicht bringen und mehr darauf achten, was wir in den Mund nehmen. Das klingt nach furchtbar viel Aufwand, ist aber eigentlich ganz einfach, wenn wir es nur richtig anpacken. Die Lösung hat sich inzwischen vielfach bewährt, und ich werde sie Ihnen in den weiteren Kapiteln vorstellen.

Bevor wir auf all die Einflüsse zu sprechen kommen, die Ihnen Kraft rauben, brauchen Sie erst einmal ein gewisses Verständnis für die Funktionen Ihres Körpers

Stress und körperliche Grundfunktionen

Unzählige Prozesse laufen ständig in der staunenswerten Maschinerie Ihres Körpers ab. Sehen wir uns jetzt einmal ein paar der wichtigsten Abläufe an, die unmittelbar mit Ihrem Energiehaushalt zusammenhängen. Ich ziehe meinen Laborkittel gar nicht erst an, sondern werde alles in ganz alltäglichen Begriffen erklären, damit es für Sie wirklich nachvollziehbar wird.

Zunächst ist es wichtig zu wissen, wie Ihr Körper mit Stress umgeht. Die hierfür wichtigen Abläufe werden von den Nebennieren eingeleitet, das sind zwei walnussgroße Drüsen, die den oberen Pol der Nieren umschließen. So klein sie auch sind, sie steuern eines der wichtigsten unserer Verhaltensmuster, die Flucht-Abwehr-Reaktion. Davon haben Sie vermutlich schon einmal gehört, aber vielleicht wissen Sie nicht, was da im Einzelnen abläuft.

Nehmen wir an, Sie spüren eine Bedrohung. Innerhalb von Sekundenbruchteilen schießen Nervenimpulse durchs Rückenmark, und Ihr sympathisches Nervensystem schaltet sich ein: Die Pupillen weiten sich, die Pulsfrequenz nimmt zu, die Atemwege werden ebenfalls weiter – alles stellt sich blitzschnell darauf ein, entweder zu kämpfen oder die Flucht zu ergreifen. Nach diesen ersten Nervenreflexen erreichen vom Gehirn ausgehende hormonelle Botschaften und Nervenimpulse die Nebennieren und geben ihnen das Signal, vermehrt die Hormone Cortisol und Epinephrin (auch Adrenalin genannt) auszuscheiden, die für die schnelle Aufspaltung von gespeicherten Nährstoffen in Zucker sorgen, der uns sofort Energie zur Verfügung stellt. Dieses Kommunikationsgeschehen zwischen Gehirn und Nebennieren nennt man Hypothalamus-Hypophysen-Nebennieren-Achse (HHN-Achse).

Ohne diesen schlauen Mechanismus würde die Menschheit vielleicht gar nicht mehr existieren. Stellen Sie sich nur einmal vor, Sie lebten im Jahr 10 000 vor Christus und zögen mit Ihren Stammesangehörigen beispielsweise durch die nordamerikanischen Plains. Als Jagdanführer sind Sie dafür verantwortlich, dass abends etwas »auf den Tisch« kommt, und das will schon etwas heißen, denn schließlich können Sie es ja nicht aus dem Kühlschrank holen. Das Überleben des Stammes hängt von Ihnen und Ihren Jagdkumpanen ab. Während Sie jagen, sammeln die Frauen und Kinder Früchte und essbares Grünzeug, Feuerholz und alles, was man für Werkzeuge, Kleidung und Behausungen braucht.

Ihr Blick schweift auf der Suche nach Wild über die weite Ebene, und tatsächlich, in der Ferne ist etwas zu erkennen, was wie ein Bison aussieht. Sie ducken sich sofort und schleichen in dieser Haltung ins nahe Strauchwerk, den Speer zum Angriff bereit. Wie ein pirschender Löwe warten Sie geduldig ab und vermeiden alles, was Ihre Beute beunruhigen könnte. Das ist wichtig, weil es bei Tieren natürlich den gleichen Flucht-Abwehr-Reflex gibt wie beim Menschen.

Bei diesem gespannten Abwarten beschleunigt sich Ihr Puls, Blut wird aus den Verdauungsorganen abgezogen und verstärkt in die Skelettmuskulatur geleitet. Ihr Körper weiß genau, was er tut. Sie jagen gerade, und da kann die Verdauung ruhig ein bisschen warten. Ihre Pupillen weiten sich, und Sie sehen fast nichts mehr außer Ihrer Beute. Vielleicht zittern Sie sogar ein wenig und verspüren das Bedürfnis, die Blase zu entleeren. Das sind die klassischen Zeichen der Flucht-Abwehr-Stressreaktion.

Der Bison nähert sich und nimmt plötzlich Ihre Witterung auf. Sie stürmen los, doch da stiebt er auch schon davon. Jäger und Wild sind jetzt beide voll im Stressmodus. Ihr sympathisches Nervensystem läuft auf Hochtouren, der Cortisol- und der Epinephrinspiegel sind so hoch, wie sie nur sein können. Sie und der Bison sind ganz auf Aktion eingestellt, gespeicherte Fette und Kohlenhydrate werden blitzschnell in leicht verwertbaren Blutzucker überführt, der die Muskeln unmittelbar mit Energie für Jagd oder Flucht versorgt. Leider entwischt Ihnen dieser Bison, eine dumme Sache für Sie und alle anderen im Stamm, zumal weit und breit kein anderes Wild zu sehen ist. Da kann man nur hoffen, dass die anderen genug Pflanzennahrung gefunden haben, von der man einstweilen überleben kann.

Jedenfalls war das gewiss keine einfache und luxuriöse Lebensform. Damals entschied der Flucht-Abwehr-Reflex buchstäblich über Leben und Tod. Aber was hat das alles mit uns Heutigen zu tun?

Wie gesagt, in Stresssituationen macht sich Ihr Körper entweder kampfbereit oder wirft den Turbo an, um sich so schnell wie möglich aus dem Staub zu machen. Und kurzfristig kann das, wie wir festgestellt haben, unser Leben retten, ist also eine sehr sinnvolle Reaktion.

Gefährlich wird das erst, wenn Ihr Körper chronisch unter Stress steht und dieser Überlebensmechanismus dadurch schließlich erlahmt. Wenn die Nebennieren häufige und starke Stressanstöße bekommen, kann es sein, dass sie schließlich wegen Überlastung versagen. Kommen dann noch Entzündungsprozesse im Körper hinzu (die auch ernährungsbedingt sein können), wird die Kommunikation zwischen Gehirn und Nebennieren immer schwerfälliger, was zuletzt die Funktion der Nebennieren beeinträchtigt. Und da alle Prozesse im Körper miteinander vernetzt sind, können erschöpfte Nebennieren dafür sorgen, dass andere wichtige Drüsen und Organe, beispielsweise die Schilddrüse, nicht mehr reibungslos funktionieren.

Jetzt fragen Sie vielleicht, was daran denn so schlimm ist.

Nun, die Nebennieren sind für Produktion und Ausschüttungen einiger sehr wichtiger Hormone zuständig, die viele Körperfunktionen steuern. Hier nur drei Beispiele:

- *Cortisol:* In genau bemessenen Mengen unterstützt dieses Hormon die Stressabwehr der Zellen.
- *Epinephrin:* Dieses häufig auch Adrenalin genannte Stresshormon unterstützt die Einstimmung Ihres Körpers auf Flucht oder Abwehr.

- *Aldosteron:* Auch als »Durstthormon« bezeichnet sorgt Aldosteron für ein ausgeglichenes Verhältnis von Natrium und Wasser im Körper.

Wenn überstrapazierte Nebennieren den Haushalt dieser Hormone durcheinandergeraten lassen, tut sich Ihr Körper schwer mit der Stressbewältigung. Mit der Zeit nimmt der Stress weiter zu, und die Nebennieren werden immer schwächer, bis sie irgendwann in den Burnout geraten. Dann wird es wirklich brenzlig.

Von der Anpassung zur Erschöpfung

Es gilt heute als ausgemachte Tatsache, dass chronischer Stress eine ernsthafte Gesundheitsgefährdung darstellt. Es handelt sich um einen allmählichen Abbauprozess, dem der berühmte Mediziner Hans Selye den Namen »allgemeines Anpassungssyndrom« (AAS) gab (auch »Adaptationssyndrom«, »Selye-Syndrom« oder englisch »general adaptation syndrome« beziehungsweise GAS). Hier der vereinfachte Ablauf:

1. **Alarmreaktion.** In der ersten Phase reagiert der Körper mit der Ausschüttung von Epinephrin und Cortisol sowie mit entsprechenden Nervenimpulsen auf ein Stressereignis. Es kommt zu dem, was wir Flucht-Abwehr-Reaktion nennen. Die Muskeln spannen sich an, der Puls beschleunigt sich. Anschließend be-

schleunigt sich die Atmung, die Transpiration nimmt zu, die Pupillen werden weit, während Blut aus dem Bauchraum abgezogen und in die Skelettmuskulatur geleitet wird. Sobald der Stressauslöser nicht mehr gegeben ist, kehrt der Körper zum Normalbetrieb zurück.

2. **Widerstands- oder Anpassungsphase.** Bleibt der Stressauslöser bestehen, folgt die zweite Phase des AAS, die Widerstand oder Anpassung genannt wird. Jetzt geht es um die Auseinandersetzung Ihres Körpers mit chronischem Stress. Diese Phase kann sich erstaunlicherweise über Jahre und sogar Jahrzehnte hinziehen. Ihre Nebennieren schütten mehr Cortisol und Epinephrin aus, damit der Blutzuckerspiegel erhöht bleibt und immer Energie zur Verfügung steht. Auch der Blutdruck erhöht sich. Kennzeichen dieser Phase ist ein erhöhter Cortisolspiegel.

Bleibt diese Widerstandsreaktion über längere Zeit bestehen, ohne sich mit der Phase der Ruhe und Entspannung abzuwechseln, in denen die Stressreaktion abklingen kann, so bleibt der Erregungszustand bestehen und wird zu negativem Stress, der Sie anfällig für Erschöpfung, Konzentrationsschwäche, Reizbarkeit und Lethargie macht.

3. **Erschöpfung.** In diesem Endstadium geht Ihrem Körper ganz einfach der Saft aus. Die geistige, körperliche und seelische Stabilität nimmt rapide ab. Ihr Körper fühlt sich erschöpft, weil sein Ausgleichssystem (die Nebennieren) erschöpft ist. Der Cortisol-

spiegel sinkt ab, weil das Hormon nicht mehr ausreichend nachgeliefert werden kann. Das wird mit schnell wirkendem Epinephrin überkompensiert, und dadurch wird es jetzt schwierig, den Blutzuckerspiegel stabil zu halten.

Ob dieser Zustand durch Überbeanspruchung der Nebennieren oder ein Zusammenspiel anderer, die Kommunikation zwischen Gehirn und Nebennieren behindernder Faktoren entsteht – jedenfalls stehen am Ende Mangel an Cortisol, schwindende Blutzuckertoleranz, geschwächte Schilddrüsenfunktion und zunehmende Unfähigkeit zum Stressabbau. Die Gesamtwirkung besteht darin, dass Sie sich so gut wie ständig müde fühlen.

Wären Sie nicht von solcher Müdigkeit geplagt, würden Sie jetzt vermutlich nicht dieses Buch lesen. Deshalb gehe ich einfach mal davon aus, dass Sie bereits das Erschöpfungsstadium erreicht haben. Das können Sie nur durch einen Test mit Sicherheit feststellen. Ich zeige Ihnen etwas weiter unten, wie Sie da vorgehen können.

Akut und chronisch

Akute Zustände und Stress setzen plötzlich und heftig ein. Diese Beschreibung passt auf alle möglichen Vorkommnisse, auf einen Beinbruch ebenso wie auf einen Asthmaanfall oder die Reaktion auf einen Schreckmoment im Kino.

Ein chronischer Zustand entwickelt sich dagegen über einen längeren Zeitraum, in dem die akuten Stressoren oder Probleme bestehen bleiben. Chronische Zustände sind besonders problematisch, denken wir nur an die vier häufigsten Gesundheitsstörungen der modernen Welt: Herz-Kreislauf-Erkrankungen, Krebs, Diabetes und starkes Übergewicht.

Erschöpfung durch zu wenig Cortisol

Der für die Erschöpfungsphase typische niedrige Cortisolspiegel sorgt nicht nur dafür, dass Sie sich ständig fix und fertig fühlen, sondern macht Sie auch anfällig für allerlei Gesundheitsstörungen. Ein niedriger Cortisolspiegel bringt Sie ganz einfach in einen verheerenden Zustand.

Ziemlich bald versagt in dieser Phase die Homöostase des Körpers, also seine Fähigkeit, alle seine Systeme in fließendem Gleichgewicht zu halten. Wenn das der Fall ist, nehmen Zytokine genannte Entzündungsstoffe überhand, die den Körper angreifen, sodass Sie für allerlei unerfreuliche Störungen anfällig werden: Entzündungskrankheiten, affektive Störungen, chronisches Müdigkeitssyndrom, Fettleibigkeit, Glukoseregulationsstörungen und sogar Fibromyalgie.[2,3]

Darüber hinaus wird durch den niedrigen Cortisolspiegel die sogenannte spezifische oder adaptive Immunabwehr (im Unterschied zur angeborenen oder unspezifischen Immunabwehr) gedämpft, was unsere Anfälligkeit für Infektionskeime und Umweltschadstoffe erhöht – Parasiten, Allergene, Toxine und bestimmte Bakterien.[4]

Grundsätzlich besteht der Verdacht auf einen zu niedrigen Cortisolspiegel, wenn die folgenden drei Generalsymptome vorliegen:

- hohe Stressanfälligkeit
- chronische Müdigkeit
- chronische Schmerzen

Sie haben vielleicht von den Experten der Schlankheitsindustrie gehört, Cortisol sei der Teufel, weil es die Ansammlung von Bauchfett begünstigt. Das trifft aber nur dann zu, wenn Sie einen chronisch erhöhten Cortisolspiegel haben, wie er für die Anpassungs- oder Widerstandsphase typisch ist. Das ist bei den meisten Menschen über 30 nach meiner Erfahrung kaum noch der Fall. Ihnen machen eher die überstrapazierten Nebennieren zu schaffen, verbunden mit einem niedrigen Cortisolspiegel, gestörter Blutzuckerregulierung und unzureichender Schilddrüsenfunktion – lauter Anzeichen eines bedrohlichen Erschöpfungszustands. Da gehört Bauchfett nicht zu unseren größten Sorgen.

Die Schilddrüse – Steuerzentrale des Stoffwechsels

Wenn Gewichtsreduzierung nicht funktionieren will, gibt man heute gern der Schilddrüse die Schuld. Das Thema »Abnehmen« ist so allgegenwärtig und wird von den Experten so ausgiebig und kontrovers diskutiert, dass viele inzwischen ihre Gesundheitsstörungen selbst zu diagnostizieren versuchen. Wenn die Schilddrüse nicht richtig funktioniert, kann die Gewichtsreduzierung dadurch zweifelsohne erschwert werden, aber oft spielen hier noch andere Probleme eine Rolle. Sogar Energiemangel kann damit zusammenhängen.

Die Schilddrüse befindet sich am Hals unterhalb des Kehlkopfs. Sie beeinflusst Wachstum und Funktion vieler Körpersysteme und bildet die Hormone T_3 (Triiodthyronin) und T_4 (Thyroxin). Das ist von großer Bedeutung für die Eiweißsynthese und die Regulierung der Reaktion Ihres Körpers auf andere Hormone sowie schließlich für die Temperaturregelung und den Energiehaushalt.

Die Schilddrüse ist also zweifellos sehr wichtig für viele Funktionen Ihres Körpers. Leider ist sie auch leicht zu stören und zu schädigen. Beispielsweise braucht sie Jod für die Produktion ihrer Hormone, aber gerade Jod ist in unserer Nahrung sehr knapp, was überwiegend auf die ausgelaugten Böden zurückzuführen ist, auf denen unsere Nahrung erzeugt wird. Das ist einer der ursächlichen Faktoren für die heute weit verbreitete Schilddrüsenunterfunktion (Hypothyreose); weitere Ursachen sind beispielsweise Quecksilberbelastung und die wachsende Belastung durch freie Radikale und Strahlen (etwa bei der Röntgendiagnostik). Wenn Sie schlecht in Gang kommen, kalte Hände und Füße haben, wenn die Nägel brüchig werden und die Haut schuppig ist und außerdem das Abnehmen einfach nicht gelingen will, kann es sein, dass Sie an Schilddrüsenunterfunktion leiden.

Sie sehen, dass kaum etwas im Körper unabhängig von anderen Prozessen geschieht, weshalb ich immer wieder gern sage: Wie man irgendetwas Bestimmtes heilt, so heilt man auch alles andere. Im Zuge unserer Bemühungen um die Wiederherstellung Ihres Energiehaushalts werden wir uns auch mit Ihrer Schilddrüse befassen.

Belastungen der Nebennieren

Vielleicht sehen Sie immer noch nicht klar, wie Sie in Ihren jetzigen Zustand geraten sind. Wahrscheinlich ist es nichts weiter als Ihr alltägliches Verhalten, traurig, aber wahr. Die schlimmsten Belastungen der Nebennieren gehen, wie ich bereits angedeutet habe, von toter Nahrung und einer insgesamt ungesunden Lebensweise aus. Ständige Geldsorgen, viel zu anstrengende sportliche Betätigung, allzu viel Kaffee und Energy-Drinks, Süßigkeiten jeden Tag – all das setzt Ihre Nebennieren unter Stress. Und die reagieren auf Stress genauso wie bei unseren jagenden Vorfahren vor 10000 Jahren.

Eine besondere Erschwernis besteht für uns Heutige darin, dass die Entwicklung der Technik weitaus rasanter vonstattengeht als die biologische Evolution. Wir sind biologisch noch genauso gebaut wie vor Jahrhunderten oder Jahrtausenden, und das ist nicht die beste Voraussetzung für den Umgang mit einer immer schneller werdenden Welt und ihrem pausenlosen Stress.

Hier also noch einmal im Überblick die Mechanismen, nach denen die erwähnten Stressoren Ihre Nebennieren belasten und mit der Zeit Ihre Energie abnehmen lassen:

Bei Überreizung und Stress setzen Ihre Nebennieren Adrenalin (Epinephrin) und Cortisol frei, zwei katabolisch, das heißt abbauend wirkende Hormone, die für rasche Energiegewinnung durch Aufspaltung von Eiweiß- und Fettmolekülen aus den Speichern Ihres Körpers sorgen. Sie erinnern sich: Unter Stress fühlt sich Ihr Körper in einer Situation, in der er auf Flucht oder Abwehr eingestellt sein muss, und dafür braucht er schnell verfügbare Energie. Ein chronisch erhöhter Cortisolspiegel schadet jedoch, weil dadurch das Glykogen (die körpereigene Zuckerspeicherform) aufgebraucht und der Blutzucker erhöht wird, was wiederum zur Einlagerung von Fett (vor allem im Bauchbereich) führt und Sie zunehmen lässt. Selbst wenn der Cortisolspiegel aufgrund der Ermüdung der Nebennieren zurückgeht, bleibt das Problem bestehen, weil dann das Epinephrin oder Adrenalin einspringt.

Auch chronisch erhöhtes Adrenalin raubt Ihnen Energie. Im ersten Moment kann es Reaktionen auslösen, die etwas von einem »natürlichen High« oder »Koffeinflash« haben, weil vorübergehend Puls, Atemfrequenz und Blutdruck erhöht werden und der Blutzuckerspiegel steigt. Man fühlt sich lebendig und bereit, es mit allem aufzunehmen. Dem folgt aber ein Absturz, weil Ihr Körper zurückschaltet, um sich von dem Stress zu erholen – der kann vom Morgenkaffee oder beispielsweise einem Beinaherempler im Straßenverkehr ausgehen. Wann haben Sie sich das letzte Mal so fallen gelassen gefühlt? Es ist vermutlich nicht so lange her.

Ständige Zirkulation dieser beiden Hormone in Ihrem Körper ist alles andere als wünschenswert, und sie endet dann, wenn Ihre Nebennieren ermüden und nicht mehr mithalten können. Ist dieser Punkt erreicht, werden immer geringere Mengen dieser Hormone ausgeschüttet.

Ein ausgeglichener Hormonhaushalt ist sehr wichtig. Wir wollen weder stark erhöhte Pegel (etwa durch Stress) noch zu geringe Mengen aufgrund von Ermüdung durch chronischen Stress.

Wenn Sie nach einem Streit, nach dem Sport, nach einem stressigen Arbeitstag oder ein paar Stunden nach Ihrem Frühstückskaffee müde oder sogar völlig erledigt sind, können Sie das getrost als Hilferuf Ihrer Nebennieren werten. In allem, was wir empfinden, liegen auch Botschaften unseres Körpers. In diesem Fall sind es die Nebennieren, die dringend Ruhe und Erholung benötigen. Sie brauchen nicht noch mehr Anregung, und ganz sicher haben Sie keine Lust mehr auf Ihr strapaziöses Trainingsprogramm. Sie schaffen das alles nicht mehr.

Sie werden auf unserem weiteren Weg durch dieses Buch auf ein paar tolle Rezepte zur Wiederbelebung und Kräftigung Ihrer Nebennieren und anderer Organe und Organsysteme stoßen. Damit können Sie diese lästigen Symptome endlich hinter sich bringen und wieder so leben, dass es Ihnen Freude macht. Aber jetzt wollen wir erst einmal sehen, in welcher Verfassung Ihre Nebennieren sind.

So testen Sie Ihre Nebennieren

Der zuverlässigste Test zur Bestimmung der Gesundheit Ihrer Nebennieren ist ein spezifischer Hormonspeicheltest. Dazu müssen mehrmals am Tag Speichelproben genommen werden, um Ihr Gesamtcortisol, den Cortisolrhythmus im Tagesverlauf und das Dehydroepiandrosteron (DHEA, Vorstufe aller Sexualhormone) zu bestimmen. Das ist notwendig, weil der Cortisolspiegel morgens am höchsten ist und im Laufe des Tages abnimmt. Der Cortisolspiegel, kann man sagen, steigt und fällt mit der Sonne, während es beim Melatonin, das den Schlaf einleitet und steuert, gerade andersherum ist.

(Sie können diesen Test in einer naturheilkundlichen Praxis machen lassen, es gibt aber entsprechende Test-Kits inzwischen auch im Internet. Als Suchbegriffe eignen sich »Adrenal fatigue« und »Nebennierenschwäche«. Sie können sich auch auf www.adrenal-fatigue.de informieren, wo Sie unter »Diagnose« einen Link zum Lieferanten eines Test-Kits finden.)

Es gibt aber auch zwei einfache Nebennierentests, die Sie daheim machen können, und das kostenlos. Sie bekommen dadurch zumindest einen guten Anhaltspunkt für die Funktionsfähigkeit Ihrer Nebennieren.

Im ersten Test geht es um den Pupillenreflex. Das Vorgehen ist einfach:

1. Stellen Sie sich in einem dunklen Raum vor einen Spiegel.
2. Leuchten Sie mit der Taschenlampe von der Seite aus einem Winkel von etwa 45 Grad in das Auge dieser Seite.
3. Beobachten Sie die Pupille 30 Sekunden lang.

Im Dunklen weiten sich Ihre Pupillen, um möglichst viel Licht einfangen zu können. Im Licht der Taschenlampe sollte sich die Pupille reflexartig verengen. Die Dauer der Verengung gibt einen Hinweis auf die Funktionsfähigkeit der Nebennieren. Hier die möglichen Befunde und ihre Bedeutung:

Pupillenverengung	Mögliche Bedeutung
Bleibt länger als 20 Sekunden verengt	Gesunde Funktion
Pulsiert nach 10 Sekunden	Ausreichende Funktion
Pulsiert nach 5 Sekunden	Geschwächte Funktion
Pulsiert sofort und weitet sich	Nebennieren erschöpft

WESHALB SIND WIR SO MÜDE?

Wenn Ihr Ergebnis zu Bedenken Anlass gibt, ist ein weiterer Test angebracht. Ich empfehle Ihnen den Test für orthostatische Hypotonie (niedriger Blutdruck bei aufrechter Haltung). Dafür ist ein Blutdruckmesser erforderlich. (Für den Fall, dass Sie kein Gerät zur Hand haben, beschreibe ich Ihnen am Schluss ein vereinfachtes Verfahren.) So gehen Sie vor:

- Legen Sie sich fünf Minuten hin, um sich zu entspannen. Jetzt messen Sie Ihren Blutdruck. Notieren Sie sich den systolischen Blutdruck (den oberen Wert).
- Stehen Sie auf, und messen Sie den Blutdruck erneut.

Bleibt der systolische Blutdruck gleich oder nimmt sogar ab, bedeutet das meist, dass Ihre Nebennieren nicht richtig arbeiten. Sobald Sie aufstehen, sollte Epinephrin (Adrenalin) ausgeschüttet werden, um den Blutdruck zu erhöhen. Damit wird verhindert, dass die Schwerkraft Ihrem Gehirn Blut entzieht. Sackt der Blutdruck beim Aufstehen ab, stellen Ihre Nebennieren vermutlich nicht genug Epinephrin zur Verfügung, weil sie erschöpft sind. Das leuchtet ein, oder?

Und jetzt die versprochene vereinfachte Form für den Fall, dass Sie kein Blutdruckmessgerät haben. (Keine Sorge, ich hab auch keins.) Sie legen sich einfach hin und stehen wieder auf, wobei Sie darauf achten, wie Sie sich fühlen. Wird Ihnen beim Aufstehen ein wenig schwummrig oder sogar schwindelig? Wird Ihnen kurz schwarz vor Augen?

Wenn das der Fall ist, können Sie von einem Abfall Ihres Blutdrucks ausgehen.

Na bitte, zwei simple Tests, denen Sie gleich etwas entnehmen können. Wenn Sie noch einen Schritt weiter gehen möchten, bearbeiten Sie den folgenden Fragebogen.

Der Energie-Fragebogen

Die folgende Erhebung erfasst in 20 Punkten Symptome, Ernährungsbesonderheiten und sonstige Parameter, die zusammen umschreiben, wie es Ihnen geht. Antworten Sie bitte ganz ehrlich. Tragen Sie zu jeder Aussage eine 0 (nie oder selten), eine 1 (gelegentlich oder schwach ausgeprägt), eine 2 (mäßig stark oder häufig) oder eine 3 (stark oder sehr häufig) ein. Am Ende erfahren Sie, was Ihre Gesamtpunktzahl bedeutet.

Bevor Sie die Liste durcharbeiten, halten Sie bitte noch fest, seit wann Sie sich unwohl fühlen und welches Ereignis (falls Sie sich an etwas erinnern) damit verbunden war.

Ich bin seit _____ (Datum) müde und schlapp,
als _____ (Ereignis, falls erinnerlich).

Punkte	Beobachtungen, Lebensumstände, Ernährung u. a.
	Ich habe lange Stressphasen erlebt.
	Ich arbeite zu viel; zu wenig Spiel und Entspannung.
	Ich habe schon viel Corticosteroide (Cremes, Asthmaspray etc.) bekommen.
	Ich werde in letzter Zeit häufiger krank.

Punkte	Beobachtungen, Lebensumstände, Ernährung u. a.
	Ich komme schlechter mit Druck und Stress zurecht als früher.
	Ich kann mich schlecht sammeln und konzentrieren.
	Mein Kurzzeitgedächtnis lässt nach.
	Mein Geschlechtstrieb geht merklich zurück.
	Ich bin ständig müde, und Schlaf bessert das nicht.
	Meine Muskeln fühlen sich schwächer an und ermüden beim Sport schnell.
	Ich komme morgens schlecht aus dem Bett.
	Am Nachmittag bin ich oft energielos.
	Ich brauche Kaffee und andere Anregungsmittel, um morgens in Gang zu kommen und tagsüber nicht schlappzumachen.
	Ich habe oft Verlangen nach Salz.
	Ich muss tagsüber zu oft Wasser lassen, besonders wenn ich Wasser trinke.
	Wenn ich eine Mahlzeit auslasse, fühle ich mich elend.
	Ich schränke meinen Salzkonsum ein.
	Mir platzt häufig der Kragen.
	Wenn mich etwas aufregt, bin ich anschließend erschöpft.
	Nach intensivem Training bin ich fix und fertig.
/60	**Meine Gesamtpunktzahl**

Zur Interpretation Ihres Punktwerts:

- Bei einer Gesamtpunktzahl von 0 bis 20 können Sie unbesorgt sein.
- Bei einer Gesamtpunktzahl von 21 bis 40 geht es Ihren Nebennieren nicht richtig gut, und Sie müssen sich um sie kümmern.

- Bei einer Gesamtpunktzahl von 41 bis 60 leiden Sie an einer ausgeprägten Schwäche oder sogar Erschöpfung Ihrer Nebennieren und müssen sofort etwas unternehmen.

Wie haben Sie abgeschnitten? Nun, wie hoch Ihr Punktwert auch sei, mit den Strategien, die Sie sich bei der Lektüre dieses Buchs aneignen werden, können Sie ihn nach und nach reduzieren und gleichzeitig Ihr Energieniveau heben. Wenn es Ihnen mühsam erscheint, seien Sie unbesorgt, Sie sind absolut in der Lage, das durchzuziehen, und die ersten Verbesserungen werden Sie schon nach wenigen Tagen spüren. Das Leben wird von jetzt an immer besser.

2

Drei hinterhältige Energieräuber

Jetzt haben Sie eine ungefähre Vorstellung von den Gründen für den Schwund Ihrer Energie, und es wird Zeit, dass wir Sie wieder in Schwung bringen.

Im zweiten Teil dieses Buchs werden wir uns daranmachen, Ihren Körper so aufzubauen, dass er wieder »rundläuft« und Sie aus dem Vollen schöpfen können wie früher einmal. Vorher müssen Sie natürlich alles abbauen und aus dem Weg räumen, was Sie in Ihre derzeitige Verfassung gebracht hat, und das beginnt mit der genauen Betrachtung von drei völlig normalen Nahrungs- und Genussmitteln, die Ihnen Energien absaugen. Es wird Sie vielleicht überraschen, dass sie von derart durchschlagender Wirkung auf Ihr tagtägliches Befinden sind, aber wenn Sie einmal angefangen haben, den Konsum dieser Dinge zu reduzieren, wird die Verbesserung Ihres Befindens für sich selbst sprechen.

Weizen

Ich nehme an, dass Ihnen das Wort »glutenfrei« schon begegnet ist, es prangt heute auf immer mehr der Ernährung dienenden Produkten. Vielleicht haben Sie auch in einer Zeitschrift etwas darüber gelesen, oder in Ihrem Freundeskreis ist jemand, der diesem Stoff, Gluten, abschwören möchte. Aber was ist Gluten eigentlich? Und ist es wirklich so schlimm?

Gluten ist ein in manchen Getreiden, vor allem Weizen, Gerste und Roggen, enthaltenes Eiweiß. Dann kann es doch nicht so schlimm sein, sollte man denken. Leider wird es inzwischen mit etlichen Autoimmunstörungen in Verbindung gebracht, darunter Zöliakie, bei der die Auskleidung des Dünndarms geschädigt wird, sodass wichtige Nährstoffe aus der zugeführten Nahrung nicht mehr absorbiert werden können.

Zöliakie wird zwar nur bei einem Prozent der Bevölkerung tatsächlich diagnostiziert, doch tatsächlich ist es so, dass die Evolution des menschlichen Körpers einfach nicht genügend Zeit hatte, sich auf Gluten, das heißt auf Getreide, einzustellen. Ihr Buttertoast zum heutigen Frühstück tut Ihrem Darm eben jetzt gar nicht gut, selbst wenn Sie nicht viel davon merken. Gut möglich, dass Ihre Energielosigkeit etwas mit dem Verzehr von Gluten zu tun hat, denn alles, was die Gesundheit Ihres Verdauungsapparats und damit die Verwertung Ihrer Nahrung beeinträchtigt, kostet zwangsläufig Energie.

Fortwährende Reizung der Dünndarmschleimhaut, beispielsweise durch Getreide, kann einen Zustand begünstigen, der »Hyperpermeabilität der Darmschleimhaut« oder auch einfach »*leaky gut*« genannt wird: Die Darmschleimhaut verliert ihre Festigkeit und wird durchlässiger, was dazu führt, dass auch größere Nahrungspartikel, die normalerweise im Darm zurückgehalten werden, nun in den Blutstrom gelangen. Geschieht das häufiger, wird Ihr Immunsystem diese Partikel schließlich als Fremdkörper erkennen, die es bekämpfen muss. Auf diesem Wege kommt es zu den meisten Nahrungsmittelunverträglichkeiten und Allergien. Außerdem kann das Immunsystem dadurch überlastet werden und gerät dann völlig durcheinander. So kam es bei mir zum Haarausfall.

Was macht glutenhaltige Getreide so gefährlich für unsere Gesundheit und den Energiehaushalt? Was könnte an Brot und Pasta so schlimm sein? Die derzeit wahrscheinlichste Theorie, die mir vollkommen einleuchtet, hebt darauf ab, dass Getreide erst vor relativ kurzer Zeit zum Bestandteil unserer Ernährung wurde.

Es ist nämlich so, dass Menschen sich erst seit der sogenannten Agrarrevolution vor rund 10 000 Jahren zunehmend von Getreide ernähren. Das ist für die Evolution gerade einmal gestern; bedenken Sie, dass es Menschen, die Gattung *Homo*, zu der Zeit bereits seit 2,5 Millionen Jahren gab. Selbst wenn wir nur an *Homo sapiens*, den einzigen Überlebenden der Gattung, denken, betrachten wir einen Zeitraum von mindestens 200 000 Jahren Evolution.

Vor diesem Hintergrund sind die 10 000 Jahre seit dem Beginn der Ernährung mit Getreide wirklich sehr kurz, die

Evolution hatte einfach nicht genug Zeit, um unser Verdauungssystem der Getreidekost anzupassen.

Bedenken wir weiterhin, dass es sich bei Getreidekörnern um Samen handelt, die der Vermehrung der Pflanzen dienen, sofern sie in den Boden gelangen und dort keimen können, um wieder neue Pflanzen hervorzubringen und so weiter. Die für die Vermehrung der Pflanzen so wichtigen Samen sind mit besonderen Schutzmechanismen ausgestattet, mit Antinährstoffen, wie man sagen könnte, und beim Weizen ist es eben das Gluten, das wir so schlecht verdauen können, dass es unseren Darm schädigt.

Das ist natürlich für die meisten Menschen schwer zu »verdauen«, schließlich sind Weizen und andere Getreide ein fester Bestandteil der heutigen Ernährung – ganz davon abgesehen, dass eine einflussreiche Getreidelobby uns ständig einredet, wir brauchten Getreide wegen der enthaltenen Faser- oder Ballaststoffe, die wichtig für die Gesundheit von Herz, Kreislauf und Darm seien. In Wirklichkeit gibt es weitaus bessere Lieferanten für Ballaststoffe.

Wer mehr Ballaststoffe zu sich nehmen möchte (und das sollten Sie, etwa 35 Gramm pro Tag), ist mit reichlich Gemüse, Obst und Nüssen gut beraten. Steinzeitmenschen aßen überhaupt kein Getreide, aber man geht davon aus, dass sie durchschnittlich 100 bis 150 Gramm Faserstoffe pro Tag zu sich nahmen.[1] In den USA verzehren wir heute gerade einmal 15 Gramm Ballaststoffe pro Tag, und das bei massenhaftem Getreideverzehr.[2] Ihr Vollkornweizen- und Mehrkornbrot ist einfach nicht das, wofür es ausgegeben wird.

Zu schade, dass außer dem Geschmack und der leichten Verfügbarkeit wirklich gar nichts für Weizen und Gluten spricht. Leider besitzt Weizen ein gewisses Suchtpotenzial – je mehr wir davon essen, desto mehr möchten wir haben. Da kann es schon allzu drastisch erscheinen, Weizen ganz zu streichen oder auch nur zu reduzieren, aber glauben Sie mir, Ihr Körper wird es Ihnen danken. Ich habe bei meiner Arbeit noch in keinem einzigen Fall erlebt, dass es beim Verzicht auf glutenhaltige Nahrung nicht mit Gesundheit und Energie steil bergauf gegangen wäre.

Hinzu kommt, dass Getreide, insbesondere raffinierte Getreideprodukte, Ihren Blutzuckerspiegel durcheinanderbringen. Das kostet ganz besonders viel Energie. Sehen wir uns das im Zusammenhang mit der besonderen Bedenklichkeit des Zuckers an.

Zucker

Jeder weiß, dass zu viel Zucker uns nicht guttut, aber wissen Sie auch weshalb? Sicher, es ist allgemein bekannt, dass zu viel Zucker die Zähne angreift oder sogar Hyperaktivität auslösen kann, aber die meisten wissen nicht einmal ungefähr, welche Wirkungen Zucker im menschlichen Körper hat und wie schädlich er sein kann. Das muss sich endlich ändern, da Zucker wirklich einer der besonders heimtückischen Feinde im Kampf um die Rückgewinnung unserer Energie ist.

Sie wissen vermutlich, dass Sie ohnehin schon Zucker im Körper haben, die sogenannte Blutglukose, die als erster und schnellster Brennstoff für Gehirn, Organe und Muskeln dient. Sinkt der Blutzucker zu sehr ab, fühlen wir uns wie »benebelt«, leicht schwindelig und müde, und wir verwandeln uns dann gern in Zuckermonster, die ganz schnell etwas brauchen, sozusagen als Wiederbelebungsmaßnahme. Dagegen kann stark erhöhter Blutzucker – etwa nach einer Riesenportion Eis mit heißer Karamellsoße und Brownie-Bröckchen – einen regelrechten Kater nach sich ziehen, der uns schachmatt setzt. Zu hoher und zu niedriger Blutzucker können interessanterweise ähnlich empfundene Symptome auslösen.

Schon um das ständige Auf und Ab von zu hohem und zu niedrigem Blutzucker zu vermeiden, ist es wichtig, dass Sie Ihren Zuckerkonsum mäßigen. Das kann schwierig sein, da Ihr Körper auch aus anderen Nahrungsmitteln Zucker macht, die man gar nicht als zuckerhaltig ansieht. Wenn Sie Nahrungsmittel mit hohem Kohlenhydratanteil essen – Brot, Frühstücksflocken oder Nudeln beispielsweise –, werden sie im Zuge der Verdauung in Zuckermoleküle aufgespalten, die ins Blut gelangen. Je stärker die Kohlenhydrate raffiniert sind, also aus Weißmehl statt aus Vollkornmehl bestehen, desto rascher steigt der Blutzucker.

Ihr Körper verfügt nun über wirksame Mittel, mit denen er überschüssigen Zucker aus dem Blut entfernen kann. Das ist vor allem das in der Bauchspeicheldrüse gebildete Hormon Insulin, dessen Spiegel mit dem Zuckergehalt steigt und fällt. Bei hohem Blutzucker werden entsprechend große Mengen Insulin aus der Bauchspeicheldrüse ins Blut entlassen.

Wenn dem so ist, weshalb müssen wir uns dann wegen unseres Blutzuckerspiegels Sorgen machen? Nun, sobald das Insulin den überschüssigen Zucker aus dem Blut entfernt hat, kommt es zu dem, was volkstümlich »Unterzucker« genannt wird, dem oben beschriebenen Zustand, in dem Sie sich benommen und schlapp fühlen und vielleicht unleidlich werden, vor allem aber eine regelrechte Gier nach Zucker entwickeln. Das wird umso schlimmer, je häufiger es vorkommt. Schließlich entwickelt sich diese Blutzuckerschaukel zur Hypoglykämie mit schrecklichen Zuckermangelzuständen bereits kurze Zeit nach dem Verzehr von Kohlenhydraten.

Und es kommt noch schlimmer.

Wenn dieses Auf und Ab zu lange anhält, spielt Ihr Körper schließlich nicht mehr mit und sagt: »Jetzt reicht's!« Es entsteht das, was man medizinisch »Insulinresistenz« nennt, und das ist eigentlich ein anderer Name für Typ-2-Diabetes!

Hoffen wir, dass dieser Zustand bei Ihnen noch weit entfernt ist, aber vielleicht kennen Sie doch bereits diesen Pingpong-Verlauf von hohem und niedrigem Blutzucker. Stellen Sie sich diese Situation vor:

Es ist sieben Uhr früh, und der Wecker reißt Sie aus dem Schlaf. Sie fühlen sich alles andere als munter und fragen sich, wie es sein kann, dass die Schlafenszeit schon wieder vorbei ist. Sie haben die empfohlenen acht Stunden geschlafen, fühlen sich aber keineswegs ausgeschlafen. Nun gut, Sie wickeln automatisch die Morgenroutine ab und finden sich nach dem Zähneputzen in der Küche wieder.

Sie langen im Schrank nach Ihrem Lieblingsknusperfrühstück und schenken sich ein Glas Orangensaft ein. Damit nimmt das Verhängnis auch schon wieder seinen Lauf.

Weshalb? Nun, mit diesem Glas O-Saft nehmen Sie bereits die ersten gut 20 Gramm Zucker zu sich. Und wenn Sie den Saft nicht selbst frisch gepresst haben, ist er pasteurisiert und wahrscheinlich aus Konzentrat rückverdünnt, also vieler Nährstoffe beraubt. Im Wesentlichen handelt es sich um Orangen-Zuckerwasser.

Bleibt zu hoffen, dass Ihr Zerealienfrühstück weniger ungesund ist. Tatsächlich bietet der Markt bessere und schlechtere Sorten, aber viele – vor allem wenn sie für Kinder gedacht sind – starren vor Zucker. Man darf sich fragen, weshalb heute so viele Kinder an Aufmerksamkeitsstörungen leiden, jedenfalls verfahre ich nach dem Grundsatz, dass alle im Fernsehen angepriesenen abgepackten Knusperflakes oder wie sie auch heißen mögen (und alles, was sonst noch an Nahrungsmitteln im Fernsehen beworben wird), strikt zu meiden sind.

Der durchschnittliche Amerikaner nimmt 22 zusätzliche Teelöffel Zucker pro Tag zu sich, umgerechnet 350 Kalorien.[3] Einen Teil dieser Menge fügen wir selbst hinzu, aber das meiste stammt aus industriell verarbeiteten Nahrungsmitteln wie diesem ach so gesunden Frühstück aus der Schachtel. Eine kleine Schale dieser süßen Flakes oder Pops kann bis zu 20 Gramm Zucker enthalten, ich will wirklich hoffen, dass Sie sich und Ihren Kindern dergleichen nicht zumuten. Und lassen Sie sich auf keinen Fall zu angeblich gesünderen Alternativen mit Zusätzen von Honig, Kleie,

Fruchtsirup und so weiter überreden – da liegt der Zuckergehalt meist noch höher. Und das ist das typisch amerikanische Frühstück, zu dem man uns seit über einem halben Jahrhundert erzogen hat. Na, Mahlzeit!

Es ist noch nicht acht Uhr, da haben Sie mit Saft und Zerealien bereits 55 Gramm Zucker (220 Kalorien) intus, dazu aber herzlich wenig an Eiweiß, Ballaststoffen oder gesunden Fetten, die Ihren in schwindelnde Höhen schießenden Blutzucker etwas abfangen könnten.

Sie machen sich fertig, um zur Arbeit zu gehen, und jetzt setzt Ihre Bauchspeicheldrüse Insulin frei, um möglichst viel Zucker (Glukose) aus dem Blut in die Zellen der Muskeln, der Leber und der Fettgewebe zu leiten. Das funktioniert auch sehr gut, so gut sogar, dass Sie kurz darauf schon wieder vor dem nächsten Problem stehen, weil Ihr Blutzuckerspiegel viel weiter absackt, als Ihnen lieb sein kann.

Sie erinnern sich: Je höher der Blutzucker steigt, desto stärker die Insulinausschüttung, und je mehr Insulin vorhanden ist, desto mehr Zucker wird aus dem Blut entfernt. Am Ende befindet sich weitaus weniger Zucker in Ihrem Blut, als gut wäre. Jetzt gleiten Sie in die Hypoglykämie ab, den Unterzucker. Sie fühlen sich schlecht, Sie haben Lust auf etwas Süßes oder jedenfalls Kohlenhydratreiches, um Ihren Blutzucker wieder anzuheben.

Da Sie spät dran sind, können Sie jetzt nichts mehr unternehmen, also schnell ins Auto und los. Aber unterwegs halten Sie kurz bei einem Coffeeshop an und ergänzen den Kaffee mit einem Muffin, um sich wieder halbwegs als Mensch zu fühlen. Die erwünschte Wirkung tritt auch ein, aber in einer Stunde werden Sie sich wieder richtig mies fühlen. Und das Schlimmste: Der ganze Arbeitstag liegt noch vor Ihnen.

Erkennen Sie, wie dieser Teufelskreis sich verselbstständigen kann? Vielen Menschen geht es so, dass sie sich von einem Zucker- oder Koffein-High zum nächsten hangeln – vom Frühstück zum Muffin zum Bagel zum Sandwich zum Schokoriegel am Nachmittag und immer so weiter.

Die Lösung liegt darin, dass Sie bei allem, was Sie zu sich nehmen, auf den Zuckergehalt achten. Das gilt auch für alles Feingebäck, das nicht nur Gluten enthält, sondern auch hohe glykämische Indexwerte aufweist, also aufgrund des Gehalts an Zucker und leicht verwertbaren Kohlenhydraten den Blutzucker stark ansteigen lässt. Zucker ist in jeder Form, natürlich auch in Getränken, ein Stimulans, ein anregender Stoff, der Ihre Nebennieren und die Bauchspeicheldrüse zwingt, Stresshormone und Insulin ins Blut zu pumpen. Ja, Zucker ist süß, aber er kann Ihrem Körper auch Energie rauben, und das schädigt Ihre Gesundheit und lässt Sie schneller altern.

Koffein

Sie sind nicht von der Sorte, die morgens energiegeladen aus dem Bett springt? Nach dem Mittagessen kommt die nachmittägliche Energieflaute, und es fällt Ihnen schwer, bei der Sache zu bleiben? Trösten Sie sich, da sind Sie nicht allein.

Jeden Morgen quälen sich Millionen von Menschen aus dem Bett, und ihr zweiter Handgriff (nach dem Abschalten des Weckers) gilt dem Schalter der Kaffeemaschine. Andere nehmen ihren Kaffee lieber »to go« auf dem Weg zur Arbeit. Sollten Sie einer von ihnen sein, rate ich Ihnen umzudenken, denn ansonsten leben Sie auf Kredit: Sie borgen sich heute die Energie von morgen. Wie sich das auswirkt, erkennen wir ja bereits an der finanziellen Überschuldung sehr vieler Einzelner und ganzer Volkswirtschaften. Koffein bedeutet, dass Ihr Körper »Energieschulden« machen muss.

Vergessen Sie nie, dass Kaffee ein Stimulans ist, ein Anregungsmittel. Was tun Stimulanzien? Sie treiben Ihre Nebennieren in die Flucht-Abwehr-Reaktion, von der wir bereits gesprochen haben, und das läuft auf einen ordentlichen Schuss Cortisol (falls noch lieferbar) und Epinephrin ins Blut hinaus. Da diese Stresshormone die Energiespeicher des Körpers anzapfen, ist eine Erhöhung des Blutzuckers die unausweichliche Folge. Wir haben uns eben vor Augen geführt, wie schädlich das sein kann.

Diese Abläufe verstärken sich mit der Zunahme Ihres Kaffeekonsums. Dann noch Zucker dazu, und Sie haben ein wirklich unfehlbares Rezept für Energielöcher. Schlimm ist, dass die meisten Leute die Nachteile dieser Anregungsmittel gar nicht erst bedenken und sich auch nicht klarmachen, dass der Stoffwechsel des Körpers sie genauso verarbeitet wie alles andere, was wir zu uns nehmen. Dann führt man nur das kurze High auf den Kaffee oder Energy-Drink zurück, nicht jedoch den darauffolgenden Absturz. Nach dem Auf kommt immer das Ab, vor allem wenn Stimulanzien im Spiel sind.

Auf die anfängliche geistige Klarheit und den Energieschub, den ein schöner heißer Kaffee mit sich bringt, folgt fast immer ein verheerender Absturz, wenn der Blutzucker absackt und die Nebennieren sich verzweifelt bemühen, eine weitere Stressattacke wegzustecken. Bei den meisten besteht die »Lösung« darin, dass sie zum nächsten Kaffee oder vielleicht einem koffeinhaltigen Erfrischungsgetränk greifen. Prompt folgt wieder ein Crash. Am Ende des Tages haben Sie diese Wippe etliche Male erlebt, und wenn sich das Tag für Tag wiederholt, ist abzusehen, dass Ihrem Körper irgendwann die Puste ausgeht. Dann helfen auch Ströme von Kaffee nicht mehr.

Koffein verschleiert einfach die tatsächlichen Vorgänge in unserem Körper und erzeugt kurzfristig den Anschein von Wachheit und Produktivität. Es ist eine Scheinlösung, die einfach nie die anhaltende Energie erbringt, die wir gern hätten. Im Gegenteil, die Ergebnisse werden immer unbefriedigender.

Unsere Kaffeesucht zwingt zu dem traurigen Schluss, dass Koffein eine Droge ist, eine nahezu einhellig akzeptierte legale Droge. Sie wirkt wie jede andere Droge: erst Gewöhnung, dann Abhängigkeit.

Gewöhnung bedeutet, dass sich der Körper schnell auf die Dosis einstellt und sie als normal empfindet. Dann brauchen wir mehr von dem Stoff, um wieder den erwünschten Effekt zu erzielen. Abhängigkeit besteht darin, dass Sie die Droge brauchen, um normal funktionieren zu können. Sollten Sie derzeit Koffein in irgendeiner Form konsumieren, lassen Sie es einmal für einen oder zwei Tage weg. Sie werden in Zustände kommen, in denen Sie sich am liebsten in ein Loch verkriechen würden. Sie sind dann voll auf Koffeinentzug, da die Koffeinrezeptoren im ganzen Körper nicht befriedigt werden, und das fühlt sich schrecklich an. Es sind ganz ähnliche Entzugssymptome wie bei Leuten, die von Nikotin, Alkohol, Heroin oder anderen Drogen wegkommen möchten. Die Physiologie unterscheidet da nicht groß – Droge ist Droge.

Meine eigene Koffeingeschichte verlief so, dass ich heute nur noch maximal zwei bis drei entkoffeinierte Milchkaffees trinke. Ich trinke überhaupt nichts Koffeinhaltiges mehr, weil ich weiß, wie schädlich Koffein für den Körper ist, aber das war nicht immer so. Eigentlich fing ich mit dem Kaffeetrinken erst an, als ich mit 23 in Frankreich lebte. Ich fand es toll, einfach in ein Café gehen zu können und einen Espresso oder Café Crème zu genießen. Vermutlich lag das am Einfluss meiner Fußballfreunde. Jedenfalls fand ich großen Gefallen daran und freute mich immer schon auf meinen nächsten Espresso. Ich trank damals noch keinen entkoffeinierten Kaffee, bekam also die volle Wirkung ab – jedenfalls am Anfang.

Es dauerte nicht lang, da genügte mir ein Espresso am Tag nicht mehr. Das High blieb aus, also musste es fortan ein doppelter Espresso sein, und die Ausflüge zum Café um die Ecke wurden häufiger. Als ich wieder in Kanada und zu Cappuccino und Caffè Latte übergegangen war, fiel mir auf, dass ich nach der Kaffeedröhnung müder war als vorher. Ich konnte mir das nicht erklären. Heute kann ich.

Ich muss zugeben, dass ich guten Kaffee durchaus genussvoll finde. Manchmal nehme ich Umwege in Kauf, um mir einen zu verschaffen. Aber ich bin eben nicht auf den Kick aus, sondern auf das Kaffeetrinken selbst und das herrliche Aroma. Kurz, wenn ich Kaffee trinke, ist es entkoffeinierter.

Natürlich gab es auch Diskussionen mit Freunden, die sich als wahre Kaffeekenner sehen. Sie kennen sich mit allen Varietäten rings um den Globus aus, auch mit den besten Blends, die man sich nur denken kann. Kaffee beflügelt ihre Leistungsfähigkeit, sie können sich ein Leben ohne ihn überhaupt nicht vorstellen. Sie haben mir erklärt, bei bestimmten Kaffeesorten wirke das Koffein anders, sanfter und länger anhaltend, und deshalb blieben die Abstürze und sonstigen unangenehmen Folgen aus.

Das ist für mich so, als würde man sagen, ein Schnaps mit nur 35 Prozent sei gesünder als einer mit 40. Alkohol ist Alkohol, und Koffein ist Koffein. Wenn Sie Koffein im Blut haben, ist die Wirkung immer ziemlich gleich, egal woher es stammt. Ich möchte damit nichts mehr zu tun haben, und wenn es Ihnen darum geht, Ihr Energieniveau hoch zu halten, sollten Sie auf diese Haltung einschwenken.

Zumindest wird Ihnen hoffentlich klar, dass es für Gesundheit und Energie ganz wichtig ist, Ihren Konsum von Stimulanzien stark einzuschränken. Leiten Sie Ihre »Rehabilitation« mit dem Wechsel zu entkoffeiniertem Kaffee ein. Ich werde Ihnen Alternativen zum Morgenkaffee zeigen, die Ihnen reichlich Energie zuleiten, ohne Sie anschließend fallen zu lassen. Sie werden sich fragen, wie Sie je auf Kaffee hereinfallen konnten.

● ● ●

Auch wenn Sie kein Kaffeetrinker sein sollten, möchte ich Ihnen bewusst machen, wie stark Koffein und Zucker in vielen Getränken vertreten sind, die Sie möglicherweise gewohnt sind. Sehen wir uns erst einmal an, wie viel Koffein als unbedenklich gilt. Das kanadische Gesundheitsministerium empfiehlt, nicht mehr als 400 Milligramm Koffein pro Tag zu konsumieren, das entspricht etwa drei normalen Tassen Kaffee. Nach dieser Rechnung ist es für Teenager völlig in Ordnung, sich zwei große Dosen Rockstar Energy-Drink (360 Milligramm Koffein) pro Tag zu genehmigen. Als Ernährungsberater, Vater und klar denkender Mensch finde ich diese Empfehlung vollkommen abwegig.

Die meisten anderen medizinischen Gremien empfehlen, die Marke von 300 Milligramm Koffein pro Tag nicht zu überschreiten.[4] Auch diese Menge wird mit der Zeit unangenehme Folgen haben.

Nach meinen eigenen Recherchen (ich sehe mir die Nährwertangaben auf den Gebinden an) habe ich die folgende Tabelle mit Koffein- und Zuckergehalt einiger Getränke angegeben, die in Nordamerika (und anderswo) sehr beliebt sind. Ich hoffe, sie öffnet Ihnen die Augen.

Getränk	Größe	Koffein	Zucker
Coca-Cola	355-ml-Dose	35 mg	46 g
Snapple Lemon Iced Tea	473-ml-Flasche	43 mg	23 g
Starbucks Latte	473 ml (grande)	150 mg	individuell
Starbucks Drip Coffee	473 ml (grande)	330 mg	individuell
Tazo Chai	237 ml	47 mg	individuell
Rockstar Energy-Drink	240-ml-Dose	160 mg	31 g
Red Bull	250-ml-Dose	80 mg	27 g
5-hour Energy	57 ml (1 Shot)	138 mg	k. A.

Wie Sie sehen, hat man die Obergrenze von 300 Milligramm Koffein pro Tag schnell erreicht. Unseligerweise sind die meisten Menschen, die regelmäßig zu solchen Drinks und Shots greifen, bereits über dem Limit und brauchen immer mehr, um noch eine Koffeinwirkung zu verspüren. Es ist richtig gruselig.

Zusammen mit Gluten und Zucker bildet Koffein einen explosiven Cocktail, der uns enorm zusetzt. Wir haben hier drei der Hauptübeltäter, die für die Energiekrise so vieler Menschen mitverantwortlich sind.

Streichen Sie sie ganz aus Ihrem Ernährungsplan, oder schränken Sie den Konsum wenigstens ein, und Sie tun eine Menge für Ihr triumphales »Comeback«. Probieren Sie es aus. Mit diesem Schritt stimmen Sie sich auf die weiteren Schritte unserer Zusammenarbeit ein.

3

Geheimnisse der Körperchemie

Ohne Strom könnten Sie bei sich zu Hause kein Licht machen. Ohne Benzin fährt Ihr Wagen nirgendwohin. Und was braucht Ihr Körper für einfache Grundfunktionen wie das Halten dieses Buchs oder E-Readers beim Lesen dieses Satzes?

Zu schade, dass wir in Kindheit und Jugend nicht allzu viel von dem erfahren, was in unserem Körper vorgeht. Zu DVD-Playern und Waschmaschinen gibt es immer Bedienungsanleitungen, weshalb nicht auch für unseren Körper? Sicher, wir lernen in der Schule ein bisschen was, aber wie viel bleibt davon hängen? Was wissen Sie noch über den Zitronensäurezyklus? Oder Glykolyse – kommt da was?

Wahrscheinlich nicht, aber das macht nichts. Ich werde Ihnen nicht vorhalten, dass Sie nicht mehr alles aus dem Biologieunterricht wissen, aber ich finde es wichtig, dass Sie die Grundzusammenhänge der Abläufe in Ihrem Körper kennen. Sie möchten schließlich wieder der energiegeladene Mensch werden, als der Sie geboren wurden, und dazu müssen Sie einfach wissen, was eigentlich hinter Ihrer Fähigkeit zu sprechen, zu gehen, ja zu denken steht. Kurz gesagt: Sie müssen wissen, wo Ihre Energie herkommt.

Keine Angst, das wird jetzt nicht wieder Schulunterricht von der Art, der Sie damals schon nicht viel Aufmerksamkeit geschenkt haben. Wir lassen vielmehr alles Langweilige weg und kommen gleich zu dem, was Sie wirklich wissen müssen. Es wird Ihnen ein Licht aufgehen.

Wenn Sie verstehen, woher Ihre Energie kommt, davon bin ich fest überzeugt, werden Sie die Schwere und Schwerfälligkeit, die Sie erlebt haben, viel leichter abschütteln. Viel zu lange haben Sie sich mit Stress und Koffein weitergeschubst und gemeint, Sie bräuchten sich nur zusammenzureißen, dann würden Sie den Tag schon überstehen. Doch das genügt nicht, sonst würden Sie dieses Buch jetzt nicht lesen. Sobald Sie wissen, wie die Energie in Ihrem Körper erzeugt wird, werden Sie hinderliche Angewohnheiten viel leichter aufgeben. Dann werden Sie Ihr inneres Feuer erst richtig anfachen, um ordentlich Dampf zu erzeugen.

Gehen Sie ruhig davon aus, dass Sie jetzt die Bedienungsanleitung für Ihren Körper bekommen, die immer fehlte.

Wie entsteht Energie im Körper?

Machen Sie sich bitte als Erstes klar, dass Sie nichts weiter als eine Menge Zellen sind.

Hoffentlich beleidigt Sie das nicht, es ist nämlich die absolute Wahrheit. Sie sind ein Zellhaufen – Billionen Zellen übrigens – in der Form, die Sie nun einmal haben. Alles in und an Ihnen besteht aus diesen mikroskopisch kleinen Gebilden, jeder Millimeter Zehennagel ebenso wie Ihr wunderbares, großes Herz.

Das Wort »Zellen« kennen Sie sicherlich aus einem anderen Zusammenhang – die kleinen Batterien für Ihren Wecker und andere kleine Gerätschaften werden auch so genannt und dienen ebenfalls dem Zweck, das jeweilige Gerät mit Energie zu versorgen.

Wir könnten uns jetzt im Einzelnen ansehen, was in Ihren Zellen vorgeht, aber ich wollte Sie ja nicht langweilen und werde dieses Versprechen halten. Nur so viel müssen Sie wissen: Ihre Zellen erzeugen Energie mithilfe eines Stoffs namens Adenosintriphosphat oder ATP. Das mag sehr chemisch klingen, aber Ihre Zellen brauchen eigentlich nur zwei Dinge, um diesen Stoff zu erzeugen, nämlich Glukose aus dem, was Sie essen, und dazu Sauerstoff aus der Luft, die Sie atmen.

Ganz recht, Ihre gesamte Energie stammt aus Ihrer Nahrung und Atemluft.

Das klingt einfach, und so soll es auch sein, aber unsere heutige Lebensweise macht diese Dinge ein wenig komplizierter. Wie schon gesagt essen die meisten Menschen heute mehr, als sie brauchen, sodass unsere Zellen mehr als genug Glukose für die Erzeugung von ATP zur Verfügung haben. Bei den allermeisten, die an Energiemangel leiden, brauchen diese Billionen winziger Zellen dringend mehr Sauerstoff.

Das leuchtet vielleicht nicht sofort ein, denn schließlich atmen Sie ja, sonst würden Sie nicht leben. Deshalb müssen wir eine simple Frage klären: Wenn Sie 12- bis 18-mal pro Minute atmen, wie es für einen Erwachsenen normal ist, weshalb bekommen Ihre Zellen dann nicht genug Sauerstoff für die Produktion von ATP? Die Antwort liegt in Ihrem Blut.

Weshalb Ihr Blut so wichtig ist

Es ist in Ordnung, wenn Sie nicht so genau wissen, wozu Ihr Blut da ist. Der bloße Gedanke daran ist vielleicht schon ein wenig beängstigend, schließlich sehen Sie es ja nur, wenn Sie verletzt sind. Ganz bestimmt wissen Sie aber zumindest, dass Sie ohne Blut nicht leben können, und das hat zu einem erheblichen Anteil mit dem Sauerstoff zu tun, den Ihre Zellen benötigen.

Ihr Blut ist der Fluss des Lebens, der mithilfe der roten Blutkörperchen Sauerstoff zu den Zellen Ihres Körpers trägt. Das beginnt mit Ihrem ersten Atemzug und setzt sich mit jedem weiteren fort. Bei jedem Einatmen strömt die Atemluft durch die großen und kleinen Bronchienäste, an deren Ende sich die Alveolen oder Lungenbläschen befinden. An diesen Austauschpunkten zwischen Luftraum und Blutbahn steigen die Sauerstoffmoleküle praktisch um und verbinden sich mit roten Blutkörperchen. Von denen werden sie dann überallhin gebracht, wo Sauerstoff benötigt wird, zum Beispiel zu den Herzzellen, den Gehirnzellen oder den Zellen irgendeines anderen Organs.

So weit, so einfach. Sie atmen, und Ihr Blut verteilt den Sauerstoff blitzschnell im ganzen Körper. Es kann aber wie auf allen Transportwegen Verzögerungen oder Engpässe geben. Wenn Sie schon mal in New York mit dem Taxi unterwegs waren oder auch nur solche Szenen im Film gesehen haben, wissen Sie, was ich meine: Alles steht Stoßstange an Stoßstange, nichts geht. Solche Stauungen kann es in Ihrem Blutkreislauf auch geben, bei vielen Menschen ist es so, und ich persönlich weiß sehr genau, wie das ist. Wenn Ihre roten Blutkörperchen nicht leicht und schnell vorankommen, bekommen die Zellen in den Geweben Ihres Körpers nicht so viel Sauerstoff, wie sie brauchen, und können keine Energie erzeugen. Sie fühlen sich dann gar nicht gut und haben keine Energie.

Zu diesem verheerenden Stau in Ihrem Blutstrom kommt es, wenn Ihre roten Blutkörperchen verklumpen. Aber wie kann es dazu kommen? Es hat mit dem Säuregrad Ihres Bluts zu tun, und der wiederum hängt von Ihrer Ernährung ab. Sicher wird Ihnen hier schon deutlich, dass alles im Körper mit allem anderen zusammenhängt.

Sauer und basisch

An die pH-Skala denken Sie bestimmt nicht als Erstes, wenn von Ihrem Blut die Rede ist. Sauer oder basisch (alkalisch), was könnte daran so wichtig sein?

Der pH-Wert Ihres Bluts sollte im Idealfall etwas oberhalb der Mitte der 14 Stufen umfassenden pH-Skala liegen, und zwar bei 7,35 bis 7,45, was einem leicht basischen Zustand entspricht (1 ist auf dieser Skala extrem sauer, 14 extrem basisch). Ihr Blut ist dann im Zustand der Homöostase, das heißt in einem idealen Gleichgewicht, das für alle Funktionen optimal ist. Ihre roten Blutkörperchen sind voll ausgeformt und frei beweglich. Es kann nicht zu Stauungen kommen.

Manches in unserer modernen Ernährung verschiebt jedoch unser Blutmilieu zum sauren Ende hin, und genau das behindert die regelmäßigen Sauerstofflieferungen, auf die die Zellen unseres Körpers angewiesen sind. Fleisch, Milchprodukte, Mehlerzeugnisse, Zucker und andere Bestandteile unserer Ernährung sind säurebildend, und zu reichlicher Genuss lässt unser Blut sauer werden. Leider besteht ein Großteil unserer Ernährung gerade aus diesen Dingen. Speiseeis, Cheeseburger und anderes Junkfood bestehen so gut wie ausschließlich aus solchen säurebildenden Anteilen, und bei vielen anderen Nahrungsmitteln sieht es nicht wesentlich besser aus.

Ich könnte mir vorstellen, dass ein Großteil dessen, was Sie heute gegessen haben, überwiegend säurebildend war.

Ihre Zellen sind also wie kleine Batterien und haben wie Batterien einen Plus- und einen Minuspol oder eben positive und negative Ladung. Ist Ihr Blut sauer, wird den roten Blutkörperchen die negative Ladung entzogen, die sie normalerweise wie eine Art Schild umgibt, sodass sie anschließend von überwiegend positiver Ladung sind. Das wird hier zum Problem, weil die Gesetze des Magnetismus auch für Zellen gelten: Gleiche Ladungen stoßen sich ab, unterschiedliche ziehen sich an. Wenn viele Ihrer roten Blutkörperchen, deren negative Ladung durch saures Blutmilieu geschwächt wurde, als überwiegend positiv geladene Zellen im Blut schwimmen, »verkleben« sie auf magnetischem Wege mit anderen roten Blutkörperchen, die ihren Schild aus negativer Ladung noch haben. Auf diese Weise können immer mehr rote Blutkörperchen miteinander verklumpen, statt, wie es normal wäre, jedes für sich allein umherzuschwirren. Solange Ihr Blut den richtigen Säuregrad hat, behalten alle roten Blutkörperchen ihre äußere negative Ladung und stoßen sich gegenseitig ab – was einen ungehinderten Blutstrom ermöglicht. Und das ist die Voraussetzung dafür, dass der Sauerstoff aus Ihrer Atemluft im erforderlichen Umfang »ausgeliefert« werden kann.

Wenn Sie sich mehr basisch ernähren möchten, müssen Sie stärker zu Obst und Gemüse greifen, besonders zu allem Grünen. Weshalb Grünes so wichtig ist, werden wir später erörtern, für den Moment müssen Sie nur wissen, dass Obst und Gemüse Ihre Freunde sind. Leider wissen das die meisten Menschen nicht oder halten sich nicht daran. Sie essen ihr Gemüse, »weil es ja sein muss«, aber sie kämen nicht auf den Gedanken, sich überwiegend davon zu ernähren. Ein gelegentlicher Beilagensalat genügt nicht, und die Heidelbeeren in Ihrem Muffin bringen es auch nicht wirklich.

Viele Ernährungssachverständige sagen, die meisten Leute ernährten sich zu 80 Prozent von säurebildender Kost und zu 20 Prozent von basenbildenden Lebensmitteln – und eigentlich sollte es andersherum sein. Das lässt sich leicht so einrichten, ist aber ungewöhnlich.

Ich sage nicht, Sie sollten Vegetarier werden, aber wenn Sie Ihren Energiehaushalt in Ordnung bringen möchten, müssen Sie besser auf Ihre Ernährung achten. Rechnen Sie nicht damit, dass Sie intuitiv schon wissen, was gut für Sie ist, schließlich ist das Thema »Essen« für uns alle belastet, und wir sind zu vielen falschen Dingen erzogen worden. Deshalb finden Sie in Kapitel 6 einen genauen Plan, nach dem Sie vorgehen können, um Ihre Ernährung und Ihren Körper wieder ins Gleichgewicht zu bringen.

**Warum Ärzte nicht unbedingt
die besten Ernährungsberater sind**

Der Säuregrad des Bluts ist ein etwas zwiespältiges Thema, einfach weil die medizinische Forschung ihm keine Bedeutung beimisst. Ihr Hausarzt würde sich womöglich sogar über Ihr Interesse an »unwissenschaftlichen Theorien« lustig machen.

Aber lassen Sie sich davon nicht abschrecken. Sehen wir uns lieber an, ob die Haltung Ihres Arztes nicht ein wenig arrogant ist und eine Erwiderung verlangt.

Dem Bericht von meiner persönlichen medizinischen Odyssee konnten Sie entnehmen, dass ich die dringend gesuchten Lösungen erst fand, als ich mich von der konventionellen Medizin, der sogenannten Schulmedizin, abwandte, um mich mit ganzheitlicher Ernährung zu befassen. Mir ging es wirklich dreckig, aber die Allgemeinärzte und Fachärzte konnten mir einfach nicht helfen. Erst als ich mich mit wahrhaft bewährten alten Prinzipien des Heilens und der Ernährung auseinanderzusetzen begann, konnte ich meinen Körper wieder ins Lot bringen.

Es trifft leider zu, dass Ärzte auf dem Gebiet der Ernährung meist keine besondere Ausbildung bekommen. Sie können Krankheiten aller Art diagnostizieren und Ihnen dann teure und mit Nebenwirkungen behaftete Medikamente gegen diese Symptome verschreiben oder zu Operationen raten. Aber nach meiner Erfahrung findet man immer seltener Ärzte, die einem wirklich erklären können, woher die Gesundheitsstörungen kommen, mit denen man sich plagt.

Oft kommen wir auf die einfachen Lösungen schlichtweg nicht, weil wir auf die Behandlung von Störfällen eingerichtet sind, nicht aber auf Vorbeugung – auf Maßnahmen, die verhindern, dass Störfälle überhaupt eintreten. Wäre es nicht an der Zeit, unsere Gesundheitsprobleme von den Ursachen her zu lösen?

Zahlreiche wissenschaftliche Untersuchungen belegen den Nutzen einer basischen Ernährung für alle möglichen Gesundheitsstörungen, darunter chronische Polyarthritis (Gelenkentzündung), Nierenkrankheiten, Fettleibigkeit, Herz-Kreislauf-Erkrankungen, Diabetes, Refluxösophagitis (Sodbrennen), Gicht, abnehmende Knochendichte und manches andere.[1,2,3,4,5,6]

Doch aus irgendeinem Grunde möchte die Schulmedizin nichts davon wissen.

Ich will hier aber nicht hetzen, sondern gebe Ihnen einfach ein Beispiel, das in direktem Zusammenhang mit dem Thema dieses Kapitels steht. Ich meine den Säuregrad Ihres Bluts und seine Bedeutung für Ihren Energiehaushalt.

Wie gesagt, viele Ärzte haben für den Gedanken, dass der pH-Wert des Bluts von gesundheitlicher Bedeutung ist, nur ein müdes Lächeln übrig. So ein Unsinn, werden sie sagen. Trotzdem werden sie wahrscheinlich zu mehr Obst und Gemüse raten. Warum eigentlich? Sie denken dabei wahrscheinlich an mehr Ballast- und Mineralstoffe, lassen jedoch unbeachtet (oder wissen gar nicht erst), dass mehr Gemüse und Obst Ihr Blut deutlich basischer machen und damit der Gesundheit Ihrer Zellen dienen. Ihr Körper wird auf der Zellebene Reparaturen einleiten können. Diese Ärzte sprechen sich unwissentlich für genau den Gedanken aus, den sie kurz zuvor als unhaltbar bezeichnet haben.

Verstehen Sie jetzt, weshalb ich mit der modernen Medizin keine Geduld mehr habe? Natürlich will ich Sie nicht dazu überreden, nicht mehr zum Arzt zu gehen oder seinen Rat zu missachten. Das wäre unverantwortlich. Möglich ist aber, dass Ihr Arzt nicht mit allen Gesundheitsbelangen ausreichend vertraut ist, aus welchem Grund auch immer (häufig liegt es daran, dass Forschungen auf dem Ernährungssektor einfach nicht genügend Profit versprechen). Da liegt es dann bei Ihnen, sich die Dinge selbst anzusehen, die Aufschluss versprechen und greifbare Resultate ergeben. Es geht wie immer um das rechte Maß.

Blutuntersuchung

Sollten Sie an einer eingehenden Untersuchung der Gesundheit Ihres Bluts interessiert sein, empfehle ich den Besuch in einer naturheilkundlichen Praxis, wo Ihr *lebendiges* Blut sofort nach der Entnahme unter dem Mikroskop beurteilt werden kann.

Das ist etwas anderes als das »Blutbild«, das normalerweise gemacht wird. Da schickt Ihr Arzt das entnommene Blut an ein Labor, wo der Cholesterin- und Blutzuckergehalt und ähnliche Dinge bestimmt werden, die ebenfalls wichtig sind, aber eben etwas anderes als die Mikroskopuntersuchung Ihres Bluts gleich nach der Entnahme.

Dabei wird ein frischer Blutstropfen auf einem gläsernen Objektträger verstrichen und durch ein Mikroskop mit starker Vergrößerung betrachtet. Man erkennt dann sofort, wie sich die roten Blutkörperchen verhalten. Als das bei mir gemacht wurde, zeigte sich unmittelbar das, was sehr viele andere sicher auch sehen würden: ein voll ausgebildeter Stau zur Stoßverkehrszeit. Es gab mir die letzte Bestätigung dafür, dass ich meine Ernährung umstellen musste, und es war ein wichtiger Schritt für die Ausarbeitung des Plans, den ich Ihnen in diesem Buch vorlege.

Im Prinzip ist es ausreichend, sich an seinem Befinden zu orientieren, und von einer gesünderen Ernährung kann natürlich jeder profitieren, auch ohne direkte Energiekrisen. Wenn Sie jedoch mehr über den Gesundheitszustand Ihres Bluts und seine Bedeutung für Ihren Energiehaushalt wissen möchten, kann ich Ihnen nur raten, einen auf diesem Gebiet bewanderten naturheilkundlichen Arzt oder Heilpraktiker ausfindig zu machen.

Es ist Ihnen sicher nicht verborgen geblieben, dass ich entschieden etwas gegen Kaffee und koffeinhaltige Energy-Drinks habe. Ein weiterer Grund für diese Haltung besteht darin, dass sie säurebildend wirken.

Zunächst einmal bringt Koffein wie gesagt Ihren Cortisolhaushalt durcheinander, sodass Sie nach dem anfänglichen Energieschub eher noch müder sind als vorher. Verschlimmernd kommt nun hinzu, dass Kaffee und Energy-Drinks Ihr Blut sauer machen und dadurch eine langfristig zermürbende Wirkung entfalten.

Koffein und Zucker greifen Sie buchstäblich an vielen Fronten gleichzeitig an, Sie sind da praktisch wehrlos. Wir werden im weiteren Verlauf noch von anderen Dingen zu sprechen haben, die Ihnen nicht guttun, und wenn wir dann in die Verbesserung Ihrer Ernährung einsteigen, wäre es wirklich gut, wenn Sie bereits angefangen hätten, sich all die schädlichen Überbrückungsmaßnahmen abzugewöhnen. Es kann anfangs schwierig sein, auf diese »Energiekrücken« zu verzichten, aber wenn Sie auch nur ein paar Tage durchhalten, sind Sie bereits auf bestem Wege, Ihren Energiehaushalt und Stoffwechsel zu normalisieren. Dann sind Sie bereit für die wirklich ausschlaggebenden Ernährungsratschläge.

4

Falsche Ernährungs-
gewohnheiten

Ihre größten Energieverluste haben mit etwas zu tun, was Sie jeden Tag tun. Es ist so offensichtlich, dass Sie es vielleicht gänzlich übersehen. Fällt Ihnen etwas ein?

Falls nicht, denken Sie einfach an Ihren letzten Weihnachtsschmaus – die goldbraune Gans frisch aus dem Rohr, die dampfenden Knödel, die Füllung, duftende warme Baguettescheiben ... Läuft Ihnen das Wasser im Mund zusammen? Versetzen Sie sich ganz in die Szene, machen Sie eine Zeitreise. Haben Sie dieses absolut umwerfende Kompott auf der Zunge? Ach, und die Füllung, danach wird man sofort süchtig und kann nie genug bekommen.

Gut, kommen wir zum letzten Happen Gans von Ihrer zweiten Portion. Klar, zu Weihnachten gönnt man sich einen Nachschlag, oder? Wie geht es Ihnen jetzt? Ich stelle mir vor, dass Sie gut satt sind, aber jetzt steht der Nachtisch da, und den müssen Sie unbedingt probieren, auch wenn Sie schon platzen. Ist doch Weihnachten, da stecken wir Völlegefühl und Bauchweh einfach mal weg.

Und wie geht es jetzt? Sind Sie überhaupt noch ansprechbar? Vielleicht haben Sie sich bereits entschuldigt und nach nebenan ins Wohnzimmer geschleppt, wo Sie auf der Couch prompt ins Fresskoma fallen. Sie werden, wenn Sie wieder aufwachen, wahrscheinlich immer noch ziemlich fertig sein, aber trotzdem steuern Sie die Küche an, um sich eventueller Reste anzunehmen. Das macht Sie auch nicht munterer, ganz im Gegenteil.

Hätten wir doch nur eine Art Rauchmelder im Kopf, der uns warnt, wenn wir wieder einmal dabei sind, diesen Fehler zu machen. Könnten wir uns doch nur in der akuten Situation in Erinnerung rufen, dass es unsinnig ist, uns vollzustopfen und dann auch noch ein Dessert nachzuschieben. Wir Menschen haben da wohl eine gewisse Lernschwäche. Wir lassen uns immer wieder zu den gleichen unsinnigen Verhaltensweisen hinreißen, mögen die Folgen noch so unangenehm sein. Beim Essen ist es wohl einfach so, dass die Folgen doch nicht unangenehm genug sind, um entschlossen etwas zu ändern.

Käme es nach solch einer Mahlzeit gleich zu einer Nahrungsmittelvergiftung, würden Sie bei Gans vermutlich in Zukunft abwinken. Sie hätten dann einen Widerwillen, einfach weil Ihr Gehirn sich schwertut, die furchtbaren Brech- und Durchfallkrämpfe zu vergessen.

Müdigkeit und Schwere nach dem Essen sind dagegen nicht schlimm genug, um eine regelrechte Aversion zu entwickeln. Deshalb kommt es doch immer wieder vor, dass wir viel zu viel essen, auch wenn wir uns anschließend kaum noch auf den Beinen halten können.

FALSCHE ERNÄHRUNGSGEWOHNHEITEN

Natürlich kenne ich das auch, diese Fressorgien vor allem an den großen Festtagen des Jahres. Meine Erinnerungen an die meisten dieser Anlässe sind ziemlich verschwommen, es wurde gefuttert, bis nur noch die vegetativen Funktionen von einem übrig waren. Ich konnte ganze Kürbiskuchen allein verdrücken!

Mit den Jahren wurde es mir dann aber wichtiger, mich auch nach dem Essen noch gut zu fühlen, und dazu war es erforderlich, mehr auf die Art der Speisen und auf die verzehrte Menge zu achten. Es hat viel damit zu tun, dass das Verdauen einer Mahlzeit unserem Körper mehr abverlangt, als uns normalerweise bewusst ist.

Nicht jeder Tag ist ein Festtag mit Festmahl, aber wie oft passiert es Ihnen, dass Sie sich nach dem Essen gern zu einem Schläfchen hinlegen würden? Häufiger, als Sie bereitwillig zugeben, nicht wahr?

Die traurige Wahrheit: Bei vielen von uns ist die Verdauung nicht in Ordnung, und wir merken gar nicht, wie stark sich das auf unsere Gesundheit und den Energiehaushalt auswirkt.

Was ich Ihnen auf den folgenden Seiten mitteilen möchte, ist sehr wichtig. Ich werde sogar ein paar Dinge vorbringen, die vielleicht alles infrage stellen, was Ihnen je über Verdauung, Ernährung und Energie beigebracht worden ist. Bleiben Sie aufgeschlossen.

Wie Ihr Körper normalerweise verdaut

Beim Pizzaessen denken Sie wahrscheinlich nicht an die komplexen Vorgänge der Verdauung. Weshalb sollte man sich auch den Kopf darüber zerbrechen, was nach dem Schlucken passiert?

Da muss ich Ihnen erwidern, dass es – falls Sie Ihre Energielosigkeit wirklich überwinden möchten – ganz wichtig ist zu wissen, was beim Essen und anschließend in Ihrem Körper vor sich geht. Wenn Sie sich mit der Verdauung ein wenig auskennen, haben Sie einen Anreiz, sich so zu ernähren, dass Sie sich dem bisher scheinbar unerreichbaren Ziel der Energie für den ganzen Tag annähern können.

Was also ist an der Verdauung so wichtig? Stellen Sie es sich am besten so vor: Ihr Verdauungssystem ist sozusagen Ihr Motor. Wenn der Motor Ihres Wagens nicht funktioniert, geht gar nichts mehr. Vielleicht müssen Sie sogar an die Anschaffung eines neuen Wagens denken. Einen neuen Körper können Sie sich dagegen nicht besorgen, deshalb ist es so wichtig, die Verdauung in Ordnung zu halten, denn auch hier gilt: Ohne Verdauung geht gar nichts.

Mit dem Stellenwert der Verdauung beschäftigen wir uns normalerweise nicht gar so sehr, weil wir davon ausgehen, dass sie einfach funktioniert. Wir essen und trinken, und alles Weitere geschieht dann offenbar von selbst. Tatsächlich, und das ist wenig bekannt, bildet jedoch der Verdauungsprozess die Grundlage unserer Gesundheit. Längst nicht alle wissen, dass sehr viele Krankheiten und Gesundheitsstörungen von Alzheimer bis Akne etwas mit schlechter Verdauung zu tun haben.

Tatsächlich beginnt die Verdauung nicht erst mit dem Schlucken, sondern schon in dem Augenblick, in dem Sie etwas in den Mund nehmen. Und weiter: Das Kauen zerkleinert die Nahrung nicht nur, damit Sie sie besser schlucken können, sondern sendet bereits Signale in den Bauch, die die Ankunft von Nahrung ankündigen. Zugleich werden die Speicheldrüsen im Mund aktiv und leiten die Verdauung ein.

Unser Speichel enthält Enzyme, die bereits mit dem Aufschließen der Nahrung beginnen, indem sie Grundbestandteile der Nahrung wie einfache Kohlenhydrate zersetzen. Deshalb schmeckt Weißbrot, wenn Sie es eine ganze Weile kauen, schließlich süß: Kohlenhydrate des Mehls wurden in ihre Bestandteile zerlegt, in Zuckermoleküle.

Bei einem Steak würde das nicht funktionieren, es bleibt im Mund einfach Fleisch, also Eiweiß. Zur Verdauung von Eiweiß sind andere Enzyme und ein saures Milieu erforderlich, und diese Bedingungen sind erst im Magen gegeben.

Wenn Sie nach dem Kauen schlucken, gelangt der Speisebrei durch die Speiseröhre in den Magen, wo Salzsäure und Enzyme wie Pepsin das Eiweiß zuerst in seine Moleküle zerlegen, um dann auch diese Moleküle in kleinere Einheiten, die sogenannten Polypeptidketten, und schließlich in Aminosäuren zu zerteilen, wie man die Grundbausteine der Proteine oder Eiweißarten nennt. Das alles geschieht im Magen und auf dem weiteren Weg in den Dünndarm.

Der Dünndarm ist der längste Teil unseres Verdauungsapparats, je nach Spannungszustand drei bis sechs Meter lang, und mit seinen Darmzotten besitzt er eine innere Oberfläche von 30 bis 40 Quadratmetern (laut Wikipedia; ältere Berechnungen geben meist eine weitaus größere Gesamtoberfläche an). Über diese gewaltige Oberfläche können die aufgeschlossenen Nahrungsbestandteile leicht resorbiert und dem Körper zur Verfügung gestellt werden.

Das Milieu ist alkalisch, und das Aufschließen der Fette, Kohlenhydrate und Proteine wird hier abgeschlossen, woran auch die Verdauungsenzyme aus der Bauchspeicheldrüse großen Anteil haben.

Was dann noch von unserer Nahrung im Darm verbleibt, gelangt in den Dickdarm, wo diesen Resten ein Großteil des Wassers, aber auch die noch enthaltenen Nährstoffe entzogen werden.

Im Dickdarm herrschen wieder eher saure Verhältnisse, unter denen über 400 verschiedene Bakterienarten ihre Arbeit verrichten.

Die Darmbakterien werden kollektiv Darmflora oder Darmmikrobiom genannt, und es sollte sich hauptsächlich um körperfreundliche Bakterien (Probiotika) handeln, die schädliche Bakterien, Hefen und andere Mikroben in Schach halten können. Die Abwehrkraft Ihrer Darmflora ist von sehr großer Bedeutung. 80 Prozent unseres gesamten Immunsystems liegen nach neueren wissenschaftlichen Erkenntnissen in der Darmschleimhaut, weshalb hier vom »darmassoziierten Immunsystem« gesprochen wird.

Wenn Ihre Mahlzeit auf diesem Wege schrittweise verarbeitet worden ist, bleibt am Ende eine faserreiche Masse übrig, die Sie beim nächsten Stuhlgang ausscheiden.

Der Weg der Nahrung vom Verzehr bis zur Ausscheidung der Reste nimmt normalerweise 18 bis 24 Stunden in Anspruch. Dauert es länger, liegt möglicherweise irgendwo eine Störung vor, die sich zu dem entwickeln kann, was wir »Verstopfung« nennen (sofern es sich nicht um Symptome einer bereits bestehenden Darmträgheit handelt). Sollte die Verdauungszeit deutlich kürzer sein, haben Sie vielleicht etwas zu sich genommen, was Ihrem Darm nicht bekommt, sodass er gezwungen ist, es so schnell wie möglich wieder auszuscheiden. Dann haben Sie deutlich zu weichen Stuhl oder auch regelrechten Durchfall.

Jedenfalls geschieht da eine ganze Menge, nicht wahr? Wo viel geschieht, kann auch viel schiefgehen, und bei der Ernährung, die wir uns im Westen angewöhnt haben, ist es kein Wunder, dass wir unsere Nahrung längst nicht mehr optimal verdauen. Unsere verheerenden Ess- und Lebensgewohnheiten führen zu allerlei Störungen im System, durch die unser Körper letztlich nicht mehr viel Nahrhaftes bekommt – ganz davon abgesehen, dass wir ihn auf diese Weise krankheitsanfällig machen.

Bevor wir nun endlich zur Wiederherstellung Ihrer Verdauung übergehen, wollen wir uns noch ansehen, wo die Probleme bei Ihnen liegen könnten. Wo sind die Schwachstellen bei all dem, was in unserem Körper vorgeht?

Die Bedeutung der Enzyme

Von unserem kleinen Spaziergang durch den Verdauungstrakt haben Sie vielleicht noch in Erinnerung, dass Enzyme schon im Mund, dann im Magen und schließlich im Darm eine wichtige Rolle spielen. Sogar in der Nahrung selbst können schon Enzyme enthalten sein. Enzyme sind faszinierende und sehr vielfältige kleine Helfer, entscheidend wichtig für das Leben in allen seinen Formen.

Enzyme sind Proteine, die bestimmte Reaktionen im Körper beschleunigen. Sie kommen in allen Variationen mit unzähligen Funktionen vor, aber wir können sie in drei große Gruppen einteilen: die bereits angesprochenen Verdauungsenzyme, dann die Stoffwechselenzyme, die an vielen Prozessen im Körper beteiligt sind, und schließlich die mit der Nahrung zugeführten Enzyme. In unserem Zusammenhang geht es vor allem um die Verdauungsenzyme. Lipase beispielsweise ist hauptsächlich für die Fettverdauung zuständig, Amylase für das Aufschließen von Kohlenhydraten. Protease zersetzt Proteine (Eiweiß), während Delta-6-Desaturase für die Verstoffwechselung von Omega-3- und Omega-6-Fettsäuren sorgt. Und so weiter.

Es kann zu einem Enzymmangel im Körper kommen, und zwar aus den gleichen Gründen, die zu einer Überlastung unserer Nebennieren führen: Alter, Stress, unausgewogene Kost, Giftstoffe. Das ist ein großes Problem, denn Enzymmangel und infolgedessen schlechte Verdauung und entsprechend schlechte Nährstoffversorgung sind ein verbreitetes Übel.

Wenn Ihr Körper nicht genügend Enzyme für die Verdauung Ihrer Nahrung bereitstellen kann, muss das irgendwann Ihre Gesundheit beeinträchtigen, und nicht nur infolge von Nährstoffmangel, sondern auch weil Nahrungsmittelunverträglichkeiten und andere Verdauungsprobleme entstehen, die dann wieder andere Funktionsstörungen nach sich ziehen.

Beunruhigend ist vor allem, dass ein Enzymmangel auch dann noch Ihre Gesundheit beeinträchtigen kann, wenn Sie zu gesunder Ernährung übergehen. Wie kann das sein? Nun, es stimmt zwar, dass »der Mensch ist, was er isst«, aber am Ende ist er eigentlich das, was er aufnehmen und tatsächlich verwerten kann, und bei Enzymmangel ist der Körper nicht in der Lage, Ihrer Nahrung alle Nährstoffe zu entziehen, auch wenn Sie mehrmals am Tag Salate und Super-Smoothies zu sich nehmen. Auch bei den gesündesten Nahrungsmitteln können Ihnen noch Unverträglichkeiten und Mangelernährung in die Quere kommen, einfach weil die Enzymproduktion hinter den Anforderungen zurückbleibt.

Enzymmangel, Nahrungsmittelunverträglichkeiten und Gewichtszunahme

Wenn Sie je mit erheblichen Nahrungsmittelunverträglichkeiten leben mussten, wissen Sie, wie unangenehm das sein kann. Im Restaurant etwas von der Speisekarte zu bestellen, das kann dann wie der Gang durch ein Minenfeld sein. Wie gut Ihr Körper die Nahrung verarbeiten kann und wie er auf sie reagiert, hängt sehr weitgehend von Ihrem Enzymhaushalt ab. Überempfindlichkeiten, Unverträglichkeiten und Allergien gegenüber bestimmten Nahrungsmitteln entstehen unter anderem durch zu häufigen Genuss des gleichen Nahrungsmittels und durch Darmträgheit, die ein zu langes Verweilen der Nahrung im Verdauungstrakt nach sich zieht.

Das kann die Enzymvorräte Ihres Körpers zu stark beanspruchen, die Darmgesundheit belasten und allergiebedingte Probleme wie Gewichtszunahme nach sich ziehen. Dazu zwei wissenschaftliche Befunde:

Bei einer am Baylor College of Medicine durchgeführten Studie konnten 98 Prozent der Teilnehmer ihren Körperfettanteil beziehungsweise ihr Körpergewicht einfach dadurch verringern, dass sie Nahrungsmittel wegließen, die sich bei einem Test als unverträglich erwiesen hatten. Bei der Kontrollgruppe wurde nur die Kalorienzufuhr eingeschränkt, nicht aber der Verzehr unverträglicher Nahrungsmittel. Die Angehörigen dieser Gruppe nahmen sogar zu.[1]

Im Rahmen einer neueren Studie wurden die Probanden auf eine Diät gesetzt, in der keine Nahrungsmittel vorkamen, auf die sie allergisch reagierten. Im Laufe von drei Monaten nahmen die Teilnehmer durchschnittlich fast 17 Kilo ab, und es handelte sich fast ausschließlich um Körperfett.[2]

Grundsätzlich ist es so, dass Sie unerfreulichen Reaktionen auf Ihre Nahrung am besten dadurch vorbeugen, dass Sie über Ihre Nahrung oder mittels Nahrungsergänzungen (dazu mehr in Kapitel 7) eine ausreichende Enzymversorgung sicherstellen, damit Ihr Körper die Nahrung möglichst vollständig aufschließen und verwerten kann.

Die Bedeutung Ihrer Darmflora

Der Großteil Ihres Immunsystems befindet sich wie erwähnt im Darm und bildet hier Ihre erste Abwehrlinie gegen alles Schädliche, das von außen kommt: Giftstoffe, Verdorbenes, schädliche Keime und sonstige Pathogene.

Das wird leider noch nicht richtig verstanden und beachtet und behindert alle Bemühungen, mit vorübergehenden oder hartnäckigen Krankheitszuständen fertigzuwerden. Oft trifft es nicht zu, dass wir uns einfach etwas »einfangen«, sondern unsere Darmflora ist geschädigt, was unser Immunsystem schwächt und uns anfällig für alle möglichen Gesundheitsprobleme macht.

Aber was genau schädigt Ihre Darmflora? Die Hauptschuldigen sind schlechte Ernährung und Antibiotika. Antibiotika werden bei bakteriellen Infektionen eingesetzt, aber sie töten neben den schädlichen Bakterien auch die guten Bakterien unserer natürlichen Darmflora ab, die so entscheidend für unsere Gesundheit sind.

Die Bedeutung der Magensäure

In Ihrem Magen herrscht von Natur aus ein stark saures Milieu. Das ist unter anderem sehr wichtig für die Eiweißverdauung.

Außerdem bildet die Magensäure eine Schranke gegen schädliche Bakterien und andere Pathogene. Bei zu schwacher Magensäure werden Sie anfällig für Infektionen mit dem berüchtigten Keim *Helicobacter pylori*, der für Magenschleimhautentzündungen, Magengeschwüre, schlechten Atem und andere unangenehme Erscheinungen verantwortlich sein kann. Magensäure hat entscheidend wichtige Funktionen.

Wenn Sie Verdauungsbeschwerden haben, kann es gut sein, dass Sie zu wenig Magensäure haben. Das ist eine verbreitete Störung, die wahrscheinlich auch zu Ihrem Energiemangel beiträgt. Jedenfalls gelingt es Ihrer Magensäure dann nicht, Proteine, wie sie beispielsweise in Fleisch und Ei enthalten sind, so weit zu zerlegen und aufzuschließen, dass Ihr Organismus sie aufnehmen kann. Dann verwerten Sie nur einen Teil des zugeführten Eiweißes, und der Rest gelangt als mehr oder weniger unverdaute Partikel in die weiteren Abschnitte des Verdauungstrakts.

Unter günstigen Bedingungen werden alle Nahrungsbestandteile in ihre Bausteine zerlegt – Kohlenhydrate in Glukose und Fruktose, Proteine in Aminosäuren und Fette in freie Fettsäuren –, um dann mühelos durch bestimmte Kanäle oder Poren in der Darmwand aufgenommen zu werden. Nur teilweise verdaute und aufgeschlossene Nahrungsbestandteile jedoch finden nicht ihren Weg durch die Darmschleimhaut, sondern werden im Darm weiterbefördert, und dort können sie faulen oder gären, was sich in stinkendem Atem und ebensolchen Blähungsabgängen äußern kann. Außerdem verkleben sie mit der Darmwand und können so Reizungen und schließlich Entzündungen erzeugen. Dadurch lockert sich das Zellgefüge der Darmschleimhaut, sie wird durchlässig, und es entsteht der sehr lästige und gesundheitsschädliche Zustand, der »Leaky-Gut-Syndrom« oder »Hyperpermeabilität der Darmschleimhaut« genannt wird: Die Darmwand wird durchlässig für unzureichend verdaute Nahrungsbestandteile, die eigentlich nicht in die Blutbahn gelangen dürfen.

Das ist deshalb so schlimm, weil Ihr Organismus solche nicht vollständig aufgeschlossenen Nahrungsreste als Fremdkörper erkennt und bekämpft. So etwas wird nur im Darm geduldet, wo es hingehört, aber in der Blutbahn löst es sofort Alarm- und Abwehrreaktionen aus. Auf diesem Wege jedenfalls entstehen Überempfindlichkeiten, Allergien und schließlich ausgewachsene Autoimmunstörungen. Natürlich spielt hier eine ganze Reihe von Faktoren zusammen, aber unzureichende Verdauung und durchlässige Darmwand gehören zu den wichtigsten.

Betrachten wir es aus der Energieperspektive: Wenn Ihr Immunsystem pausenlos mit dem Kampf gegen Massen von Eindringlingen befasst ist und Ihre ohnehin schon überforderte Verdauung mit immer mehr Nahrung überschwemmt wird, kann einfach keine freie Energie mehr zur Verfügung stehen. Deshalb taumeln Sie in diesem Zustand wie ein Zombie durch Ihren Tag. Ihr Körper muss unentwegt Überstunden machen, natürlich fühlen Sie sich dann die meiste Zeit wie erschlagen!

Sodbrennen – echt ätzend

Sehr viele Menschen leiden an einer Störung, die wissenschaftlich gastroösophagealer Reflux und volkstümlich Sodbrennen heißt. Leider sehen viele das nicht als ein beachtenswertes Problem an.

Der Schließmuskel zwischen Speiseröhre und Magen schließt bei Sodbrennen nicht richtig, sodass Magensaft in die Speiseröhre zurückfließt. Auslösende und verschlimmernde Faktoren sind: Rauchen, Alkohol, schlechte Fette, Kaffee, Übergewicht, zu reichliche Mahlzeiten, Nitrate und Medikamente wie manche Antidepressiva, Anticholinergika, Kalziumantagonisten und andere. Viele leiden zwar an dieser unangenehmen Verfassung, tun sie aber als unbedenklich ab, Sodbrennen eben.

Zu diesem Reflux von Verdauungssaft aus dem Magen kann es auch kommen, wenn die Säure in Ihrem Magen zu schwach ist. Dann nämlich müssen die Magenmuskeln mit sehr hohem Kraftaufwand kneten, um die Zersetzung der Speisen doch noch zu bewerkstelligen. Dabei kommt es vor, dass Magensäure in die Speiseröhre aufsteigt.

Außerdem kann schwache Magensäure dazu führen, dass schädliche Fremdbakterien nicht abgetötet werden und in den weiteren Verdauungstrakt gelangen. Die Ausschüttung von Kohlenhydrate abbauenden Enzymen in den Dünndarm ist davon abhängig, dass der vom Magen in den Dünndarm gelangende Speisebrei sauer genug ist. Bei zu schwacher Magensäure bleibt die Enzymfreisetzung im Dünndarm unzureichend, sodass reichlich Kohlenhydrate für die schädlichen Bakterien übrig bleiben, die sich dadurch stark vermehren können und Gärungsprozesse mit entsprechenden Gasmengen auslösen. Teile dieser Gasmengen steigen auf und können Magensäure in die Speiseröhre drücken.

Viele Ärzte verschreiben in solchen Fällen sogenannte Antazida zur Neutralisierung der Magensäure, was aber im letzteren Fall alles nur schlimmer macht, weil es die Magensäure noch mehr schwächt, sodass Sie Ihre Nahrung noch schlechter verdauen können. Das kann mit der Zeit sehr unangenehm werden.

Nicht nur Eiweiß bleibt bei Mangel an Magensäure teilweise unverdaut. Da die Ausschüttung von Verdauungsenzymen aus der Bauchspeicheldrüse in den Dünndarm vom Säuregrad des aus dem Magen kommenden Speisebreis abhängt, werden auch Kohlenhydrate nur unzureichend aufgeschlossen und gären deshalb im Darm. Schließlich leidet auch die Fettverdauung, und zwar nicht nur wegen der unzureichenden Ausschüttung fettverdauender Enzyme, sondern weil die Gallenblase aus dem gleichen Grund zu wenig Gallensaft liefert. Und wenn die Makronährstoffe in unserer Nahrung schlecht verdaut werden, können sie auch nur unzureichend aufgenommen werden – wir leiden Mangel an unseren wichtigsten Energielieferanten.

Und das sind noch nicht alle Folgen eines Mangels an Magensäure. Manche essenziellen Vitamine (die mit der Nahrung zugeführt werden müssen, weil der Körper sie nicht selbst bilden kann) sowie Mineralstoffe wie Zink, Mangan und Kalzium können bei mangelnder Magensäure nicht ausreichend vom Körper aufgenommen werden. Selbst wenn Sie sich dann gesund ernähren – zum Beispiel mit Gemüsesorten aus der Familie der Kreuzblütler, vor allem Kohlsorten wie Brokkoli, Grünkohl und Blumenkohl, die für ihre entgiftenden Eigenschaften bekannt sind –, werden Sie diese Dinge doch nicht richtig verwerten können, solange die Magensäure zu schwach ist.

Vielfach wird heute eine Ernährung mit Nahrungsmitteln gepriesen, die einen hohen Gehalt des »Powervitamins« B_{12} aufweisen. Das ist zwar tatsächlich ein sehr wichtiges Vitamin, aber auch solch eine Ernährung bleibt nutzlos, da der Körper dieses Vitamin bei unzureichender Magensäure nicht aus der Nahrung herauslösen kann. Schätzungen zufolge wird es für 10 bis 30 Prozent der Erwachsenen über 50 zunehmend schwierig, Vitamin B_{12} aus der Nahrung zu gewinnen.[3] Für dieses Problem ist in vielen Fällen ein Mangel an Magensäure zumindest mitverantwortlich.

Zu allem Überfluss führt Mangel an Magensäure auch noch zu Darmträgheit. Bei der Verdauung wird Ihre Nahrung durch wandernde rhythmische Kontraktionen des Darms, die sogenannte Peristaltik (denken Sie an die Fortbewegung eines Wurms oder einer Raupe), weiterbewegt. Wenn der Magen nicht richtig arbeitet, wird diese Peristaltik geschwächt – mit dem Ergebnis, dass Sie »nicht können«, wenn es eigentlich an der Zeit wäre.

Die Magensäure nimmt mit fortschreitendem Alter ohnehin ab, aber wir verschlimmern das noch mit Stress und schlechter Ernährung. Wir können uns das wirklich nicht leisten, es kostet zu viel.

Die Verdauungsmisere

Mir tun unsere Mägen richtig leid. In den sogenannten entwickelten Ländern stopfen wir uns von der Kindheit bis ins hohe Alter jeden Tag mit allem voll, was uns gerade so vorschwebt – Kekse, Körnerkost, Schokolade, Kaffee, Imbissfutter, Limonaden aller Art und immer so weiter. Und dann erwarten wir auch noch von unserer Verdauung, dass sie das alles säuberlich zerlegt und unserem Organismus in netten kleinen Portionen zur Verfügung stellt. Nein, so läuft es einfach nicht.

Wenn man es recht bedenkt, sind wir Menschen eigentlich ziemlich zerbrechlich. Wenn ein Mensch misshandelt wird, kann er dadurch für sein Leben gezeichnet sein. Auch unserem Verdauungssystem tut es nicht gut, wenn wir es misshandeln. In all den Jahren, die ich mit Klienten arbeite, habe ich kaum jemanden mit vitaler Verdauung erlebt. Bei einem sehr hohen Prozentsatz aller Fälle von Energiemangel, Gewichtsproblemen, Allergie und Autoimmunstörungen fängt alles mit träger Verdauung an. Wenn ich an meine Ernährung in den ersten 20 Jahren meines Lebens zurückdenke, kann ich mich nur wundern, dass ich noch lebe und Ihnen diese Mitteilungen machen kann.

Als ich noch klein war, hatte ich oft schlimme Magenkrämpfe, so schlimm, dass ich vom Tisch aufstehen und nach oben in mein Zimmer gehen musste. Da legte ich mich dann mit an der Wand hochgestreckten Beinen aufs Bett in der Hoffnung, dass sich der Schmerz dann »Luft machen« würde. Jahrelang blieb völlig unklar, was da los war. Meine Eltern konnten nicht helfen, der Arzt wusste keinen Rat. Das ging so weiter, bis ich selbst herausfand, was bestimmte Nahrungsmittel wie Weizen, Zucker und Milchprodukte im Magen alles anrichten. Da war dann alles klar.

Das Problem lag in meiner unglaublich schlechten Ernährung. Ich verdrückte massenhaft gezuckerte Frühstücksflocken mit reichlich Milch. Ansonsten gab es hauptsächlich gegrillte Käsesandwichs. Es konnte nicht ausbleiben, dass ich an Energiemangel, Ekzem und Allergien litt und zuletzt eine Autoimmunerkrankung dazukam.

Diese Bauchschmerzen, die wir als Kinder haben, sind nur die Vorboten dessen, was danach kommt: eine völlig überlastete und überforderte Verdauung, die schließlich nicht mehr funktioniert. Da beginnen die allermeisten Krankheiten.

Wenn Sie Kinder haben, wissen Sie, wie das ist, wenn Sie einem Baby oder Kleinkind etwas zu essen geben, was ihm nicht bekommt: Das Kind erbricht sich und bekommt Durchfall, um die unverträgliche Nahrung ganz schnell wieder loszuwerden. Glauben Sie mir, der Körper weiß, was er tut. Nur wir tun uns schwer, seine Mitteilungen zu verstehen.

Im Erwachsenenalter sieht es etwas anders aus: Wenn wir unseren Körper immer wieder mit Nahrungsmitteln belasten, die ihm nicht bekommen und die er am liebsten gleich wieder auswürgen würde, wird er seine Empfindlichkeit notgedrungen irgendwann zurückschrauben, denn an ständigem Erbrechen und Durchfall würden Sie irgendwann sterben. Falsche Nahrungsmittel schockieren ihn dann zwar immer noch, aber er lässt die Krampfreaktionen des Erbrechens und Durchfalls nicht mehr zu. Man könnte auch sagen: Ihr Magen fügt sich in sein Schicksal und lässt die ununterbrochene Flut unbekömmlicher Nahrungsmittel resigniert über sich ergehen. Leider bleiben dann auch seine Mitteilung an Sie aus – es sei denn, Sie hören wirklich sehr genau hin.

Ihr Körper macht nämlich weiterhin Mitteilungen, nur nicht mehr so drastische. Sie bestehen in leichter Übelkeit, Sodbrennen, Magenverstimmung, Blähungen, Völlegefühl und manchmal in Geschwüren. Aber die allermeisten Menschen kümmern sich nicht groß um diese Hilferufe, um sich dann ihres armen Magens anzunehmen, sondern sie nehmen einfach Medikamente, die die Symptome beseitigen. Und wie gesagt, viele dieser Mittel unterdrücken ausgerechnet die Säure, von der ihr Magen dringend mehr haben müsste.

Dazu fällt mir der Werbespot von einem Mann ein, der Sodbrennen bekommt, nachdem er sich mit allerlei Junkfood vollgeschlagen hat. Er denkt nicht etwa um, sondern erwirbt einfach ein säurehemmendes Mittel, das den rebellierenden Magen ruhigstellt – und schon kann er wieder so viele Chickenwings, Fritten und Süßspeisen futtern, wie er möchte.

Falschaussagen dieser Art werden in unserer Gesellschaft viel zu häufig gemacht. Es ist wirklich lachhaft anzunehmen, wir brauchten unangenehme Symptome nur mit Pillen zu kaschieren, dann könnten wir gleich wieder essen, was uns schmeckt, wie schädlich es auch sein mag. Solche Patentlösungen täuschen uns lediglich über die zunehmende Gefährdung unserer Gesundheit hinweg, sie saugen uns die Vitalität ab, die wir für ein wahrhaft lebenswertes Leben brauchen würden. Am Ende strapazieren wir unseren Körper so sehr, dass er nicht mehr mitspielt – und was wird dann aus unserem erfüllten Leben?

• • •

Eines sollten Sie von diesem kleinen Ausflug in Ihre Eingeweide mitnehmen, nämlich dass alles, was Ihre Verdauung über Gebühr belastet, Ihnen Energie raubt. Darin liegt sehr wahrscheinlich der Hauptgrund für Ihre anhaltende Müdigkeit. Wenn Sie sich wieder energiegeladen fühlen möchten, müssen Sie Ihre Verdauung in Ordnung bringen.

Wir können uns jetzt noch stundenlang in die Geheimnisse der Verdauung vertiefen, aber es gibt auch noch Puzzlesteine anderer Art, und wir wollen jetzt versuchen, das alles zu einem Bild zu fügen und Sie wieder richtig lebendig zu machen.

Wie vital ist Ihre Verdauung?

Wie erkennen Sie, dass Ihr Magen leidet und um Hilfe ruft? Wie sehen die Zeichen und Symptome des Säuremangels aus? Mit dem folgenden Test bekommen Sie ein paar direkte Antworten.

Vergeben Sie 0 Punkte bei Fragen, die nicht zutreffen, 1 Punkt, wenn der angesprochene Sachverhalt nur schwach oder selten gegeben ist, 2 Punkte für mittelstarkes oder regelmäßiges Auftreten und 3 Punkte für starkes oder häufiges Auftreten.

	Leiden Sie nach dem Essen an Völlegefühl?
	Werden Sie nach dem Essen müde, insbesondere nach eiweißreichen Mahlzeiten?
	Müssen Sie beim Essen oder danach aufstoßen oder bekommen Sie Blähungen?
	Haben Sie Mundgeruch?
	Sind Ihre Fingernägel längs gestreift?
	Haben Sie unverdaute Nahrung im Stuhl?
	Essen Sie in Eile?
	Essen Sie beim Fernsehen?
	Essen Sie, wenn Sie unter Stress stehen?
/27	**Ihre Gesamtpunktzahl**

Auswertung:

- 0 bis 9 Punkte: Ihre Verdauungskraft ist anscheinend ausreichend.

- 10 bis 18 Punkte: Fangen Sie an, die Verdauungskraft Ihres Magens aufzubauen.
- 19 bis 27 Punkte: Sie müssen unbedingt sofort etwas zur Verbesserung Ihrer Verdauungskraft unternehmen.

Zweiter Teil

• • •

Neue Energie

5

Was Sie essen müssen, um den ganzen Tag Energie zu haben

Hier kommen wir nun zum Kern der Sache und steigen richtig in die Arbeit ein. Von jetzt ab werden Sie das Blatt wenden und sich Ihre Energie zurückerobern. Es beginnt in der Küche. Ihre Nahrung ist Ihr Treibstoff, und wir werden Ihre Einstellung zum Essen so ändern, dass Sie meinen, Ihr Leben hätte einen Turbolader bekommen.

Sie haben vielleicht schon von »Energienahrung« und »Superfoods« gehört, aber ich hoffe sehr, Sie bilden sich nicht ein, man könne eine schlechte Ernährung damit ausgleichen. Es nützt nichts, die neuesten Superfoods in Massen zu verzehren, solange Ihre sonstige Ernährung nicht gesund und basisch ist. Sie bleiben dann trotzdem müde und schlapp, ganz einfach. Wir werden deshalb Ihren gesamten Speiseplan so umbauen, dass Ihre Gesundheit davon profitiert und Sie immer genug Energie haben. Wir reden hier nicht von aus Not geborenen Patentlösungen.

Ich habe in diesem Buch immer wieder betont, dass Ihr Blut unbedingt leicht basisch sein muss, wenn Sie gesund

und energiegeladen sein wollen. Der weitere Nutzen einer basischen Ernährung liegt darin, dass Ihr Körper dann auch besser mit Nährstoffen versorgt wird. Da wir industriell verarbeitete nullwertige Nahrung von Ihrem Speiseplan streichen und durch nährstoffreiche Pflanzenkost ersetzen werden, kann es kaum ausbleiben, dass Ihr Körper alles bekommt, wonach er lechzt.

Das Energy-Booster-Spektrum an Nahrungsmitteln, das ich Ihnen in diesem Kapitel vorstellen werde, ist ganz darauf abgestellt, Ihren Körper basischer und energiereicher zu machen.

Ich rate Ihnen zu mehr Gemüse und zu bestimmten Obstsorten, überwiegend roh, und dazu, wenn auch in geringeren Mengen, gesundes Fleisch, Eier, Nüsse und gute Fette. Geringe Mengen von Hülsenfrüchten und glutenfreien Getreidesorten sind ebenfalls in Ordnung, vor allem für Sportler und Menschen, die sich viel bewegen. Und da Sie gelegentlich auch mal »diätfrei« haben müssen, sehe ich zehn Prozent Ihrer gesamten Nahrungsaufnahme für das vor, was ich »Freizeitfutter« nenne. Das kann zum Beispiel auswärtiges Essen mit ein paar eigentlich unerlaubten Zutaten sein. Wir sehen uns die einzelnen Abteilungen weiter unten genauer an.

Sie haben es hier nicht mit einer als revolutionär ausgeschriebenen Modediät zu tun, noch müssen Sie sich mit vertrackten Prozeduren sozusagen in mehr Gesundheit »einhacken«. Eigentlich ist unser Ansatz ebenso einfach wie einleuchtend. Sie messen hier nicht groß, Sie zählen keine Kalorien, Sie fragen sich bei Ihren täglichen Mahlzeiten ganz einfach, ob die Dinge in ausgewogenem Verhältnis zueinander stehen.

Wenn Sie ein Steak essen (das schwer verdaulich ist und säurebildend wirkt), sollten Sie zum Ausgleich reichlich grünes Blattgemüse oder Salat zu sich nehmen. Hilfreich sind auch verdauungsunterstützende Maßnahmen wie Zitronenwasser oder Apfelessig vor dem Essen. Kleine Maßnahmen wie diese bewirken eine ganze Menge für Ihr Aussehen und Wohlbefinden.

Es geht tatsächlich um die richtigen Kenntnisse, die Ihnen zu besseren Entscheidungen für sich und Ihre Familie verhelfen. Da wird sicher eine Mahlzeit mal eher sauer in der Gesamtbilanz ausfallen, aber Sie gleichen das mit überwiegend basischen Mahlzeiten aus – wichtig ist, dass Sie möglichst genau wahrnehmen, was Sie zu sich nehmen und wie Sie sich dann jeweils fühlen. Für mich erweist es sich als besonders günstig, wenn ich mich tagsüber hauptsächlich von pflanzlicher Rohkost in der Form von Säften, Smoothies und Salaten ernähre und zum Abendessen etwas leicht Deftigeres wähle, gekocht oder nicht. Andere kommen vielleicht mit einem umfangreicheren Frühstück oder Mittagessen besser zurecht. Probieren Sie alles aus, um schließlich bei dem zu bleiben, was sich bewährt.

Am Ende geht es darum, dass Sie das tun, was Ihr Körper am besten verträgt. Wichtig bleibt auf jeden Fall, dass Sie sich möglichst basisch ernähren, und das wird wie von selbst der Fall sein, wenn Sie sich an das Nahrungsmittelspektrum der Energy-Booster-Ernährung halten. Wenn wir diese Nahrungsmittel alle besprochen haben, stelle ich Ihnen meinen Siebentageplan zum Energie-Reset vor. Nach diesem Plan haben bereits Zehntausende ihre verfügbare Energie verdoppelt. Sie müssen sich nicht für den Rest Ihres Lebens an diesen Plan halten, aber wenn Sie den Energieschub am Ende dieser ersten sieben Tage gespürt haben, werden Sie bestimmt bei einer Ernährung nach diesen Richtlinien bleiben wollen.

Bevor wir jetzt auf die einzelnen Kategorien von Nahrungsmitteln eingehen, möchte ich Ihnen noch zwei Grundregeln nennen und erläutern.

Erste Grundregel: Gesundes basisches Blut verlangt eine basische Ernährung

Für den Fall, dass es noch nicht klar genug ist, will ich noch einmal besonders herausstreichen, dass Ihr Körper in einer basischen Verfassung sein muss, um Ihnen genügend Energie zur Verfügung stellen zu können. Solange Ihr Körper eher zur sauren Seite tendiert, bleiben Sie anfällig für alle möglichen Störungen.

Die meisten unserer Nahrungsmittel enthalten eine Vielzahl von Nähr- und Mineralstoffen, aber der Körper verarbeitet sie nicht alle gleich. Bei bestimmten Nahrungsmitteln ist der Anteil an basischen Mineralstoffen wie Kalzium, Magnesium und Kalium höher als der Eiweiß- und Phosphorgehalt. Das sind die Nahrungsmittel, die Ihr Blut reinigen und basisch halten. Es sind auch die Nahrungsmittel, die Ihnen Energie geben.

Im Internet finden Sie Säure-Basen-Rechner, die Lebensmittel in saure, basische und neutrale einteilen. Diese Einteilung erfolgt nach dem PRAL-Rechenmodell (PRAL steht für engl. »Potential Renal Acid Load«, also die potenzielle Säurebelastung der Nieren), das den neuesten wissenschaftlichen Erkenntnissen entspricht. Danach werden Lebensmittel nach ihrer potenziellen Säurebelastung der Niere eingeteilt, und man kann ermitteln, wie hoch die Säureausscheidung über die Niere beim Verzehr von bestimmten Lebensmitteln ist. Praktisch besteht diese Methode darin, dass man den Gehalt an Eiweiß und Phosphor nach einer bestimmten Formel gegen den Gehalt an Magnesium, Kalium und Kalzium aufrechnet und so die Gesamtbilanz eines Nahrungsmittels feststellt: sauer, basisch oder neutral.

Grundsätzlich gilt, dass ein Nahrungsmittel, das mehr Eiweiß und Phosphor als Magnesium, Kalium und Kalzium enthält, in der Gesamtbilanz sauer wirkt. In der folgenden Aufstellung einiger Nahrungsmittel steht ein Minuszeichen für eine basische Gesamtwirkung, und positive Zahlen geben über die Stärke der säurebildenden Wirkung Auskunft (Quelle: US-Landwirtschaftsministerium, http://ndb.nal.usda.gov. Eine deutschsprachige Quelle mit ausführlicher Tabelle und Säure-Basen-Rechner: http://www.saeure-basen-forum.de).

Nahrungsmittel	PRAL pro 100 g
Rote-Bete-Blätter	-16,7
Spinat	-11,8
Grünkohl	-8,3
Mangold	-8,1
Bananen	-6,9
Süßkartoffeln	-5,6
Quinoa	-0,2
Mandeln	2,2
Buchweizen	3,4
Hirse	8,8
Cashewkerne	8,9
Rindfleisch	9,5
Sonnenblumenkerne	12,1
Fettreduzierter Cheddarkäse	26,4

Erkennen Sie beim Blick auf die Tabelle einen Trend? Selbst bei dieser kleinen Auswahl von Nahrungsmitteln ist klar zu sehen, dass Gemüse und Obst basenbildend wirken, während Getreide, Nüsse, Kerne und tierische Produkte in der Gesamtbilanz eher sauer sind. Es liegt eigentlich auf der Hand, wenn Sie sich das beschriebene Berechnungsverfahren der PRAL-Werte noch einmal ansehen.

Wir müssen jetzt noch auf Milchprodukte näher eingehen, denn da gibt es einiges, was Sie vielleicht nicht so gern hören.

Die ganze Wahrheit über Milchprodukte

Milchprodukte, und hier besonders Käse, sind wegen der enthaltenen Mengen an Eiweiß und Phosphor die am stärksten säurebildenden Nahrungsmittel überhaupt. Milchprodukte bieten zwar auch Kalzium, aber die saure Seite der Milch überwiegt und behindert zudem die Aufnahme und Verwertung des Kalziums.

Beim Vergleich von Kuhmilch mit Muttermilch fällt auf, dass (laut Wikipedia) in 100 Milliliter Kuhmilch 116 Milligramm Kalzium enthalten sind, während es in menschlicher Muttermilch nur 33 Milligramm Kalzium auf 100 Milliliter sind. Da muss man doch denken, dass Kuhmilch ganz wunderbar für die Knochen ist, nicht wahr? So haben wir es ja auch immer wieder gehört. Aber sehen wir genauer hin.

Im Körper ist das Verhältnis der Mineralstoffe zueinander wichtiger als die Menge eines einzelnen Minerals. Das ideale Verhältnis von Kalzium zu Phosphor beispielsweise ist 2,5 zu 1. In Kuhmilch liegt dieses Verhältnis jedoch bei 1,27 zu 1. Bei Muttermilch sieht das viel besser aus, nämlich 2,35 zu 1, der Kalziumanteil liegt also im Verhältnis zum Phosphor höher. Muttermilch ist für Menschen einfach das Beste. Kuhmilch hat weitaus mehr Eiweiß und Kalzium, einfach weil sie für Kälber gedacht ist und nicht für menschliche Kinder und Erwachsene. Rinder legen im ersten Jahr um bis zu einer Tonne an Gewicht zu, selbstverständlich brauchen sie dazu wesentlich mehr Eiweiß und Kalzium als wir. Bei Menschen dauert es Jahre, bis sie auch nur 50 Kilo wiegen, der Bedarf an Eiweiß und Kalzium ist wesentlich niedriger.

Zudem behindert Phosphor die Kalziumaufnahme, weshalb ein Zuviel (durch Milchprodukte, Fleisch und Erfrischungsgetränke) nicht gut für die Gesundheit der Knochen ist.

Sie hören richtig: Milchprodukte sind eher schlecht für Ihre Knochen.

Wir nehmen heute durchschnittlich etwa 740 Milligramm Kalzium pro Tag zu uns. Für die Kalziumaufnahme unserer steinzeitlichen Vorfahren geht man heute von 1,5 bis 2 Gramm pro Tag aus.[1] Und bedenken Sie, dass die Menschen damals nach der Säuglingszeit keine Milch mehr tranken – es gab keine. Sie waren keine Bauern, sondern Sammler und Jäger, die sich von Blattgemüse, Wurzelgemüse und Knollen sowie Beeren und Wild ernährten. Sie waren körperlich aktiv und täglich der Sonne ausgesetzt. Kein Wunder also, dass diese Nahrungsmittel bis heute die Grundvoraussetzung für starke und gesunde Knochen sind.

Werden Sie jetzt nachdenklich? Für den Fall, dass Sie noch nicht überzeugt sind, hier noch ein paar weitere Befunde, die gegen den Nutzen der Milch für starke Knochen sprechen:

- In Griechenland verdoppelte sich der durchschnittliche Milchkonsum von 1961 bis 1977 und stieg bis 1985 noch einmal erheblich.[2] In der Zeit von 1977 bis 1992 hat sich (altersbereinigt) die Zahl der Oberschenkelhalsbrüche (ein Hinweis auf Osteoporose) annähernd verdoppelt.[3]
- In Hongkong hat sich der Konsum von Milchprodukten zwischen 1966 und 1989 verdoppelt, und die Zahl der Osteoporosefälle verdreifachte sich im gleichen Zeitraum. Heute

- ist der Milchkonsum in Hongkong annähernd so hoch wie in Europa.[4] Für die Anzahl der Osteoporosefälle gilt das Gleiche.[5,6]
- In den USA, Australien und Neuseeland wird dreimal so viel Milch konsumiert wie in Japan, und Oberschenkelhalsbrüche kommen in den USA zweieinhalbmal häufiger vor als in Japan. Interessanterweise kommen Oberschenkelhalsbrüche bei US-Bürgern, die weniger Milch konsumieren (beispielsweise Mexikaner und Afroamerikaner), deutlich seltener vor, und es konnte nachgewiesen werden, dass das nicht an genetischen Unterschieden liegt.[7,8,9,10]

Das kann kaum alles Zufall sein – und wir haben noch gar nicht von den möglichen schädlichen Wirkungen der Lactose und des Kaseins in Milchprodukten gesprochen, ganz zu schweigen von den Hormonen und Antibiotika, die ebenfalls enthalten sein können. Wenn Sie Alternativen für Kuhmilch suchen, wäre an Mandel- oder Hanfmilch zu denken, die Sie kaufen, aber auch leicht selbst herstellen können. Sie sind sehr reich an Nährstoffen, Vitamin E und essenziellen Fettsäuren in ausgewogenem Mengenverhältnis.

Hier ein paar wunderbare Alternativen, falls Sie jetzt nicht wissen, wo Sie Ihr Kalzium herbekommen sollen (Quelle: www.naehrwertrechner.de):

Nahrungsmittel	Kalzium (mg/100 g)
Sesamsamen frisch	738
Grünkohl frisch	212
Blattspinat frisch	126

Sardinen gegart	101
Steckrüben gegart	49
Blattkohl frisch	40

Zum Vergleich: 100 Milliliter Vollmilch enthalten 120 Milligramm Kalzium.

Sie erkennen sicher den Trend: Gemüse sind Ihre Freunde. Sie machen Ihr Blut nicht nur basischer, sondern versorgen Sie auch mit Kalzium – sofern Sie sich an die Energy-Booster-Ernährung halten.

Immer noch nicht ganz überzeugt? Dann überlegen Sie einfach mal, was Kühe fressen. Von Natur aus ist das von morgens bis abends Gras. Wenn sie sich von Gras ernähren und daraus reichlich Kalzium gewinnen, sagt das doch sicher etwas.

Zweite Grundregel:
Streben Sie 75 Prozent Rohkostanteil an

Wir beziehen uns in diesem Buch ziemlich oft auf unsere steinzeitlichen Vorfahren. Wenn man sich einmal vor Augen führt, wie sie gelebt haben müssen, kann man sich denken, dass bei ihnen nicht jeden Tag Grillhähnchen oder Steaks auf dem Speiseplan standen. Sicher, was sie erjagen konnten, das aßen sie auch, aber größtenteils bestand ihre Ernährung aus dem, was sie an Gemüse, Früchten und Nüssen sammeln konnten. Und das meiste davon aßen sie roh.

Wie gesagt, Sie können Ihr Blut rasch basischer machen, wenn Sie mehr Gemüse und nicht zu stark zuckerhaltiges Obst essen. Das hilft auch Ihrer Energie und Gesundheit auf die Sprünge, vor allem wenn Sie mehr davon roh verzehren.

Ich habe das selbst so erlebt, und ich sehe es bei Zehntausenden anderen. Mit mehr Rohkost in Ihrer Ernährung haben Sie ein sicheres Mittel, um sich sehr bald lebendiger zu fühlen. Ich will Sie aber nicht zum hundertprozentigen Rohköstler erziehen, es gibt nämlich auch eine ganze Reihe gegarter Nahrungsmittel, die uns guttun. Aber sorgen Sie einfach für einen höheren Rohkostanteil, im Idealfall sollte es überwiegend Rohkost sein.

Ich will Ihnen vier Gründe dafür nennen. Die ersten beiden werden Ihnen wohl einleuchten, aber die beiden letzten könnten alles infrage stellen, was Sie bisher über Ernährung gehört haben. Das ist vielleicht ein bisschen viel von Ihnen verlangt, aber darum geht es mir ja schließlich in diesem Buch: Ich möchte, dass wir gemeinsam die gängigen Anschauungen über Gesundheit und Ernährung überdenken.

1. Nährwert

Beim Rohverzehr von Nahrungsmitteln bleiben alle Nährstoffe erhalten. (Dazu die Anmerkung, dass ich *nicht* den Rohverzehr von Fleisch meine. Ich spreche von Gemüse, Obst, Nüssen und Kernen.) In den meisten Fällen verringert das Erhitzen den Nährwert. Grillen, backen, dämpfen – immer gehen die Vitamine, Mineralstoffe und Phytonährstoffe (auch Phytochemikalien oder sekundäre Pflanzenstoffe genannt) der Nahrungsmittel mehr oder weniger weitgehend verloren.

Die folgende Tabelle (Quelle: US-Landwirtschaftsministerium, http://nal.usda.gov) gibt die durchschnittlichen maximalen Nährstoffverluste für gängige Verarbeitungsformen von Nahrungsmitteln an. Der tatsächliche Verlust kann von weiteren Faktoren wie der Art des Lebensmittels, der Temperatur und der Kochzeit abhängen.

Durchschnittlicher maximaler Nährstoffverlust im Vergleich zum Rohzustand (in %)

Vitamine	tiefgekühlt	gedörrt	gekocht	gekocht und abgegossen	aufgewärmt
Vitamin A	5	50	25	35	10
Retinoläquivalent	5	50	25	35	10
Alphacarotin	5	50	25	35	10
Betacarotin	5	50	25	35	10
Beta-Cryptoxanthin	5	50	25	35	10
Lycopen	5	50	25	35	10
Lutein	5	50	25	35	10
Vitamin C	30	80	50	75	50
Thiamin	5	30	55	70	40
Riboflavin	0	10	25	45	5
Niacin	0	10	40	55	5
Vitamin B_6	0	10	50	65	45

Folat	5	50	70	75	30
Nahrungsfolat	5	50	70	75	30
Folsäure	5	50	70	75	30
Vitamin B_{12}	0	0	45	50	45

Mineralstoffe	tiefgekühlt	gedörrt	gekocht	gekocht und abgegossen	aufgewärmt
Kalzium	5	0	20	25	0
Eisen	0	0	35	40	0
Magnesium	0	0	25	40	0
Phosphor	0	0	25	35	0
Kalium	10	0	30	70	0
Natrium	0	0	25	55	0
Zink	0	0	25	25	0
Kupfer	10	0	40	45	0

Ich rate zwar zu Rohverzehr, wann immer es möglich ist, aber in manchen Fällen kann es praktischer sein, Ihr Gemüse leicht zu dämpfen, vor allem wenn Sie es roh nur schwer verdauen können. Nehmen Sie zum Beispiel die Pflanzen aus der Familie der Kreuzblütler, insbesondere alle Kohlsorten wie Brokkoli und Rosenkohl. Auch die kann man roh verzehren, aber sie lassen sich besser kauen und verdauen, wenn wir sie etwas weicher machen. Vielen schmecken sie dann auch besser. Wenn Ihnen der gesundheitliche Wert des rohen Gemüses wichtig ist, können Sie es beispielsweise im Mixer zu Rohkostsuppe verarbeiten.

Nehmen Sie das als Anregung, nicht als Dogma. Wählen Sie den Rohverzehr, wo es sich für Sie sinnvoll anfühlt.

Mehr Rohkost, das geht am leichtesten mit frischen Säften, Smoothies und Salaten. Würden Sie nur einmal am Tag zu einer dieser drei Möglichkeiten greifen, wäre das schon ein großer Gewinn für Ihre Energie und Gesundheit. Im nächsten Kapitel erfahren Sie Näheres über die Zubereitung dieser Dinge.

Sie dürfen jederzeit auch gekochte Mahlzeiten zu sich nehmen, denken Sie aber daran, dass die volle natürliche Pflanzenkraft nur in der rohen Form enthalten ist.

2. Wasserhaushalt

Der zweite Grund für mehr pflanzliche Nahrung besteht in ihrem hohen Wassergehalt. Das ist vielleicht auch für Sie von Bedeutung, da Ihr Körper wahrscheinlich Wassermangel leidet, ohne dass Sie es merken. Viele hinderliche Symptome wie Kopfweh und Energiemangel sind oft zu beheben, wenn man einfach mehr Wasser trinkt. Allerdings mögen viele Menschen aus irgendeinem Grund kein reines Wasser. Essen Sie mehr Frischkost, und Sie brauchen sich wegen der Wasserversorgung keine Gedanken mehr zu machen. Bereiten Sie frische Säfte, Smoothies und Salate oder essen Sie einfach zwischendurch immer wieder Gemüse und Obst, das Ihnen besonders gut schmeckt, dann bekommen Sie genug Wasser, ohne dass es wässrig schmeckt.

Beim Kochen verlieren Ihre Speisen leider auch Wasser. Denken Sie nur daran, wie ein dicker, saftiger Burger-Bratling nach dem Grillen aussieht. Es gilt für so gut wie alles, was erhitzt oder sonst wie verarbeitet wird: Wasserverlust. Und wenn Sie viel aus Schachteln und Päckchen knabbern, darf man davon ausgehen, dass Ihr Körper dringend Wasser braucht.

Was die Farbe des Harns bedeutet und weshalb Salz ein guter Freund ist

Ob Sie an Wassermangel leiden, können Sie am einfachsten an der Farbe Ihres Urins ablesen. Sofern er überhaupt gefärbt ist, hat Ihr Körper zu wenig Wasser, und der Zustand ist umso schlimmer, je dunkler die Farbe ist. Der Zustand ist leicht zu beheben: einfach mehr Wasser trinken oder den ganzen Tag über mehr Frisches essen.

Ganz wichtig: Wenn Ihre Nebennieren ermüdet sind oder Sie das vermuten – wenn Sie sich also erschöpft fühlen, häufig Wasser lassen, niedrigen Blutdruck haben, Ihnen beim Aufstehen schwindelig oder schwarz vor Augen wird oder Sie gesteigertes Verlangen nach Salz haben –, gibt es eine einfache und wirksame Gegenmaßnahme: Streuen Sie eine Prise Salz in Ihr Wasser.

Leider hat Salz inzwischen einen schlechten Ruf, weil es angeblich Herz-Kreislauf-Erkrankungen begünstigt. Tatsächlich ist es so, dass Sie ganz sicher nicht zu viel Natrium (als Natriumchlorid oder Kochsalz) zu sich nehmen, wenn Sie auf Fertignahrungsmittel und Junkfood verzichten. Hinzu kommt, dass angeschlagene Nebennieren nicht genug Aldosteron produzieren, das Hormon, das den Natrium- und Flüssigkeitshaushalt Ihres Körpers reguliert. Das hat zur Folge, dass Ihr Körper zu wenig Natrium festhält, das er für alle seine Funktionen benötigt. Bei jedem Wasserlassen wird auch Natrium ausgeschwemmt. Das kann ein Grund für niedrigen Blutdruck und Schwindel beim Aufstehen sein, weil Ihr Körper nicht genug Natrium hat, um die notwendige Wassermenge im Blut zu halten.

Ein bisschen gesundes Meersalz als Zugabe zu Wasser und Speisen kann hier manchmal gleich Abhilfe schaffen, sodass Sie sich besser fühlen. Ihr Körper hält dann mehr Wasser für alle seine Funktionen fest. Auch die Mengenbestimmung ist einfach: Nehmen Sie eine Prise Salz auf einen halben Liter Wasser, das Sie trinken. Bei einer vollwertigen Mahlzeit aus frischen Zutaten halten Sie es ebenso. Das gilt natürlich besonders für Rohköstler wie mich, die sich mit dieser Ernährung hauptsächlich Kalium, aber zu wenig Natrium zuführen.

Gegen diese ersten beiden Punkte, die wir jetzt besprochen haben, Nährwert und Wasserhaushalt, lässt sich kaum etwas vorbringen. Das ist, wie bereits angedeutet, bei den folgenden beiden Punkten anders. Sie sind umstritten, einfach weil es noch nicht viel wissenschaftliche Literatur dazu gibt. Kann man sie dann vernachlässigen? Keineswegs.

Wissenschaft und Magie unterscheiden sich im Wesentlichen darin, dass Magie nicht mit empirischen Verfahren überprüft und bestätigt oder widerlegt werden kann. Aber was heute noch wie Hokuspokus aussieht, kann morgen schon harte Wissenschaft sein. Ich bin selbst ein Wissenschaftsnerd, aber es ärgert mich oft, dass die Leute sich einfach gegenüber Dingen verschließen, für die noch keine bestätigenden »Forschungsergebnisse« vorliegen. Dabei muss man bedenken, dass sich die wissenschaftliche Forschung heute und vor allem in den USA in einem viel zu hohen Maße an Finanzinteressen orientiert und von Leuten betrieben wird, denen es vor allem um akademische Posten und öffentliche Forschungsgelder geht. Ich rede nicht von einer grundsätzlichen Schieflage der wissenschaftlichen Forschung, aber der Einfluss ist deutlich. So, und jetzt bitte ich Sie ganz einfach, sich für Möglichkeiten offenzuhalten, die in den neuesten Forschungsberichten noch nicht erfasst sind.

Bei dem, was ich Ihnen jetzt mitteilen möchte, könnte es sich um zwei wirklich triftige Gründe für mehr Frischkost handeln. Was man nicht sieht, kann trotzdem von starker Wirkung sein, denken Sie nur an die Schwerkraft.

3. Energetische Eigenschaften

1932 wies Harold Saxton Burr, Anatomieprofessor an der Yale University School of Medicine, bei Pflanzen, Tieren und Menschen elektromagnetische Felder oder Energiefelder nach. Mittels sehr ausgeklügelter Apparaturen ließ sich zeigen, dass an diesen Feldern die Vitalität eines Organismus zu erkennen ist. Nach Burrs Methode lässt sich die Gesundheit eines Organismus anhand der Strahlkraft seiner stetig fluktuierenden Felder bestimmen.

Ein lebendiger Organismus, und damit sind auch Sie und ich gemeint, ist mehr als seine physischen Einzelteile. Der Geist ist nicht stofflicher Natur, aber man darf wohl sagen, dass er uns Menschen erst zu Menschen macht. Die Lebenskraft, unser Energiefeld, ist für manch einen schwer zu fassen und zu akzeptieren, einfach weil das unbewaffnete Auge keine Felder sehen kann. Aber Reiki-Praktizierende oder Chakra- und Energie-Therapeuten arbeiten mit diesen Feldern wie ein Maurer mit Ziegelsteinen. Kurz, wenn wir etwas nicht sehen, heißt das nicht, dass es nicht vorhanden ist.

Um zu verstehen, was mit Lebenskraft gemeint ist – mit dem, was im Osten *Chi* genannt wird –, müssen wir uns in Erinnerung rufen, dass letztlich alles Energie ist. Alles in dieser Welt und im gesamten Universum ist in ein unendliches Gewebe der Energie eingebunden. Bäume, Häuser, Autos, Tiere, Nahrungsmittel, Beton und Menschen – alles ist Energie. Es ist nur so, dass Ihre Energie eine andere Schwingungsfrequenz hat als die Energie anderer Lebewesen oder Dinge.

Sie sind ein elektromagnetisches Wesen. Jeder, der schon mal einen Stromschlag bekommen hat, weiß, dass unser Körper elektrischen Strom leiten kann. Wäre es nicht so, könnten Sie beispielsweise einen Nagel in die Hand nehmen und in die Steckdose stecken, und nichts würde passieren. Probieren Sie es bitte nicht aus! Als ein weiteres Beispiel können wir die Akupunktur betrachten, bei der es ja darum geht, die in den sogenannten Meridianen unseres Körpers strömenden Energien wieder in ein harmonisches Gleichgewicht zu bringen.

WAS SIE ESSEN MÜSSEN, UM DEN GANZEN TAG ENERGIE ZU HABEN

Glauben Sie vor diesem Hintergrund, dass Sie aus Nahrung Energie gewinnen können? Ich jedenfalls glaube das, und irgendwie habe ich das Gefühl, dass Sie es auch glauben.

Ich zähle keine Kalorien, darin unterscheide ich mich von Diätberatern und vielen Gesundheitsaposteln. Ich empfehle auch niemandem das Zählen, einfach weil dabei ja schon vorausgesetzt wird, dass Sie Sachen essen, die Ihnen in größeren Mengen sowieso nicht bekommen. Was manche Ernährungsgurus sagen, nämlich dass Sie essen können, was Sie wollen, stimmt einfach nicht! Rechnen Sie nicht damit, dass Sie Ihren Verzehr von Nudelgerichten, Schokoladenkuchen, Eis und anderem wertlosen Zeug nur etwas reduzieren müssen, um sich in einen schlanken Energiebolzen zu verwandeln. Wer sich wirklich lebendig fühlen möchte, muss sich von frischen Nahrungsmitteln ernähren, die von Natur aus eine höhere Schwingungsfrequenz haben, Punkt.

Ich habe zum Glück einen Freund und Kollegen, Christopher Wodtke, der die Energiefelder verschiedener Lebensmittel auf Kirlian-Fotos festgehalten hat. Solche Bilder sind wirklich unglaublich und vermitteln einen guten Eindruck von diesen Energien. Sehen Sie sich Beispiele auf meiner Website an: www.alldayenergydiet.com/kirlian. Sie sehen da so etwas wie eine elektrische Ausstrahlung, die beim rohen Gemüse deutlich klarer und stärker ist als beim gekochten. Wirklich sehenswert.

Fragen Sie sich beim Betrachten der Bilder ruhig auch, was Ihnen wohl mehr Energie gibt, Rohkost oder Gekochtes. Ich denke, die Antwort liegt auf der Hand.

4. Enzymgehalt

Wenn Sie Rohköstler fragen, weshalb diese Ernährung so gesund ist, werden Sie fast immer zu hören bekommen, Rohkost enthalte mehr Enzyme und sei dadurch leichter zu verdauen. Stimmt das? Nun ja, zum Teil.

Es trifft zu, dass Eiweiß beim Kochen »denaturiert« wird, und das gilt auch für Enzyme, bei denen es sich um Eiweißstoffe handelt. Beim Rohverzehr kommt es nicht zu diesen Verlusten. Aber unterstützen die Enzyme in frischen Nahrungsmitteln wirklich die Verdauung? Stellt der Körper zu diesem Zweck nicht eigene Enzyme her? Diese Fragen werden noch diskutiert, weshalb ich Ihnen hier beide Seiten der Geschichte vor Augen führen möchte.

Enzyme sind Eiweißstoffe, die bestimmte Stoffwechselreaktionen im Körper beschleunigen. Sie sind an allen Prozessen beteiligt, an den Gehirn- und Herzfunktionen ebenso wie an der Verdauung. Wir unterscheiden, um es zu wiederholen, drei Hauptarten von Enzymen: Verdauungsenzyme (die dem Aufschließen unserer Nahrung dienen), Stoffwechselenzyme (die an allen anderen Körperprozessen beteiligt sind) und die Nahrungsenzyme (wie sie in frischer Rohkost enthalten sind).

Enzyme sind Schlüsselmoleküle des Lebens. Edward Howell führt in seinem zum Klassiker gewordenen Buch *Enzyme Nutrition* den Gedanken des »Enzym-Kontos« ein, der besagt, dass wir auf dieses Konto je nach der Art unserer Ernährung Enzyme »einzahlen« und nach Bedarf »abheben«.[11] Ziel ist es natürlich, durch Rohkost möglichst viel einzuzahlen, um damit den Enzymverbrauch für enzymarme gekochte Speisen auszugleichen. Hinter dieser Betrachtungsweise steht der Gedanke, dass unser Körper nur über begrenzte Enzymmengen verfügt, und wir sterben, wenn sie aufgebraucht sind. Ob das wirklich so ist, weiß ich nicht, aber ich schließe die Möglichkeit nicht aus.

Howell argumentiert auch, dass die mit frischen Lebensmitteln zugeführten Enzyme unsere Bauchspeicheldrüse entlasten, die ja die Verdauungsenzyme produziert. Dadurch, so Howell, werden die Enzymvorräte des Körpers weniger stark angezapft. Das mag so stimmen oder auch nicht, sicher ist, dass Enzyme sehr wichtig für unsere Verdauung und überhaupt für unsere Gesundheit sind. Enzyme sind wie gesagt Biokatalysatoren, die chemische Reaktionen im Körper beschleunigen. Ohne sie wäre das chemische Geschehen in unserem Körper so träge, dass Leben, wie wir es kennen, nicht möglich wäre. Tausende Enzyme sind in uns aktiv, die unser Körper (in möglicherweise begrenztem Umfang) entweder selbst herstellt oder die wir uns mit frischer, enzymreicher Nahrung zuführen.

Enzyme sind hitzeempfindlich und büßen bei höheren Temperaturen ihre katalytischen Eigenschaften ein. In gekochten Speisen ist deshalb kaum noch Enzymaktivität nachzuweisen. Außerdem wirken Enzyme nach dem »Schlüssel-und-Schloss-Prinzip«, das heißt, bestimmte Enzyme sind für bestimmte chemische Reaktionen und damit auch zum Beispiel für bestimmte Nahrungsmittel zuständig. Protease kann beispielsweise Eiweiß aufschließen, Lipase Fette und Amylase Kohlenhydrate.

Also ja, Enzyme sind sehr wichtig, und wenn Sie Rohkost essen, führen Sie sich mehr Enzyme zu. Wenn wir in Kapitel 7 über Nahrungsergänzungen sprechen, werden Sie auch erfahren, dass Enzyme nicht nur die Verdauung unterstützen, sondern allerlei »Schäden« im Körper reparieren können. Mit frischer Rohkost tun wir eine Menge für unsere Gesundheit und Energie, und Enzyme haben daran einen erheblichen Anteil.

● ● ●

Fassen wir zusammen, weshalb Rohkost Ihrer Energieversorgung und Gesundheit dient:

- Sie ist von höherer Nährstoffdichte, weshalb sie Ihnen bei relativ geringem Brennwert (Kaloriengehalt) viele Nährstoffe liefert.
- Sie besitzt einen höheren Wassergehalt und sorgt für gute Wasserversorgung Ihres Körpers.
- Sie ist von höherer Energieschwingung, mit der Ihr Körper in Resonanz tritt, was Sie als Zuwachs an Energie spüren.
- Sie enthält große Mengen Enzyme, die Ihre Verdauung sowie das gesamte Stoffwechselgeschehen fördern und alle Reparaturen im Körper unterstützen.

Ich möchte Ihnen wie gesagt keine hundertprozentige Rohstoffernährung predigen. Auch wenn manche Rohköstler das vielleicht anders sehen: Keine Ernährungsform ist für jeden jederzeit geeignet. Prinzipiell ist es aber so, dass mehr pflanzliche Rohkost uns allen mehr Energie gibt und der Erhaltung unserer Gesundheit dient. Essen Sie also mehr davon, um sich die Energy-Booster-Wirkungen zu sichern, die wir gerade aufgezählt haben. Die folgende Grafik gibt Ihnen eine Vorstellung von der idealen Zusammensetzung Ihrer Nahrung:

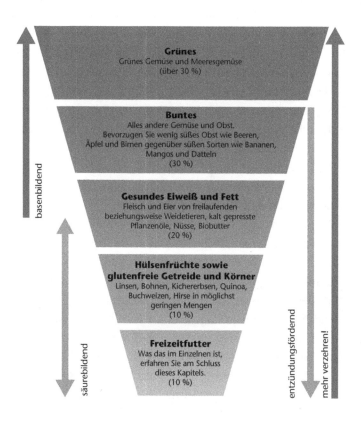

Grünes

Mit gutem Grund haben Ihre Eltern immer wieder versucht, Sie zum Essen von Gemüse zu überreden, als Sie klein waren. Damals haben Sie sich gewehrt, und vielleicht sind Sie heute noch kein Gemüseliebhaber, aber Sie wissen vermutlich, dass grüne Pflanzennahrung zu den wertvollsten Dingen gehört, die unsere Erde zu bieten hat.

Mit grüner Pflanzennahrung meine ich alles Grüne, was der Acker hergibt oder Meere und Seen liefern. Grüne Pflanzennahrung steht, was die Wertigkeit unserer Lebensmittel angeht, an oberster Stelle, weil sie besonders basisch wirkt und von höchster Nährstoffdichte ist. Natürlich liefert grüne Nahrung auch besonders viel Chlorophyll, den grünen Pflanzenfarbstoff, mit dem die Pflanzen die Energie der Sonne einfangen.

Chlorophyll ist für Pflanzen das, was der rote Blutfarbstoff und Sauerstoffträger Hämoglobin für uns ist: Es fördert die Energiegewinnung.

Wir könnten das Chlorophyll als den »Blutfarbstoff« der Pflanzen bezeichnen, und tatsächlich unterscheidet es sich vom Hämoglobin allein dadurch, dass es statt Eisen Magnesium bindet. Die beiden Moleküle sind sich so ähnlich, dass der Verzehr von grüner Pflanzennahrung bei uns Menschen das Blut reinigt und unsere Energiegewinnung unterstützt. Wir dürfen uns das allerdings nicht so vorstellen, dass das Magnesium im Chlorophyllmolekül lediglich durch Eisen ersetzt wird, um daraus Hämoglobin zu machen – ganz so einfach ist es nicht. Dennoch deutet manches darauf hin, dass chlorophyllreiche Nahrung bei uns Menschen blutbildend wirkt.

Bereits 1926 ließen wissenschaftliche Forschungen einen Zusammenhang zwischen dem Chlorophyllbestandteil Phäophytin und der Bildung von Hämoglobin erkennen.[12] Weitere Forschungen deuteten darauf hin, dass chlorophyllreiches Futter bei Ratten die Regeneration der roten Blutkörperchen beschleunigt.[13] Bei einer weiteren Studie der damaligen Zeit bekamen 15 Patienten mit Eisenmangelanämie außer Eisenpräparaten auch Chlorophyll in unterschiedlichen Mengen. Als Ergebnis zeichnete sich ab, dass die Zahl der roten Blutkörperchen und das Blut-Hämoglobin bei der gemeinsamen Verabreichung von Eisen und Chlorophyll schneller zunahmen, als wenn lediglich Eisen eingenommen wurde.[14]

Da Chlorophyll unsere roten Blutkörperchen unterstützt, die für den Sauerstofftransport im Körper zuständig sind, leuchtet es wohl ein, dass grüne Pflanzennahrung unseren Energiehaushalt zumindest auf indirektem Wege günstig beeinflusst.

Grüne Blattgemüse liefern darüber hinaus die besonders stark basisch wirkenden Mineralstoffe Kalzium, Magnesium und Kalium. Sie tragen zur Neutralisierung säurebildender Verbindungen in manchen Lebensmitteln bei, sodass unser Blut im erwünschten leicht basischen Bereich bleibt, was für unsere Gesundheit von erheblicher Bedeutung ist.

2004 wurde eine Sichtung der vorhandenen Literatur zur Frage des Zusammenhangs zwischen dem Obst- und

Gemüseverzehr und der Häufigkeit von Herz-Kreislauf-Erkrankungen, Krebs und anderen Todesursachen veröffentlicht. Betrachtet wurde die Ernährung von insgesamt 71 910 weiblichen und 37 725 männlichen Personen. Grünes Blattgemüse erwies sich als die Nahrungsmittelgruppe mit der stärksten Schutzwirkung gegenüber chronischen Krankheiten und Herz-Kreislauf-Erkrankungen. Die generelle Linie: Je mehr Grünes verzehrt wurde, desto geringer waren Krankheitsrisiko und Sterbewahrscheinlichkeit.[15]

Ist das nicht ziemlich beeindruckend? Anscheinend hatten Ihre Eltern recht.

Zur Gruppe der grünen Nahrungsmittel zählen unter anderem die in der folgenden Liste genannten, vor allem, wenn sie aus biologischer Erzeugung stammen:

- *Blattgrün:* Grünkohl, Mangold, Blattkohl, Rote-Bete-Blätter, Senfblätter, Spinat, Pak Choi, Brunnenkresse, Feldsalat, Kopfsalat, Rucola
- *Kompaktes grünes Gemüse:* Brokkoli, Rosenkohl, Erbsen, grüne Bohnen
- *Gräser:* Gerstengras, Weizengras
- *Kräuter:* Petersilie, Basilikum, Koriander
- *Meeresgemüse:* Lappentang, Nori, Kelp (Braunalgen), Arame-Algen, Knorpeltang, Hijiki-Algen, Kombu
- *Blaugrüne Algen:* Spirulina, Chlorella

Grüne Gemüse liefern nicht nur massenhaft Nährstoffe, sondern sind auch noch kalorienarm. Sie können den ganzen Tag so viel davon essen, wie Sie möchten, ohne sich Sorgen wegen Ihres Gewichts machen zu müssen. Daraus geht natürlich auch hervor, dass Sie sich langfristig nicht von Grünzeug allein ernähren können. Wenn Sie einen ganzen Tag nichts weiter als grüne Säfte zu sich nehmen, ist das sehr gut für Ihre Energie und überhaupt für Ihre Gesundheit, aber auf Dauer brauchen Sie doch noch mehr als das, sonst würden Sie einfach abnehmen, bis Sie nicht mehr da sind. Sie brauchen auch Nahrungsmittel aus den anderen genannten Gruppen, denn die liefern den Großteil der benötigten Kalorien und natürlich auch weitere wichtige Nährstoffe.

Buntes

Dieser zweiten Gruppe gehören alle anderen Gemüsesorten und alle Obstsorten an. Es versteht sich eigentlich von selbst, dass farbenfrohes Gemüse und Obst uns guttut. Ich rate Ihnen, Ihre Mahlzeiten möglichst bunt zu gestalten, weil Sie dann die unterschiedlichsten Phytonährstoffe zu sich nehmen, die Krankheiten nicht nur vorbeugen, sondern auch heilsam wirken.

Falls Sie noch zweifeln: 1996 wurde eine große Gesamtschau von 228 Forschungsstudien (206 mit menschlicher Beteiligung, 22 an Tieren) veröffentlicht, bei der es um den Zusammenhang von Gemüse- und Obstkonsum und Krebs ging. Das Resultat war eindeutig: Bei höherem Gemüse- und Obstverzehr zeigte sich bei etlichen Krebsarten (Magen, Speiseröhre, Lunge, Mundhöhle, Kehlkopf, Gebärmutterschleimhaut, Bauchspeicheldrüse und Dickdarm) ein deutlicher Schutzeffekt. Am häufigsten zeigte sich diese Wirkung bei rohem und gekochtem Gemüse, besonders bei Zwiebeln und Knoblauch, bei Karotten, grünem Gemüse (vor allem Kreuzblütler wie die Kohlarten) und bei Tomaten.[16]

Hoher Gemüse- und Obstverzehr sorgt auch dafür, dass Sie immer gut mit Ballaststoffen versorgt sind (35 Gramm pro Tag werden empfohlen). Ballaststoffe sind aus mehreren Gründen wichtig. Sie dienen der Gesundheit von Herz und Blutgefäßen, regen den Darm und damit die Ausscheidung an, unterstützen Sie beim Abnehmen, stabilisieren den Blutzucker und wirken sättigend. Es gibt noch weitere Nutzeffekte, aber merken Sie sich einfach, dass Ballaststoffe gut für Ihre Gesundheit sind. Zum Glück sind Sie nicht auf Ballaststoffpulver oder Vollkornprodukte angewiesen. Verzehren Sie einfach acht bis zehn Portionen Gemüse und Obst pro Tag, und Sie haben keinen Mangel an Ballaststoffen.

Fällt Ihnen auf, dass ich »Gemüse und Obst« und nicht »Obst und Gemüse« sage? Es ist wirklich so, dass der Gemüseanteil überwiegen sollte. Obst ist auch gut, aber man tut da leicht des Guten zu viel, vor allem bei sehr süßem Obst. Am besten fahren Sie mit Beeren, Äpfeln und Birnen. Beeren sind besonders reich an Antioxidantien und beeinflussen den Blutzucker kaum, können also ohne das Risiko negativer Nebenwirkungen täglich verzehrt werden. Birnen und Äpfel üben trotz ihres höheren Fruchtzuckergehalts ebenfalls keine starke Wirkung auf den Blutzucker aus – sofern Sie nicht jeden Tag literweise Apfel- und Birnensaft trinken. Darauf komme ich etwas weiter unten zurück.

Wenn Sie nicht zu den körperlich besonders aktiven Menschen gehören, die mehrmals die Woche trainieren oder Leistungssport betreiben, sollten Sie bei süßem Obst wie Bananen und anderen tropischen Früchten zurückhaltend sein. Zu viel davon kann den Blutzucker durcheinanderbringen und Störungen der Darmflora, beispielsweise durch Candida, begünstigen. Erinnern Sie sich bitte auch daran, dass der Insulinspiegel mit dem Blutzuckerspiegel steigt und das Insulin immer für die Speicherung von überschüssigem Zucker als Fett sorgt. Schwankt der Blutzucker- und Insulinspiegel immer wieder stark, dürfen Sie mit einem entsprechend instabilen Energiehaushalt rechnen.

Zur Kategorie des »Bunten« gehören unter anderem:

- *Deutlich gefärbtes Gemüse:* Karotten, Rote Bete, Süßkartoffeln, Paprika, gelbe Zucchini, Auberginen, Kürbis, manche Zwiebeln, Knoblauch, Ingwer, Tomaten, Gurken
- *Wenig süßes Obst:* Beeren, Äpfel, Birnen
- *Süße Früchte:* Bananen, Datteln, Feigen, Papaya, Mango, Ananas, Wassermelonen, Mangostan, Orangen, Grapefruit, Kiwi, Zuckermelonen, Honigmelonen, Weintrauben

Bevor wir zur nächsten Gruppe von Nahrungsmitteln kommen, möchte ich im Zusammenhang mit den pflanzlichen Nahrungsmitteln auf zwei Seitenthemen eingehen.

Zuerst auf die Frage, was man am besten in Bioqualität einkauft, und danach möchte ich Ihnen verraten, was aus meiner Sicht das Beste für Ihre Gesundheit, Gewichtsregulierung und Energie ist: frisch zubereitete Smoothies und Säfte. Wenn Sie noch nicht viel Obst und Gemüse essen, bieten Ihnen Smoothies und Säfte trotzdem die Gelegenheit, mehr gesunde pflanzliche Nahrung auf Ihren Speiseplan zu setzen.

Wann ist »bio« wirklich wichtig?

Wir wissen, dass in unserem Essen und Trinkwasser allerlei Fremdstoffe sein können, sogar giftige. Giftstoffe können sich im Körper ansammeln und uns krankheitsanfällig machen.

Die zunehmende Beliebtheit biologischer Lebensmittel hat damit zu tun, dass sie weitgehend frei von Agrarchemie und anderen Stoffen sind, die unserem Körper nicht guttun. Aus diesem Grund rate ich Ihnen zu biologischen Lebensmitteln, weiß aber auch, dass viele Menschen mit einer rein biologischen Ernährung überfordert wären, denn erstens sind diese Lebensmittel teurer, und außerdem stehen sie nicht überall selbstverständlich zur Verfügung. Da ist es sicher gut zu wissen, dass nicht alles Gemüse und Obst unbedingt aus biologischer Erzeugung stammen muss.

Natürlich kann man sich auch fragen, ob Bioprodukte wirklich so viel gesünder sind als konventionelle. Oder ob sie von höherer Nährstoffdichte sind. Die meisten Untersuchungen zu dieser Frage kommen zu dem Schluss, dass beim Nährwert keine deutlichen Unterschiede bestehen. Aber sehen wir uns auch die folgenden beiden Befunde an, die ebenfalls in vielen Untersuchungen auftauchen:

- Die Mehrheit der Forschungsberichte zu diesem Thema kommt zu dem Schluss, dass biologisch erzeugtes Gemüse und Obst einen höheren Gehalt an Vitamin C und bestimmten Mineralien und Spurenelementen (Kalzium, Magnesium, Eisen und Chrom) aufweist.
- Ebenso liegt der Gehalt an für die Krankheitsabwehr wichtigen Phytonährstoffen wie Lycopin in Tomaten, Polyphenolen in Kartoffeln, Flavonolen in Äpfeln und Resveratrol in Rotwein bei Bioprodukten tendenziell höher.

Das leuchtet ein, denn biologisch erzeugtes Obst und Gemüse muss ja ohne den Schutz von Pestiziden und anderen Chemikalien auskommen und sich mit eigenen Antioxidantien und Abwehrstoffen vor Krankheiten schützen. Und dieser gesundheitliche Nutzeffekt geht auf uns über, wenn wir uns biologisch ernähren.

In einer vollkommenen Welt würden wir alle uns ausschließlich biologisch ernähren. Wenn Sie dazu nicht in der Lage sind, sollten Sie zumindest wissen, welche konventionellen Produkte Sie einigermaßen bedenkenlos verzehren können. Meine Freunde Mira und Jayson Calton erleichtern uns die Entscheidung. In ihren beiden Büchern

Naked Calories und *Rich Food, Poor Food* verzeichnen sie 20 Obst- und Gemüsesorten, die Sie ausschließlich in Bioqualität zu sich nehmen sollten, und 14 Sorten, die auch aus konventionellem Anbau sein dürfen. Die Gefährdung durch genmanipulierte Nahrungsmittel (GMN) ist nicht überall in gleicher Weise gegeben, aber prinzipiell dürften die in den USA herrschenden Verhältnisse auf andere Regionen übertragbar sein.

20 Nahrungsmittel, die Bioqualität haben sollten

Pfirsiche	Kopfsalat
Äpfel	Gurken
Paprika	Grüne Bohnen
Staudensellerie	Paprikaschoten, scharf
Nektarinen	Kartoffeln
Erdbeeren	Grünkohl, Blattkohl
Kirschen	Papaya aus Hawaii (evtl. GMN)
Heidelbeeren	Zucchini (evtl. GMN)
Weintrauben	Gelber Kürbis (evtl. GMN)
Spinat	Mais (evtl. GMN)

Beachten Sie, dass die meisten der hier genannten Obst- und Gemüsesorten *vollständig* verzehrt, also nicht geschält werden. In solchen Fällen sind Sie immer gut beraten, nach Möglichkeit die Bioalternative zu wählen.

Die nächsten 14 Sorten sind nicht so problematisch, was die Agrarchemie angeht. Hier müssen Sie sich keinen Stress machen und unbedingt auf Bioprodukten bestehen.

14 Nahrungsmittel,
die aus konventionellem Anbau sein dürfen

Zwiebeln	Auberginen
Ananas	Kiwi
Avocado	Zuckermelonen
Kopfkohl	Süßkartoffeln
Zuckererbsen	Grapefruit
Spargel	Wassermelonen
Mango	Pilze

Kommen wir jetzt zu unserem zweiten Seitenthema, den frischen Säften und Smoothies, die so etwas wie Ihre Erste-Klasse-Fahrkarte zu mehr Energie und blendender Gesundheit sind.

Säfte und Smoothies – wirklich so wichtig?

Verdauungsschwäche, Darmstörungen und sehr geringer Gemüseverzehr, die amerikanische Norm,[17] bedeuten vor allem eins: Sehr viele Menschen haben wenig von dem, was sie essen, weil sie es schlecht verwerten. Die damit verbundenen Probleme kann man zum Teil durch mehr Flüssigkeitszufuhr ausgleichen, besonders effektiv natürlich mit frischen Säften. Stellen Sie sich vor: Mit einem frischen Saft führen Sie sich das Äquivalent von sechs bis acht Portionen Gemüse zu! Das ist auf andere Art nur mit etwas Mühe zu schaffen. Sicher, es geht, aber es braucht viel mehr Zeit, und auch der Aufwand für die Verdauung ist deutlich höher.

Säfte und Smoothies sind von derart überzeugender Wirkung, dass ich Ihnen dringend rate, sich mindestens einen Saft oder Smoothie pro Tag zu machen. Auf keine andere Art können Sie mit so wenig Aufwand so viel für Gesundheit, Energie und Bauchumfang tun.

Der Hauptunterschied zwischen frisch gepressten (nicht fertig gekauften) Säften und Smoothies besteht darin, dass Säfte deutlich weniger feste Stoffe enthalten. Smoothies dagegen enthalten das gesamte Ausgangsmaterial mit allen Faserstoffen in dickflüssiger Form. Beides hat seine Vor- und Nachteile.

Bei Säften sorgt der geringe Gehalt an Faserstoffen dafür, dass die Nährstoffe leichter vom Körper aufgenommen werden können. Bei den aus Zellulose bestehenden Faserstoffen handelt es sich um die Zellwände der Pflanzen, die unseren Darm ohnehin unverdaut passieren. So gut pflanzliche Nahrung für unsere Gesundheit ist, manchmal können wir einfach nicht alle Nährstoffe daraus gewinnen, weil die Zellwände so widerstandsfähig sind. Da kommt uns die Saftpresse entgegen, weil sie die Faserstoffe bis auf geringe Reste entfernt und wir die reine flüssige Pflanzennahrung bekommen, die unser Körper leicht aufnehmen kann.

Deshalb ist das Entsaften besonders günstig für Menschen mit geschwächter Verdauung – und das betrifft uns eigentlich alle mehr oder weniger stark. Besonders empfehlenswert ist das Verfahren für alle, die an Reizdarmsyndrom, Morbus Crohn oder Colitis leiden, denn bei ihnen ist die Aufnahme der Nährstoffe im Darm meist stark behindert.

Die Stärke von Smoothies liegt andererseits darin, dass sie Ihnen Faserstoffe zuführen und von geringem Einfluss auf Ihren Blutzuckerspiegel sind. Was ist denn jetzt besser? Da gibt es keine eindeutige Antwort. Sie haben beide ihren Nutzen, weshalb ich sie beide täglich zu mir nehme. Meist gönne ich mir zum Start in den Tag einen grünen Saft, und etwas später kommt dann ein nahrhafter Smoothie.

Für frische Säfte brauchen Sie einen Entsafter, während Smoothies im Mixer zubereitet werden. Für die meisten Leute sind Smoothies leichter und ohne viel Aufwand zuzubereiten. Ein Mixer ist meist ohnehin schon vorhanden, und außerdem geht das Mixen schneller als das Entsaften. Ideal ist es, wenn Sie beide Geräte im Haus haben und die Vorteile beider nutzen können.

Wichtig beim Entsaften: hauptsächlich Gemüse

Frisch gepresste Säfte sollten ganz überwiegend aus Gemüse und nicht aus Obst bestehen. Obst enthält neben Glukose deutlich mehr Fruktose (Fruchtzucker), die einen anderen und komplexeren Stoffwechsel in der Leber durchläuft, bevor sie Ihrem Körper als Glukose zur Verfügung gestellt werden kann, dem eigentlichen Brennstoff Ihrer Zellen, wie wir bereits gesehen haben.

Bei der Fruktose besteht die Schwierigkeit darin, dass die Verstoffwechselung in der Leber nur in einem begrenzten Tempo möglich ist und bei zu hohem Angebot ein Stau entstehen kann. Der wiederum hat zur Folge, dass ungesunde Nebenprodukte entstehen, und zwar schnell und massenhaft.

Eines dieser Nebenprodukte ist Harnsäure, ein anderes sind sogenannte Lipide, Fettstoffe, die die Leber schädigen können, und dann haben wir noch Lipoproteine (Fett-Eiweiß-Komplexe) von sehr niedriger Dichte – besser bekannt als die schädliche Form des Cholesterins. Letzteres kann bekanntlich unsere Blutgefäße ganz erheblich schädigen und Herzkrankheiten Vorschub leisten.

Ich will Sie aber nicht erschrecken, Obst ist natürlich nicht der eigentliche Feind; der ist vielmehr in einem Zuviel an Fruktose oder Fruchtzucker zu sehen, und da wiederum geht es vor allem um gekaufte Erfrischungsgetränke und Säfte. Dennoch, auch frisch gepresste Obstsäfte haben einen hohen Fruchtzuckergehalt und sind deshalb mit Vorsicht zu genießen.

Sicher, frisch gepresster Obstsaft ist reich an Vitaminen und Mineralien, aber es fehlen ihm die Faserstoffe, die für eine verzögerte Aufnahme des Fruchtzuckers sorgen würden. Ohne diese Faserstoffe geht die Fruktose sehr schnell ins Blut über und kann in der Leber die oben beschriebenen Überlastungserscheinungen auslösen. Außerdem erhöht ein Überangebot an Fruktose natürlich auch den Blutzuckerspiegel, und dann haben Sie wieder diese Blutzuckerwippe, von der schon mehrfach die Rede war.

Ich empfehle Ihnen, beim Herstellen von grünen Säften zur Geschmacksabrundung ein, zwei Stücke Obst mit in den Entsafter zu geben. Säfte mit höherem Obstanteil sollten Sie nur vor oder nach energischer sportlicher Betätigung trinken. Sport erhöht ganz einfach die Verarbeitungskapazität Ihrer Leber, ohne dass hässliche Nebenprodukte entstehen.

Merken Sie sich also bitte, dass frische Säfte ganz überwiegend aus Gemüse bestehen sollten, während ein bisschen mehr Zucker vor und nach dem Training nicht schadet. Er wird dann schnell verbrannt und erhöht noch Ihre Leistungsfähigkeit.

Ein Saft, zwei Smoothies: Rezepte

Grüner Saft
Ergibt 1–2 Portionen

1 Birne
6–8 Grünkohl- oder Mangoldblätter
½ Zitrone
2½ cm Ingwer

- Alles in den Entsafter und dann genussvoll trinken.

Cremiger Smoothie Ingwer-Limette
Ergibt 2 Portionen

2½ cm Ingwer
1 Avocado, entsteinen und würfeln
1 Apfel, vierteln, Kerngehäuse entfernen
250 ml Kokoswasser oder Mandelmilch
Saft einer Limette

- Ingwer separat reiben und Saft in den Mixer pressen. Alle übrigen Zutaten hinzufügen und zum Hochgenuss mixen.

Beeren-Smoothie
Ergibt 3 Portionen

2 Tassen Beeren nach Geschmack
2 EL Mandelmus
2 EL Hanfsamen
1 EL Leinöl
1 EL Maca-Pulver (falls gewünscht)
250 ml Mandelmilch

- Alles zusammen im Mixer zu einem herrlichen glatten Smoothie verarbeiten.

Sauberes Eiweiß und gesunde Fette

Kommen wir zur dritten Hauptgruppe unserer Nahrungsmittel, Eiweiß und Fett. Gleich zu Beginn möchte ich Sie darauf aufmerksam machen, dass Margarine nicht zu den gesunden Fetten gehört. Es handelt sich vielmehr um einen künstlich zusammengebrauten Butterersatz, der Ihnen gar nicht guttut. Mit Biobutter sind Sie weitaus besser beraten. Ich werde mir in diesem Kapitel noch ein paar weitere Märchen über Eiweiß und Fett vorknöpfen, damit Sie wissen, was Sie genießen können und was lieber nicht. Wir befinden uns jetzt in dem Kapitel der modernen Ernährungslehren, in dem am meisten Konfusion herrscht. Deshalb hoffe ich, im Folgenden etwas Licht in dieses Dunkel bringen zu können. Ich möchte Ihnen Entscheidungshilfen geben, damit Sie auch diese Nahrungsmittel zum Nutzen Ihrer Gesundheit und Ihres Energiehaushalts einsetzen können.

Sauberes Eiweiß

Sauberes Eiweiß, darunter verstehe ich in erster Linie Fleisch und Eier von Tieren, die als »freilaufend« oder »Weidevieh«, als »Wild« oder als »aus artgerechter biologischer Haltung« bezeichnet werden dürfen. Wenn Sie also beispielsweise Lachs auf dem Tisch haben möchten, dann kaufen Sie Lachs aus Wildfang und nicht aus Zuchtbetrieben. Soll es Rind sein, geben Sie Fleisch von freilaufenden Tieren den Vorzug vor Produkten aus der Massentierhaltung. Eier sollten von freilaufenden und biologisch gefütterten Hühnern stammen, nicht von Hühner aus Massenstallungen mit Maisfutter. Wenn der Mensch ist, was er isst, kommt es wirklich darauf an, womit die Tiere gefüttert wurden, deren Fleisch bei Ihnen auf den Tisch kommt.

Genauer: Wenn Sie Fleisch essen, sollte das Tier, von dem es stammt, artgerecht ernährt worden sein und sich auch in der Sonne aufgehalten haben. Die Tiere sollten nicht eingesperrt und beengt existieren müssen, und sie sollten kein Getreidefutter bekommen, das in ihrer natürlichen Ernährung keinen Platz hat.

Leider sind die beschreibenden Begriffe, die ich zitiert habe, nicht verbindlich definiert. »Weidevieh« und »biologisch« sind noch am ehesten vertrauenswürdig, aber mit »freilaufend« werden mitunter Verhältnisse umschrieben, bei denen es einen schaudern würde. Genau wissen Sie es nur, wenn Sie sich bei den Erzeugern umsehen und sich selbst davon überzeugen, ob Sie für Ihr gutes Geld wirklich entsprechende Ware bekommen. Das ist natürlich für die allermeisten Verbraucher utopisch, aber Sie kommen der Sache schon nahe, wenn Sie auf örtlichen Märkten einkaufen.

Nach dieser Vorbemerkung muss ich anfügen, dass ich reichlichen Verzehr tierischer Produkte nicht befürworte. Sie wirken, wie wir gesehen haben, säurebildend und belasten Ihr Verdauungssystem, weil erhitztes Eiweiß schwer verdaulich ist. Bei der Entstehung eines Spiegeleis in der Pfanne können Sie es beobachten: Die glibberig-flüssige Masse, in dieser Form leicht verdaulich, wird immer dichter und fester und zuletzt schnittfest. In dieser Form schmeckt uns das Ei besser, aber dem Bauch macht es schwerer zu schaffen, weil sich die enzymreichen Verdauungssäfte des Magens nicht so leicht damit mischen. Sie erinnern sich: Alles, was die Verdauung irgendwie hemmt, kostet Sie Energie. Schließen Sie daraus aber bitte nicht, dass ich den Verzehr von rohem Fleisch und Ei empfehle.

Der Umfang einer Fleischmahlzeit

Falls Sie überhaupt Fleisch essen möchten, prägen Sie sich ein, dass der Fleischanteil einer Mahlzeit nur so groß sein sollte wie Ihr Handteller. Die gigantischen Fleischportionen, die im Restaurant häufig serviert werden, sind völlig übertrieben. Ihr Körper kommt damit nicht zurecht, insbesondere bei Mangel an Magensäure. Das Schöne an meiner Messgröße ist, dass sie genau auf Sie persönlich zugeschnitten ist: auf *Ihren* Handteller. Sie mögen groß oder klein sein, mit Ihrem Handteller und der entsprechenden Fleischportion liegen Sie immer richtig. Mit einem kleinen Steak beispielsweise bekommen Sie gut 30 Gramm Eiweiß, und das ist voll ausreichend – sofern Sie es gut verdauen können.

Ich möchte aber den Gedanken ins Spiel bringen, dass es auch außerhalb des Tierreichs großartige Eiweißquellen gibt, die Sie mit allen von Ihrem Körper benötigten Aminosäuren (Eiweißbausteinen) versorgen können. Wenn Sie sich an das Nahrungsmittelspektrum der Energy-Booster-Ernährung halten, kommen Sie als Veganer, als Vegetarier und als Fleischesser zurecht. Ich hoffe, dass alle Fleischesser den Wert einer weniger fleischlastigen Ernährung erkennen und sich mehr für folgende pflanzliche Eiweißquellen interessieren, die in vielen Fällen gleichwertig sind.

Sehen wir uns zunächst besonders eiweißreiche Nahrungsmittel an. Alles in der folgenden Tabelle genügt den Kriterien der in diesem Buch empfohlenen Ernährungsform.

Nahrungsmittel	Eiweißgehalt (in g/100 g)
Spirulina, 1 Tasse	60
Rindfleisch	34
Kürbiskerne	33
Mageres Fleisch (Huhn, Lamm)	30–33
Hanfsamen	31
Linsen, gekeimt (roh)	26 (gekocht 9)
Mandeln	21
Chia-Samen	17
Walnüsse	15
Ei, ganz	6

Damit Sie einen Maßstab haben: Die meisten Menschen brauchen 0,8 Gramm Eiweiß pro Kilogramm Körpergewicht und Tag. Wenn Sie also 82 Kilo wiegen, brauchen Sie gerade einmal 66 Gramm Eiweiß pro Tag – und die erreichen Sie leicht mit einem Smoothie aus Mandelmus, Mandelmilch, Hanfsamen und ein paar Beeren und zusätzlich einem kleinen Steak zur Hauptmahlzeit.

Sie sehen, wir brauchen gar nicht so viel Eiweiß, wie man uns immer gesagt hat. Außerdem ist Eiweiß zwar wichtig, aber Sie verkümmern nicht gleich, wenn Sie an einem Tag mal weniger bekommen. Ihr Körper führt da nicht Buch. Solange Sie im Durchschnitt die richtige Menge bekommen, spielen einzelne Tage keine Rolle. Ob Sie zusätzlich ein Proteinpulver nehmen, entscheiden Sie selbst, aber wenn wir von den wirklich erforderlichen Mengen an Eiweiß ausgehen, kann man sich die Pülverchen vielleicht sparen und das Geld lieber für Lebensmittel von bester Qualität ausgeben.

Eiweiß für Veganer

Wie Sie in der Tabelle sehen, gibt es auch außerhalb des Tierreichs wunderbare Eiweißquellen. Und wenn Sie Ihre Ernährung richtig zusammenstellen, können Sie Ihren Eiweißbedarf sogar mit pflanzlichen Nahrungsmitteln allein decken. Jeder, ob Veganer oder Fleischesser, kann mehr Mandeln, Walnüsse, Hanfsamen, Chia-Samen, Kürbiskerne und gekeimte Linsen auf seinen Speiseplan setzen.

Nehmen wir also an, Sie seien Veganerin oder Veganer oder wollten zumindest den Verzehr tierischer Produkte stark einschränken. Wie viel pflanzliche Eiweißnahrung müssen Sie dann zu sich nehmen? Bei gesunden Nüssen wie Mandeln und Walnüssen sollte es nicht mehr als eine halbe Handvoll sein, schließlich sind Nüsse sehr kalorienreich, da sollte man es nicht übertreiben.

Hier ein kleiner Trick, mit dem Sie das Nährstoff- und Eiweißprofil Ihrer Mandeln optimieren können: Weichen Sie die Mandeln über Nacht in Wasser ein. Am Morgen gießen Sie das Wasser ab und spülen die Mandeln noch einmal gut ab. Sie sind jetzt dicker und weicher, und der Körper kann sie leichter verwerten. Übrig bleibende Mandeln können Sie im Kühlschrank zwei Tage aufbewahren.

Bei anderen Nüssen und Kernen, etwa Walnüssen, Cashewkernen und Pekannüssen, empfiehlt sich dieses Verfahren nicht, da die Nüsse durch das Einweichen etwas pampig werden können. Chia- und Hanfsamen machen sich am besten als Zutat zu Ihren Smoothies oder zu einigen der Rezepte, die ich Ihnen im nächsten Kapitel vorstellen werde.

Ein höherer Anteil an pflanzlichem Eiweiß hat außerdem den Vorteil, dass Ihre Verdauung dadurch etwas weniger belastet wird. Erhitztes tierisches Eiweiß ist wie schon gesagt schwerer verdaulich, und da kann sich ein höherer Anteil an rohem pflanzlichem Eiweiß als vorteilhaft erweisen. Bedenken Sie lediglich, dass Sie für weggelassene tierische Nahrungsmittel mehr Pflanzennahrung einplanen müssen, um Ihren Eiweißbedarf zu decken. Da kann es für manche einfacher sein, statt zwei bis drei Esslöffeln Hanfsamen eine kleine Menge Fleisch zu essen. Es sei denn, Sie können auf fantastische Rezepte zurückgreifen.

Eiweißmärchen

Auf kaum einem Gebiet gibt es mehr Unklarheit und Fehlinformation als auf dem der Eiweißernährung. Die wichtigsten Punkte fasst die folgende Tabelle zusammen.[18]

Märchen	Tatsachen
Pflanzeneiweiß ist unvollständig.	Spielt keine Rolle, sofern die empfohlene tägliche Eiweißmenge zugeführt wird.
Pflanzeneiweiß besitzt nicht die Qualität von tierischem Eiweiß.	Bei beiden Eiweißarten sind Herkunft und Aminosäurenzusammensetzung entscheidend.
Bei pflanzlicher Ernährung muss man verschiedene Eiweißträger zuführen.	Sich ergänzende Eiweißarten müssen dank des Aminosäurenvorrats im Körper nicht gleichzeitig verzehrt werden.
Pflanzliches Eiweiß ist schwerer verdaulich.	Hängt von der Quelle ab. Kann durch Einweichen und Keimen verbessert werden. Evtl. Verdauungsenzyme und Magensäureverstärker als Nahrungsergänzung.
Mit pflanzlicher Nahrung allein ist keine ausreichende Eiweißversorgung möglich.	Trifft nicht zu, solange Sie alle Aminosäuren (und Stickstoff) aus geeigneter Pflanzennahrung bekommen.
Pflanzeneiweiß ist unausgewogen, und das mindert seinen Nährwert.	Solange Sie genügend Kalorien aus abwechslungsreicher Pflanzenkost aufnehmen, sind Sie bestens versorgt. Unausgewogenheit entsteht, wenn Sie einzelne Aminosäuren gesondert zuführen.

Gefährliche Fette

Fürchten Sie Fett? Dann wird es Zeit, dass wir noch einmal neu hinschauen. Die Fettarm-Welle, die in den Achtzigerjahren begann, hat gegen Übergewicht und Herzkrankheiten nicht viel ausgerichtet – oder alles noch schlimmer gemacht, denn die entzogenen Fette werden in der Regel durch Zucker ersetzt, und jedes Zuviel an Zucker schlägt sich gern als Bauchspeck nieder.

Es gibt natürlich Fette, allen voran die berüchtigten Transfette, die Sie meiden sollten. Ich stelle sie Ihnen hier kurz zusammen:

- Rapsöl
- Sojaöl
- Maisöl
- Baumwollsamenöl
- Grapefruitkernöl
- Distelöl
- Sonnenblumenöl

Solche empfindlichen Öle mit mehrfach ungesättigten Fettsäuren verderben unter dem Einfluss von Licht, Sauerstoff und Hitze sehr schnell. Die genannten Öle sind bei der Herstellung und Verarbeitung diesen drei Einflüssen ausgesetzt, und wenn sie dann zum Verkauf im Regal stehen, sind sie bereits in gefährlichem Maße ranzig. Außerdem besitzen sie einen hohen Gehalt an entzündungsfördernden Omega-6-Fettsäuren, die Ihrem Körper in zu großen Mengen nicht bekommen.

Diese Öle finden sich gern in abgepackten Fertiglebensmitteln und auf der Speisekarte von Fast-Food-Restaurants wieder. Die Lösung ist einfach. Halten Sie sich von Frittiertem, Fast Food und verarbeiteten Lebensmitteln fern, und Sie haben bereits eine ganze Menge für Ihre Gesundheit getan.

Darüber hinaus rate ich Ihnen dringend von Margarine ab. Die Margarineindustrie behauptet von ihren Erzeugnissen zwar, sie seien für das Herz besser als Butter, doch das trifft nicht zu. Margarine ist nichts weiter als die verfestigte Form der Öle, die ich Ihnen oben aufgelistet habe. Sie ist einfach ein Kunststoff. Glauben Sie mir, mit Butter sind Sie weitaus besser bedient.

Eine der umfangreichsten je durchgeführten Studien zur Frage des Zusammenhangs zwischen Fetten und Herzkrankheiten, die sogenannte Framingham-Studie, begleitete ihre Teilnehmer über 20 Jahre und verglich unter anderem den Butter- und Margarineverzehr und ihren Einfluss auf die Herzgesundheit. Es stellte sich heraus, dass bereits bei fünf Teelöffeln Margarine pro Tag (das ist ungefähr die Menge, mit denen man zwei Scheiben Brot bestreicht) ein gegenüber dem Verzehr der gleichen Menge Butter deutlich höheres Risiko für Erkrankungen der Herzkranzgefäße bestand.

Gute Fette

Aber kommen wir zu den gesunden Fetten, die aus einer gesunden Ernährung nicht wegzudenken sind. Wirklich, vor Fetten soll sich niemand fürchten, denn schließlich bestehen die Wände der Billionen Zellen unseres Körpers aus

Fettstoffen. Wenn Ihre Zellen gesunde Zellwände haben, sind auch Sie gesund. Darüber hinaus sind Fette wichtige Ausgangsstoffe für viele Hormone, werden für den Transport fettlöslicher Vitamine (A, D, E und K) benötigt und polstern Ihre inneren Organe. Ohne Fette könnten Sie nicht leben. Ganze 60 Prozent des menschlichen Gehirns sind Fett – aber für die Qualität dieses Fetts müssen Sie selbst sorgen.

Kurz, die *richtigen* Fette sind entscheidend für Ihre Gesundheit.

Ich möchte Sie mit drei Hauptgruppen von Fetten vertraut machen, mit denen Sie sich ein wenig auskennen sollten. Es sind Öle und Fette, die aus gesättigten, aus einfach ungesättigten oder aus mehrfach ungesättigten Fettsäuren bestehen. Sehen wir sie uns nacheinander an.

Gesättigte Fettsäuren

Gesättigte Fette sind bei Zimmertemperatur fest. Wir finden sie vor allem in tierischen Fettzellen und tropischen Ölen. Butter und Kokosöl sind zwei schöne Beispiele für gesunde und leckere gesättigte Fette. Und da sie überwiegend aus kurz- und mittelkettigen Fettsäuren bestehen, nutzt Ihr Körper sie gern und relativ mühelos zur Energiegewinnung, anstatt sie im Fettgewebe zu speichern.

Die Fette, die in Fleisch enthalten sind, bestehen dagegen aus langkettigen Fettsäuren, die der Körper nicht so leicht verbrennen kann und deshalb eher im Fettgewebe speichert.

Gesättigte Fette sind sehr stabil, Hitze, Sauerstoff und Licht können ihnen nicht viel anhaben. Aus diesem Grund eignen sie sich besonders gut zum Kochen.

Und keine Sorge, diese Fette lassen weder Ihr Cholesterin hochschnellen, noch machen sie Sie anfällig für Herzkrankheiten. Die meisten Herz-Kreislauf-Erkrankungen verdanken wir einem zu hohen Kohlenhydratkonsum, der die Blutfettwerte für Triglyceride und das gefährliche VLDL (engl. Very Low Density Lipoprotein – Lipoprotein von sehr geringer Dichte) hochtreibt. Cholesterin und gesunde gesättigte Fette sind hier nicht als Mitschuldige zu sehen. Eine 2011 veröffentlichte zehnjährige Studie mit über 52 000 Teilnehmern ergab sogar, dass Frauen mit hohen Cholesterinwerten mit um 30 Prozent geringerer Wahrscheinlichkeit an Herzkrankheiten, Herzinfarkt und Gehirnschlag starben als Frauen mit normalen Cholesterinwerten.[19] Zahlreiche andere Studien kommen zu ähnlichen Ergebnissen.

Ich liebe Kokosöl und muss Ihnen unbedingt erzählen, weshalb es so gut für Gesundheit und Energie ist. Kokosöl besteht vorwiegend aus sogenannten mittelkettigen Triglyceriden (MKT), die wiederum aus mittelkettigen Fettsäuren aufgebaut sind. Die MKT heben das Kokosöl aus allen anderen Fetten heraus und verleihen ihm seinen einzigartigen Charakter und gesundheitlichen Wert.

Zunächst sind die MKT leicht verdaulich, und Ihr Körper kann sie ohne große Mühe zu seiner Ernährung verwenden. Leicht verdaulich bedeutet, dass ihre Verarbeitung im Körper wenig Energie und Enzyme verbraucht, sodass Bauchspeicheldrüse und der übrige Verdauungsapparat weniger belastet werden. Die bei der Verdauung frei werdenden mittelkettigen Fettsäuren werden leicht vom Körper aufgenommen und verbrannt, ungefähr wie Kohlenhydrate. Kokosöl als Bestandteil Ihrer Ernährung ist wie Superkraftstoff mit höchster Oktanzahl im Tank Ihres Wagens.

Wussten Sie, dass es für die Zellen Ihres Körpers, insbesondere die Gehirnzellen, einen Brennstoff gibt, den sie noch lieber mögen als Glukose? Ich spreche von den Ketonkörpern, die Ihre Leber bei geringem Angebot von Kohlenhydraten aus Fett erzeugt und die nachweislich sauberer und ergiebiger verbrennen als Glukose. Kokosöl mit seinen MKT ergibt mehr Ketonkörper als andere Fette in unserer Ernährung,[20] und das bedeutet, dass Ihnen dann umso mehr saubere Energie zur Verfügung steht – und das ohne unerwünschte Nebenwirkungen wie erhöhter Blutzucker- und Insulinspiegel. Klingt das nicht gut?

Hinzu kommt, dass zwei der im Kokosöl besonders stark vertretenen mittelkettigen Fettsäuren, Laurinsäure und Caprinsäure, von hohem gesundheitlichem Wert sind. Sie wirken antimikrobiell und damit gegen Infektionen und durch sie entstehende Krankheiten. Laurinsäure ist außerdem die für die Produktion des guten HDL-Cholesterins wichtigste Fettsäure.[21]

Biobutter und bestes Kokosöl

Denken Sie beim Einkauf Ihrer Butter daran, dass es wichtig ist, wie die Kühe leben und ernährt werden. Wählen Sie Biobutter, um etwas wirklich Sauberes und Gesundes zu bekommen. Sie ist wohl ein wenig teurer, aber dieses Geld ist gut angelegt.

Auch beim Kokosöl lohnt es sich, auf Bioqualität zu achten. Es soll aus erster Kaltpressung frisch geernteter reifer Kokosnüsse stammen und weder raffiniert noch gebleicht noch desodoriert oder gar gehärtet sein. In dieser Form besitzt es einen frischen Kokosgeschmack. Der Handel bietet es mit der Zusatzbezeichnung »nativ« oder »virgin« an. Solches Kokosöl ist so lecker und gesund, dass Sie es esslöffelweise naschen können. Ich gönne mir das jeden Tag.

Einfach ungesättigte Fettsäuren

Solche Fette sind etwas weniger stabil als gesättigte Fette und bei Zimmertemperatur flüssig. Wir finden sie vor allem in Avocados, Oliven und Olivenöl, Durian-Früchten, Mandeln, den meisten Nüssen und ihren Ölen und in geringerem Maße in rotem Fleisch. Sie sind stabiler als mehrfach ungesättigte Fettsäuren, aber die Öle können unter dem Einfluss von Wärme, Licht und Sauerstoff ebenfalls ranzig werden. Bei der Bevorratung von Ölen mit einem Anteil einfach ungesättigter Fettsäuren, beispielsweise Olivenöl, sollten Sie darauf achten, dass es aus erster Kaltpressung stammt (»nativ extra« oder »extra vergine«), in dunkle Glasflaschen abgefüllt ist und kühl und dunkel steht (Schrank, Speisekammer).

Beim Olivenöl kommt es, wenn wir den gesundheitlichen Nutzen im Blick haben, wirklich auf die Art der Gewinnung an. Neuere Studien vergleichen die entzündungshemmende Wirkung von Olivenöl aus erster Kaltpressung mit Ölen aus späteren Pressungen und kommen zu dem Ergebnis, dass Öle der Qualitätsstufe nativ extra die Werte bestimmter Entzündungsmarker im Blut senken können, während das bei Ölen aus späteren Pressungen nicht der Fall ist.[22] Da Entzündungsmarker im Blut auf Risikofaktoren für das Herz und eine gestörte Kommunikation zwischen Gehirn und Nebennieren hindeuten, leuchtet es Ihnen sicher ein, dass beim Olivenöl höchste Qualität angesagt ist.

Auch bei anderen Nahrungsmitteln mit einfach ungesättigten Fettsäuren konnte nachgewiesen werden, dass sie das schädliche LDL-Cholesterin von niedriger Dichte reduzieren und die Bildung von nützlichem HDL-Cholesterin von hoher Dichte fördern.[23]

Olivenöl spielt in der mediterranen Ernährung eine überragende Rolle, und es ist kein Wunder, dass die Menschen hier im Vergleich mit anderen Regionen überdurchschnittlich gesund sind. Der gesamte Fettverzehr liegt in den Mittelmeerländern über dem der nordeuropäischen Länder, aber er setzt sich eben vorwiegend aus den einfach ungesättigten Fettsäuren des Olivenöls und den Omega-3-Fettsäuren aus Fisch, Gemüse und manchen Fleischsorten wie Lammfleisch zusammen. Der Verbrauch gesättigter Fettsäuren ist hier minimal. Die Bewohner Kretas beispielsweise beziehen bis zu 40 Prozent des Kaloriengehalts ihrer Nahrung aus Olivenöl, aber Herzkrankheiten und Dickdarmkrebs kommen bei ihnen relativ selten vor.[24] So viel Olivenöl ist sicher nicht jedermanns Sache, aber so viel sollte klar sein: Gute Fette, in Maßen genossen, tun Ihnen gut.

So freunden Sie sich mit einfach ungesättigten Fettsäuren an

Die einfach ungesättigten Fettsäuren zum Beispiel in Olivenöl und Avocados sind nicht nur gesund, sondern bieten auch Genuss. Sorgen Sie sich nicht um Kalorien, ein Löffel mehr schadet nicht.

- *Einfaches Salatdressing:* Drei Esslöffel Olivenöl mit einem Esslöffel Apfelessig oder Zitronensaft, Meersalz und Pfeffer verrühren.
- *Löffelweise Avocado:* Halbieren Sie eine Avocado, und entfernen Sie den Kern. Träufeln Sie etwas Zitronensaft in die Mulde, dazu Pfeffer und Salz. Und jetzt machen Sie sich mit einem Löffel darüber her.
- *Gemüseguss:* Beträufeln Sie Ihr rohes, gedämpftes oder gedünstetes Gemüse vor dem Servieren mit bestem Olivenöl. Das verbessert auch die Verwertung fettlöslicher Vitamine in Ihrem Gemüse.

- *Olivenspieß:* Spießen Sie verschiedene Oliven auf Zahnstocher oder Schaschlikspieße. Das macht sich sehr gut als Vorspeise, wenn Sie zum Essen einladen.

Mehrfach ungesättigte Fettsäuren

Mehrfach ungesättigte Fettsäuren sind in vielen Samen und Samenölen (z.B. in Walnüssen, Sonnenblumenkernen, Hanf- und Leinsamen) sowie in Algen und Kaltwasserfischen stark vertreten. Bedenken Sie aber, dass nicht alle Fettsäuren dieser Klasse gesund sind. Die üblen Öle, von denen weiter oben die Rede war, durch Verarbeitungsprozesse geschädigt und stark entzündungsfördernd, sollten Sie möglichst meiden und immer zu gesunden Ölen greifen, die reich an Omega-3-Fettsäuren sind.

Mehrfach ungesättigte Fettsäuren können sowohl gut als auch schädlich sein, und das liegt an ihrer Instabilität. Ihre Moleküle enthalten Doppelbindungen (drei bei Omega-3- und sechs bei Omega-6-Fettsäuren), die Schwachstellen darstellen, an denen beispielsweise die oxydierende Wirkung des Sauerstoffs Schäden anrichten kann. Das macht die oben genannten schlechten Öle so anfällig gegen Verarbeitungsprozesse aller Art. Deshalb sollten Öle mit mehrfach ungesättigten Fettsäuren auch nicht zum Kochen verwendet werden, und man muss bei ihrer Lagerung auf Schutz vor Licht und Wärme und auf möglichst raschen Verbrauch achten. Diese Maßnahmen dienen dem Zweck, oxidative Schäden gering zu halten.

Die beiden häufigsten und bekanntesten Vertreter dieser Art von Fettsäuren sind Omega-3- und Omega-6-Fettsäuren (oder Alpha-Linolensäure und Linolensäure). Sie haben sicher schon von ihnen gehört. Chemisch unterscheiden sie sich nicht stark, aber ihre Wirkung im Körper ist sehr unterschiedlich. Omega-3-Fettsäuren wirken Entzündungen entgegen, das macht sie für unsere Gesundheit so besonders wertvoll. Es spielt natürlich auch für unser Hauptthema »Energie« eine Rolle, denn Entzündungsprozesse verbrauchen eine Menge Energie zur Heilung und für Reparaturen.

Unser Stoffwechsel verwandelt Omega-3-Fettsäuren zum Teil in Eicosapentaensäure (EPA), Docosahexaensäure (DHA) und entzündungshemmende Prostaglandine – alle sehr wichtig für unsere Gesundheit. Omega-6-Fettsäuren wirken dagegen eher entzündungsfördernd, weil sie zu Arachidonsäure und entzündungsfördernden Prostaglandinen umgewandelt werden.

Problematisch ist daran nun, dass das ideale Mengenverhältnis von Omega-6- zu Omega-3-Fettsäuren nicht wesentlich höher als 3 zu 1 sein sollte, die moderne Ernährung jedoch stark auf Omega-6-Fettsäuren setzt, wie sie in Mais-, Soja-, Distel- und anderen Ölen stark vertreten sind. Dadurch hat sich das Verhältnis inzwischen auf bis zu 20 zu 1 verschoben. In der Folge leiden wir heute viel häufiger an Krankheiten, die als Folgen entzündlicher Prozesse aufgefasst werden, darunter Herzkrankheiten, Fettsucht und Krebs.[25]

Wichtig ist demnach, dass Sie mehr Omega-3- und weniger Omega-6-Fettsäuren zu sich nehmen. Welche Pflanzenöle Sie lieber meiden sollten, habe ich Ihnen bereits gesagt, sehen wir uns also jetzt einige besonders empfehlenswerte Öle an, die reich an Omega-3-Fettsäuren sind. Es sind Öle, die Sie in ihrer naturbelassenen Form im Bioladen oder in Supermärkten mit Bioabteilung finden.

- *Hanföl:* In diesem Öl kommen Omega-6- und Omega-3-Fettsäuren im idealen Mengenverhältnis von 3 zu 1 vor, und es enthält Gamma-Linolensäure, der etliche positive Wirkungen auf die Gesundheit nachgesagt werden. Sie können davon ein, zwei Esslöffel in Ihren Smoothie oder Ihr Salatdressing geben.
- *Leinöl:* In diesem Öl überwiegt der Omega-3-Anteil sehr stark, weshalb es grundsätzlich zum Ausgleich einer Omega-6-lastigen Ernährung dienen kann. Verwenden können Sie es wie das Hanföl.
- *Chia-Öl und Chia-Samen:* Dieses Öl ist sehr reich an Omega-3-Fettsäuren, die Samen bieten darüber hinaus Ballaststoffe und eine Fülle wertvoller Nährstoffe. Sehr gut machen sich die Samen in Smoothies und selbst gemachtem Pudding.

So wunderbar diese Öle sind, es gibt doch einen kleinen Wermutstropfen, und der besteht darin, dass Ihr Körper Mühe hat, sie in die beiden genannten Fettsäurefraktionen EPA und DHA umzuwandeln. Die Forschungsergebnisse besagen sogar, dass der Körper nur ein Prozent der aus Pflanzen stammenden Omega-3-Fettsäuren in DHA umwandelt[26], und bei EPA sieht es nicht viel besser aus. Die Gründe liegen zum Teil darin, dass die beiden Arten von Fettsäuren um ein und dasselbe Enzym konkurrieren, von dem die Omega-6-Fettsäuren zu viel verbrauchen, wenn sie im Übermaß vorhanden sind.

Verstehen Sie, was das bedeutet? Sie können Omega-3-Fettsäuren konsumieren, so viel Sie wollen, solange Sie die ungesunden Öle mit hohem Omega-6-Anteil nicht weglassen, werden Sie wenig Erfolg haben.

Zum Glück gibt es Alternativen für die Versorgung mit EPA und DHA, die Ihr Körper benötigt: Kaltwasserfisch, Fischöl, Algen und Algenöl.

Kaltwasserfische und ihre Öle, aber auch verschiedene Algen sind reich an DHA. Grundsätzlich kann man sagen, dass alles aus dem Meer nennenswerte Mengen an DHA bietet. Bei einer vegetarischen Ernährung bekommt man im Allgemeinen nur wenig DHA, und die vegane Ernährung enthält in der Regel überhaupt kein DHA. Strenge Vegetarier und Veganer haben, wie die Untersuchungen zeigen, sehr wenig DHA im Körper, und bei einer Supplementierung von Omega-3-Fettsäuren mit Pflanzenölen (wie Hanf- und Leinsamenöl) kann zwar mehr EPA nachgewiesen werden, aber nicht mehr DHA. Zum Glück ist es so, dass DHA-optimierte Nahrungsergänzungen mit aus Algen zubereiteten Ölen (auch in Kapselform) eine Erhöhung des DHA-Spiegels bewirken.[27]

Der Nutzen von DHA für unsere Gesundheit ist noch größer als der von EPA. DHA gehört zu den ganz wichtigen Strukturelementen unseres Gehirns, der Haut, der Hoden und des Spermas sowie der Netzhaut des Auges. Es steht für 40 Prozent der mehrfach ungesättigten Fettsäuren des Gehirns, und in der Netzhaut hat es sogar einen Anteil von 60 Prozent.

DHA-Mangel wird mit einem Nachlassen der geistigen Funktionen und mit Depressionen in Zusammenhang gebracht.[28] Aus anderen Studien geht hervor, dass höhere DHA-Zufuhr das Alzheimer-Risiko senkt, Depressionen bei Parkinson lindert, entzündungsfördernde Zytokine reduziert und die Verkürzung der Telomere verlangsamt (dabei handelt es sich um eine Messgröße für das Altern auf DNA-Ebene).[29]

Unterm Strich heißt das alles, dass Sie zusehen müssen, wie Sie an mehr DHA kommen. Am leichtesten schaffen Sie das mit mehr Kaltwasserfisch und Algen oder deren Ölen. Leider sind viele Fische heute mit Giftstoffen wie Quecksilber belastet, aber qualitativ hochwertige Fische und Algenöle sind meist auch heute noch frei von Toxinen. Wir kommen darauf im nächsten Kapitel zurück.

Wenn Sie Fisch essen möchten, beachten Sie bitte die folgenden Punkte:

- Essen Sie Fisch nicht öfter als zwei- bis dreimal die Woche.
- Kaufen Sie Fisch aus Wildfang, nicht aus Zuchtbetrieben.
- Kleine Fische wie Sardinen und Sardellen sind im Allgemeinen besser und sauberer als große wie zum Beispiel Lachs.

Erhitzter Lachs enthält je 100 Gramm 500 bis 1500 Milligramm DHA und 300 bis 1000 Milligramm EPA. Aber mindert das Erhitzen nicht die Qualität dieser empfindlichen Fettsäuren? Das ist noch in der Diskussion, aber vielleicht sollte man sich zumindest den Gedanken bewusst halten. Weitere gute DHA-Lieferanten sind Thunfisch, Blaufisch (Blaubarsch), Makrele, Sardelle, Hering, Sardine und Kaviar.

Wenn Fisch nicht Ihr Fall ist, können Sie sich immer mit qualitativ hochwertigem Fisch- oder Algenöl behelfen. Darauf gehe ich im nächsten Kapitel näher ein. Prägen Sie sich einstweilen nur ein, dass Sie entzündungshemmende Omega-3-Fettsäuren viel häufiger zu sich nehmen sollten, weil Entzündungsprozesse so vieles im Körper durcheinanderbringen, zum Beispiel die hormonellen Kommunikationswege und die Funktion der Zellen.

Optimal ist es für Ihre Gesundheit, wenn Sie sich zwei bis neun Gramm Omega-3 pro Tag zuführen – je nachdem, wie es derzeit um Ihre Gesundheit bestellt ist. Je angeschlagener und entzündeter Ihr Körper ist, desto mehr brauchen Sie. In dieser Tagesmenge sollten ein bis drei Gramm EPA und DHA enthalten sein. Das ist für viele über die normale Ernährung kaum zu schaffen, und da bekommen Nahrungsergänzungsmittel mit Fisch- und Algenöl ihre Bedeutung. Auch das sehen wir uns im nächsten Kapitel noch näher an.

Glutenfreie Getreide und Körner, Hülsenfrüchte

Zum Einstieg in dieses Thema will ich noch einmal betonen, dass ich strikt gegen den Verzehr von Weizen und anderen glutenhaltigen Getreiden wie Roggen, Gerste und Hafer bin. Brot, Nudeln und Frühstückszerealien sind wirklich ohne echten Nährwert. Wenn Sie mehr Ballaststoffe brauchen, genügt es, wenn Sie mehr Gemüse und etwas süßes Obst essen. Es gibt aber durchaus nahrhafte und glutenfreie Körnerfrüchte, die Sie essen können – aber bitte in Maßen, das heißt im Rahmen der Energy-Booster-Ernährung.

Quinoa, Buchweizen, Hirse und Amaranth (bis auf Hirse keine Getreide im engeren Sinne, also keine Süßgräser) sind deshalb weniger bedenklich, weil sie kein Gluten enthalten und die Verdauungsorgane weniger reizen. Außerdem haben sie ein günstigeres Nährstoffprofil und liefern, wie Quinoa, bis zu 30 Prozent mehr Eiweiß.

● ● ●

Die am häufigsten verwendeten Hülsenfrüchte sind Erbsen, Bohnen, Linsen, Sojabohnen und Erdnüsse. Da Sojaprodukte in weiten Teilen der Welt aus gentechnisch veränderten Sorten gewonnen und entweder generell für unbedenklich erklärt oder zumindest als Futtermittel für Nutztiere zugelassen werden, sollten wir ihnen gar nicht erst einen Platz auf unserem Speiseplan einräumen, zumal es sich vielfach um Produkte handelt, die umfangreiche Verarbeitungsprozesse durchlaufen haben. Die anderen Hülsenfrüchte können in Maßen durchaus gesund sein, sie gehören sogar zu den besten pflanzlichen Eiweißlieferanten. Und da sie deutlich kostengünstiger sind als Fleisch, stellen sie für viele eine willkommene Alternative dar. Schließlich enthalten Hülsenfrüchte auch viele Ballaststoffe und Kohlenhydrate in einer für die Herzgesundheit günstigen Form.

Hülsenfrüchte haben zwar ihren Platz in der Energy-Booster-Ernährung, aber ich empfehle eine Beschränkung des Verzehrs von Hülsenfrüchten und glutenfreien Körnern auf zehn Prozent des gesamten Kalorienbedarfs. Sie brauchen das nicht exakt abzumessen. Es genügt, wenn Sie die Menge bei der Wochenplanung über den Daumen peilen. Der Grund für diese Zurückhaltung liegt ganz einfach darin, dass Körner und Hülsenfrüchte reich an »Antinährstoffen« wie Phytinsäure und Lektinen sind. Bei glutenhaltigen Getreiden käme natürlich die Wirkung des Glutens noch verschlimmernd hinzu.

Diese Antinährstoffe sind in den meisten Pflanzen und Samen in unterschiedlichen Mengen vorhanden, und ihre Funktion besteht darin, das Überleben der Pflanze zu sichern. Wenn sie verzehrt werden, widersetzen sie sich, sie greifen sogar die Darmschleimhaut an, damit sie nicht verdaut werden – schließlich geht es für Samen ja darum, dass sie die Darmpassage irgendwie überstehen, um nach der Ausscheidung vielleicht eine Chance zum Keimen zu bekommen.

Viele Nahrungsmittel schaden der Darmschleimhaut kaum, da sich deren Zellen schnell regenerieren. Lektine dagegen behindern diese schnellen Reparaturen, und dann funktioniert unsere Darmschleimhaut einfach nicht mehr richtig. Dadurch können umfangreiche Reaktionen des Immunsystems ausgelöst werden.

Glücklicherweise lassen sich die schädlichen Wirkungen der Lektine und der Phytinsäure zumindest teilweise durch althergebrachte Zubereitungsformen vermeiden. Durch das Keimen, Vergären, Einweichen und natürlich beim Kochen werden Hülsenfrüchte bekömmlicher. Die einzigen Hülsenfrüchte, die ich zum Keimen empfehle, sind Linsen und Luzernesamen. Gekeimte Linsen schmecken nicht nur entschieden besser als gekochte, sie bieten auch bedeutend mehr Eiweiß.

Bohnen kochen Sie am besten einfach oder kaufen Biobohnen in der Dose oder im Glas, die Sie direkt für die Suppe oder den Salat verwenden können. Rohe, eingeweichte Kidneybohnen können vergiftungsartige Erscheinungen nach sich ziehen, die von einem Lektin namens Phytohaemagglutinin ausgelöst werden. Kochen Sie diese Bohnen also unbedingt, das senkt den Gehalt an aktiven Lektinen drastisch.

Einweichen und Keimen

Beim Keimen von Körnern und Hülsenfrüchten geht der Lektingehalt zurück, und zwar in der Regel umso stärker, je länger die Samen keimen können. So gehen Sie dabei vor:

- Weichen Sie Hülsenfrüchte über Nacht ein. Ein Zusatz von etwas Natron kann die Deaktivierung der Lektine fördern.
- Einweichwasser abgießen und nachspülen.
- Verwenden Sie ein käufliches Keimglas (ersatzweise ein Weithalsglas, über dessen Öffnung Sie Gaze spannen und mit einem Gummiband sichern), eine Keimschale oder einfach ein Küchensieb. Geben Sie die eingeweichten Samen hinein, und sorgen Sie für gute Belüftung. Stellen Sie das Glas auf seinen mitgelieferten Ständer beziehungsweise in einem Winkel von ungefähr 45 Grad in den Geschirrkorb der Spüle. Das Wasser muss gut abtropfen können.
- Spülen Sie die angesetzten Samen ein- bis zweimal am Tag, damit sie immer gleichmäßig befeuchtet sind.

Je nach Samenart dauert es bis zur Ernte der Sprossen unterschiedlich lange. Hier ein paar grobe Anhaltspunkte:

Keimsaat	Keimdauer
Linsen	1–3 Tage
Luzerne (Alfalfa)	4–6-Tage
Buchweizen	1–3 Tage
Quinoa	1–2 Tage
Erbsen	2–4 Tage

Sie können die fertigen Keime in einem verschließbaren Glasgefäß oder einer Plastikdose im Kühlschrank aufbewahren. Die meisten halten sich etliche Tage, aber sie sind natürlich umso besser, je frischer sie verzehrt werden.

Nach den Einwänden, die ich auch gegen glutenfreie Körner und Hülsenfrüchte vorgebracht habe, fragen Sie sich vielleicht, weshalb sie in der Energy-Booster-Ernährung überhaupt (mit höchstens zehn Prozent) vertreten sind. Meine Antwort lautet, dass kleine Mengen an Lektinen und Phytinsäure Sie nicht umbringen. »Die Dosis macht das Gift«, wie man sagt, und das trifft auch hier zu – solange wir nicht von Gluten sprechen, das für Menschen mit Glutenunverträglichkeit auch in kleinen Mengen giftig sein kann.

Ich finde nichts dabei, sich gelegentlich einmal Linsensuppe, Hirsebrei oder einen Quinoasalat zu gönnen. Nötig sind sie nicht, aber Sie sollten zumindest die Wahl haben.

Wogegen ich wirklich etwas habe, ist diese ganze Vollkorn-Bewegung, die unsere Gesundheit wirklich untergräbt. Die meisten Getreide, die Sie in Frühstückszerealien und Fertiglebensmitteln finden, sind industriell verarbeitet und bringen unseren Blutzucker total durcheinander. Es ist kein Wunder, dass wir den Krieg gegen die Fettleibigkeit verlieren. Wir kämpfen gegen den falschen Feind. Fett – gutes Fett zumindest – stellt kein Problem dar. Das Problem besteht vielmehr im weiterhin viel zu hohen Konsum von Kohlenhydraten (und folglich Zucker) in der irrtümlichen Annahme, sie täten uns gut. Damit kommen wir zur letzten der von mir genannten Gruppen von Nahrungsmitteln.

Freizeitfutter

Nachdem ich gegen so viele ganz normale Nahrungsmittel Front gemacht habe, wird es Sie vermutlich überraschen, dass ich mich als »Foodie« sehe, als Genießer, als kulinarisch ambitioniertes Leckermaul. Wirklich, das bin ich! Aber so gern ich esse, meine Energie und Gesundheit bedeuten mir auch etwas. Und da ich gelegentlich auswärts esse und es dabei auch mal krachen lasse, bin ich in meinen Empfehlungen eher liberal. Ich halte Gluten wirklich für Teufelszeug, aber lebe ich deshalb 100 Prozent glutenfrei? Zu Hause ja, aber im Restaurant nicht immer. Wenn Sie an Zöliakie leiden oder empfindlich auf Gluten reagieren, müssen Sie diesen Stoff natürlich unbedingt meiden, aber eigentlich möchte ich vermitteln, dass es bei allem auf das rechte Maß ankommt.

Ich sage den Leuten gern: »Die beste Diät ist die, von der man nichts merkt.«

Wenn Sie ständig Kalorien zählen und jede Kleinigkeit, die Sie sich in den Mund stecken, mit Bedenken begleiten, wird es bald nichts mehr geben, was Sie mit Genuss essen können. Und wenn Sie sich Leckereien versagen, an denen Sie hängen, werden Sie über kurz oder lang aufbegehren und sich mit dem Verbotenen vollschlagen.

Sicher, es wäre gut, wenn wir standhaft genug wären, auf bestimmte Dinge ein für alle Mal zu verzichten, aber so ist es nun mal nicht, bei mir auch nicht.

Sollten Sie aber jemand sein, der oder die nach der Lektüre finster entschlossen ist, Gluten, Koffein und Zucker schlichtweg zu streichen, dann stehe ich voll hinter Ihnen. Mit dieser Lösung können Sie sich eine Menge ersparen, vor allem wenn Sie so lange durchhalten, dass Sie kein Verlangen mehr nach diesen Dingen haben.

Ich bin mit Brot, Knusperfrühstück, Zucker und Käse aufgewachsen. Es sind die Dinge, die mich auch heute noch im Handumdrehen fertigmachen, wenn ich, was sehr selten vorkommt, doch wieder einmal nach ihnen greife: Meine Energie versackt ganz einfach, mein Körper schreit mich an. Ich habe fast drei Jahrzehnte gebraucht, um an den Punkt zu kommen, wo es mich kaum noch nach diesen Dingen gelüstet. Es ist auch so, dass ich mich einfach gern wohlfühle.

Außerdem habe ich ein paar wirklich tolle und gesunde Alternativen entdeckt, die meine Naschlust und die gelegentliche Lust auf Brot befriedigen. Auch das ist wohl ein Grund für den 10-Prozent-Spielraum für derlei Dinge in der Energy-Booster-Ernährung. Ich spreche von Freizeitfutter, weil wir eben ab und zu mal frei haben müssen von unserer Ernährungsdisziplin. Ursprünglich habe ich im Energy-Booster-Programm 20 Prozent dafür vorgesehen, aber dann hatte ich das Gefühl, dass 20 Prozent doch eine ganze Menge sind. 20 Prozent falsche Ernährung – damit kann man alles zunichtemachen, was man bis dahin gewonnen hat. Nein, zehn Prozent Freizeitfutter sind genug.

Und was gehört nun alles zum Freizeitfutter? Alles, was Sie dazu machen.

Aber Vorsicht, ich sage nicht, dass Sie sich nach neun Tagen konsequenter Energy-Booster-Ernährung am zehnten mit Pizza, Eis und Fast Food vollschlagen können. Das wäre ein ganz falscher Ansatz. Ich will vielmehr sagen, dass bei zwei bis drei Mahlzeiten pro Woche auch eine Kleinigkeit für unser inneres Kind dabei sein darf – genussvoll und doch gesund. Und es gibt ja auch massenhaft gluten- und zuckerfreie Sachen, die herrlich schmecken, ohne die Gesundheit zu ruinieren.

Ein paar Anregungen:

Früher	Jetzt
Speiseeis	gefrorene Kokosmilch
Cupcakes	Cupcakes aus Mandelmehl
Brownies	Zucchini-Brownies (sensationell!)
Hamburger	Hamburger mit glutenfreiem Bun
Kaffee, Cappuccino etc.	das Gleiche entkoffeiniert
Pizza	Pizza aus glutenfreiem Mehl
Pasta	Reisnudeln
Pudding	Pudding auf Chia-Samen- oder Kokos/Cashew-Basis

Und wo bekommen Sie solche Rezepte für alternative Ernährungsformen her? Nun, meine werde ich Ihnen im nächsten Kapitel verraten, und dann haben wir ja auch noch Google, wo Sie Hunderte Rezepte für Freizeitfutter finden können. Geben Sie einfach das Nahrungsmittel, das Ihnen vorschwebt, mit dem Zusatz »glutenfrei« oder »zuckerfrei« oder »lactosefrei« oder »frei von Milchbestandteilen« oder »vegan« und so weiter ein. Sie werden auf tolle

Rezepte stoßen, denen Ihre Geschmacksknospen zustimmen und die Ihrer Gesundheit trotzdem nicht schaden.

Süßungsmittel

Für den Fall, dass Sie Ihren Tee oder Nachtisch oder sonst etwas süß mögen, nenne ich Ihnen hier ein paar empfehlenswerte Möglichkeiten. Sie sind allesamt natürlichen Ursprungs und ganz sicher besser als künstliche Süßstoffe wie Aspartam und Sucralose.

- *Xylit:* Dieser in vielen Gemüsearten, Obstsorten, Beeren und manchen Baumrinden enthaltene Stoff wurde erstmals 1890 aus Buchenholzspänen gewonnen, heute meist aus Ernteabfällen. Er enthält kaum Kalorien und wirkt erstaunlicherweise gegen Zahnkaries.
- *Stevia:* Dieser Süßstoff wird aus einer subtropischen Pflanze aus der Familie der Korbblütler gewonnen und kann eine bis zu 450-mal stärkere Süßkraft haben als Zucker – das aber ohne Auswirkungen auf den Blutzucker. Kommt in manchen meiner Rezepte in sehr kleinen Mengen vor.
- *Naturbelassener Honig:* Honig kann von vielfältigem gesundheitlichem Nutzen sein, beeinflusst aber auch den Blutzuckerspiegel.
- *Ahornsirup:* Dieser eingedickte Ahornsaft ist reich an Antioxidantien, aber auch von deutlicher Wirkung auf den Blutzuckerspiegel.

Besonders nett werden Sie an der Energy-Booster-Ernährung finden, dass Sie immer seltener nach *Cheat Food* oder »Schummelfutter« gieren – nach all den Dingen, die in unserer neuen Ernährungsform eigentlich nicht mehr vorkommen. Chips, Schokolade, Pizza – stellen für Sie keine Versuchung mehr da.

Wenn Sie dann doch wieder einmal zulangen, wird das Ihrem Körper meist nicht bekommen. Sie bekommen Sodbrennen, Völlegefühl, Hautausschlag, werden müde und antriebslos. Da Schmerzvermeidung zu den wichtigsten Antrieben des Menschen gehört, können unangenehme Symptome nach ungesundem Schummelfutter ein versteckter Segen sein.

Wer das oft genug erlebt hat, wird sich schließlich fragen, weshalb er so etwas überhaupt noch braucht – zumal wenn es gesündere Alternativen gibt, die womöglich auch noch besser schmecken.

Die Freizeitfutter-Gruppe soll Ihnen die Möglichkeit geben, frei zu entscheiden, ob Sie bei gewohnten und gern genossenen Nahrungsmitteln bleiben wollen oder sie nach und nach ganz aussortieren. Bedenken Sie nur immer, dass echte Fortschritte schwierig bleiben, solange Sie an Dingen festhalten, die *Sie* festhalten. Stellen Sie sicher, dass Ihre Ernährung höchstens zu zehn Prozent aus solchen Nahrungsmitteln besteht.

Und achten Sie auf sauberes Freizeitfutter, wie es in diesem Kapitel empfohlen wird, damit Ihr Essen Ihnen nicht nur Energie gibt, sondern auch Ihr inneres Kind zufriedenstellt.

Bei allem was Sie essen, geht es nicht nur um gesunde Nahrungsaufnahme, sondern auch um ein Gefühl von emotionaler Sättigung.

6

Das 7-Tage-Energie-Reset

Jetzt haben wir die Nahrungsmittel durch und können uns ans Werk machen. Die erste Woche nutzen wir für eine Art Reset Ihres Körpers. Stellen Sie sich das wie den Neustart Ihres Computers vor, damit er schneller und ohne Hänger läuft. Folgen Sie also die nächsten sieben Tage diesem bewährten Ernährungsplan, und Sie werden sich schon vor dem Ablauf der Woche großartig fühlen.

Beachten Sie bitte, dass dieser Wochenplan nicht als Ernährungsrichtlinie für den Rest Ihres Lebens gemeint ist. Er soll einfach mit seiner basischen Ausrichtung einen Schnellstart für die Wiederherstellung Ihrer Energie und Gesundheit bewirken. Für jeden der sieben Tage haben Sie einen Vorschlag für Frühstück, Mittagessen und Abendessen, sogar für eine kleine Zwischenmahlzeit, sollten Sie im Laufe des Tages eine benötigen. Alle Rezepte finden Sie auf den folgenden Seiten.

	1. Tag	2. Tag	3. Tag
Frühstück	Grüner Smoothie	Grüner Saft	Ballast-Müsli
Mittagessen	Nori-Wraps	Nussige Heidelbeeren	Bunter Salat
Mittags-Boost (nach Bedarf)	Energy Greens	Energy Greens	Energy Greens
Abendessen	Zucchini-»Nudeln« marinara	Brokkoli-Grünkohl-Suppe	Grünkohl-Curry
Snack (nach Bedarf jederzeit)	Rohe Schokolade	Kokos-Spinat-Smoothie	Guacamole

(Zu den »Energy Greens« beachten Sie bitte die Empfehlungen am Schluss des Buchs und den Abschnitt »Grüne Pulver« in Kapitel 7.)

Rezepte

(Anmerkung: Mit dem Volumenmaß »Tasse« ist in den folgenden Rezepten das amerikanische Cup-Maß gemeint, das 238, gerundet 240 Kubikzentimetern entspricht. Das liegt über dem Volumen der meisten gebräuchlichen Tassen und entspricht dem Inhalt eines nicht zu großen Kaffeebechers. Sollten Sie kein Cup-Maß zur Hand haben, messen Sie bitte 240 ccm Wasser ab und suchen sich in Ihrem Geschirrschrank eine Tasse oder Schale, die damit gerade gefüllt ist.)

4. Tag	5. Tag	6. Tag	7. Tag
Große-Vielfalt-Saft	Nahrhafter Smoothie	Hirsebrei mit Beeren	Cremiger Smoothie Ingwer-Limette
Sprossensalat	Spinatsuppe mit Knoblauch	Heidelbeer-Smoothie	Quinoasalat
Energy Greens	Energy Greens	Energy Greens	Energy Greens
Spargelsalat mit Lachs	Quinoa-Gemüse	Veganes Sushi	Kichererbsen mit grüner Haube
Hanfkugeln	Baba Ghanoush	Süßer Romanasaft	Erdbeer-Avocado-Salat

1. Tag

Grüner Smoothie

Ergibt 2–3 Portionen

1 Kopf Grünkohl oder

dunkelgrüner Blattsalat oder ein Bund Mangold

1 Banane

1 Apfel

1 Birne

Saft einer Limette

2 EL Hanfsamen

- Alles zusammen mit zwei Tassen Wasser im Mixer verarbeiten.

Nori-Wraps
Ergibt 2 Portionen

---

4 Nori-Blätter
1 Avocado, in dünne Scheiben geschnitten
1 Mango, in dünne Scheiben geschnitten
1 Handvoll Luzerne- oder Erbsensprossen
¼ Gurke, in dünne Scheiben geschnitten

- Ein Blatt Nori auslegen, mit wenig Wasser besprenkeln und nach Geschmack mit den Zutaten belegen. Zu einem Wrap einrollen und genießen. Mit den restlichen Zutaten ebenso verfahren.

Zucchini-»Nudeln« marinara
Ergibt 2 Portionen

---

1 Zucchini, geschält
2 Knoblauchzehen, gewürfelt
1 Tasse eingeweichte sonnengetrocknete Tomaten
3 Tassen stückige Tomaten
2 Datteln, entsteint und eingeweicht
¼ rote Zwiebel, gewürfelt
2 EL Olivenöl
½ Handvoll gehackte Petersilie
½ Handvoll Basilikum
einige entsteinte Oliven (falls gewünscht)
1 Prise Meersalz oder Kelp-Flocken

- Die Zucchini mit einem Sparschäler oder Spiralschneider zu dünnen »Nudeln« verarbeiten.
- Die übrigen Zutaten in der Küchenmaschine oder im Mixer mit der Pulstaste zu einer glatten Marinara-Soße rühren.
- Die Zucchini-Nudeln auf den Teller geben, mit der Soße übergießen und servieren.

Rohe Schokolade
Ergibt 6 bis 8 Täfelchen (5 x 5 Zentimeter)

½ Tasse Kakao-Nibs
½ Tasse Kakaopulver
eine gute halbe Tasse Cashewkerne
1 EL Kakaobutter
4 EL Agavendicksaft oder Honig
2 TL Vanille

- Alles zusammen in der Küchenmaschine zu einer dicken Paste verarbeiten.
- Entnehmen und zu kleinen Vierecken formen.
- Die Täfelchen vor dem Servieren tiefkühlen.

2. Tag

Grüner Saft
Ergibt 2 Portionen

---

1 Birne

6–8 Grünkohl- oder Mangoldblätter

½ Zitrone

2,5 cm Ingwer

- Alles zusammen entsaften und genießen.

Nussige Heidelbeeren
Ergibt 1 Portion

½ Tasse frische Kulturheidelbeeren

2 EL gehackte Walnüsse

2 EL Hanfsamen

2 EL Kokosraspel

1 EL geschroteter Leinsamen

1–2 Tassen Mandelmilch

- Die festen Zutaten in einer Schale vermengen und mit Mandelmilch übergießen, fertig.

Brokkoli-Grünkohl-Suppe
Ergibt 4 Portionen

4 Knoblauchzehen, gewürfelt
1 Zwiebel, gewürfelt
1 Karotte, gewürfelt
2 Selleriestangen, klein geschnitten
2 Brokkoliköpfe
1 Bund Grünkohlblätter ohne Stiele
4 Tassen Gemüsebrühe

- Knoblauch, Zwiebel, Karotte und Sellerie in einem großen Topf leicht anbräunen. Brokkoli und Grünkohl hinzufügen.
- Kochende Gemüsebrühe angießen und Deckel auflegen. Eine Dreiviertelstunde oder bis zum gewünschten Biss des Gemüses köcheln lassen. Mit dem Stabmixer oder im Standmixer pürieren.

Kokos-Spinat-Smoothie
Ergibt 2–3 Portionen

2 große Handvoll Spinat
1 Banane
½ Tasse Erdbeeren
1–2 Selleriestangen
2,5 cm Ingwer
Saft einer halben Limette
1 junge Kokosnuss (Wasser und Fleisch)

- Ingwer separat reiben und Saft abpressen.
- Ingwersaft mit allen übrigen Zutaten in den Mixer geben, eine Tasse Wasser angießen und mixen.

3. Tag

Ballast-Müsli
Ergibt 1 Portion

½ Tasse Beeren oder klein geschnittener Apfel

2 EL Hanfsamen

2 EL Chia-Samen

2 EL Sonnenblumenkerne

1 EL geschroteter Leinsamen

2 Tassen Mandelmilch

- Alle festen Zutaten in einer Schale vermengen und mit Mandelmilch übergießen.
- Vor dem Verzehr zwei bis drei Minuten stehen lassen, damit die Chia-Samen quellen können.

Bunter Salat
Ergibt 2 Portionen

---

1 Kopfsalat oder gemischtes Blattgrün

1 Tomate, stückig

1 Avocado, grob gewürfelt

1 orange oder gelbe Paprika, klein geschnitten
¼ Salatgurke, geschält und in Scheiben geschnitten
1 kleine Handvoll entsteinte Oliven
¼ Gemüsezwiebel oder Schalotte, in Scheiben geschnitten
1 Handvoll Sprossen (Luzerne, Radieschen etc.)
2 EL Olivenöl
Saft einer halben Zitrone
1 Prise Meersalz

- Alle Zutaten in eine Salatschüssel geben und behutsam wenden.

Grünkohl-Curry
Ergibt 2 Portionen

1 Bund Grünkohlblätter
3 EL Olivenöl
Saft einer halben Zitrone
1½ TL frisches Currypulver
1 TL Cayennepfeffer
2 Knoblauchzehen, gehackt
1 TL frisch geriebener Ingwer
1–2 Datteln, eingeweicht

- Grünkohl zusammenrollen, in schmale Streifen schneiden.
- Die übrigen Zutaten im Mixer oder in der Küchenmaschine verarbeiten, gegebenenfalls etwas Wasser angießen.
- Den Grünkohl darin wenden.
- Dazu ein Stück Fisch oder Biofleisch nach Wunsch.

Guacamole

Ergibt 2–3 Portionen

---

3 reife Avocados

2 Tomaten, fein gewürfelt

½ rote Zwiebel, gehackt

½ Tasse Koriander, gehackt

1–2 Knoblauchzehen, gehackt

Saft einer Limette

1 Prise Meersalz

- Alle Zutaten zerdrücken und vermengen, bis die gewünschte Konsistenz erreicht ist. Mit Ihrem Lieblingsgemüse servieren.

4. Tag

Große-Vielfalt-Saft

Ergibt 3–4 Portionen

---

1 Kopf Grünkohl oder 1 Bund Mangold

1 große Handvoll Spinat

1 Romanasalat

1 Gurke

10–12 Selleriestangen

1 Apfel

1 Zitrone

- Alle Zutaten in den Entsafter geben.

Sprossensalat

Ergibt 2 Portionen

3 Tassen Sprossen (Brokkoli, Luzerne, Linsen usw.)
1 Tasse halbierte Kirschtomaten
2 EL Olivenöl
1 EL Apfelessig
ein paar Spritzer Zitronensaft
1 Prise Meersalz
frisch gemahlener schwarzer Pfeffer

- Sprossen und Tomaten in einer Schüssel vermengen.
- Die übrigen Zutaten zu einer Vinaigrette verrühren.

Spargelsalat mit Lachs

Ergibt 2 Portionen

2 kleine Lachsfilets
8 Spargelstangen, geschält
1 Handvoll gemischtes Blattgrün
3 EL frischer Dill, gehackt
1 kleine Handvoll grüne Oliven, entsteint
1 EL Kapern
Saft einer halben Zitrone
2 EL Olivenöl, 1 EL Kokosöl
Frisch gemahlener schwarzer Pfeffer
1 Prise Meersalz

- Backofen auf 230 Grad vorheizen.
- Kokosöl in der Pfanne erhitzen und Lachsfilets hineingeben, 2 bis 3 Minuten anbraten, dann wenden. Lachsfilets für 4 bis 5 Minuten in den Backofen geben; sie sollen zart sein, aber nicht trocken werden. Herausnehmen, etwas abkühlen lassen, dann in mundgerechte Stücke schneiden und beiseitestellen.
- Spargel 3 bis 4 Minuten oder bis zur gewünschten Festigkeit dämpfen. Sie können ihn auch roh genießen.
- Alles in einer großen Schüssel vermengen und servieren.

Hanfkugeln
Ergibt 8-10 Kugeln

1 Tasse eingeweichte Mandeln
1 Tasse gemahlene Sesamsamen
4 EL Honig
½ Tasse Kokosöl
2 Tassen Hanfsamen

- Mandeln in der Küchenmaschine fein mahlen.
- Sesam, Honig und Kokosöl hinzufügen und mit den Mandeln zu einer homogenen Masse verarbeiten.
- Herausnehmen, in eine Schüssel geben und die Hanfsamen hinzufügen. Kugeln formen. Vor dem Verzehr eine Weile in einem geschlossenen Behälter in den Kühlschrank stellen.

5. Tag

Nahrhafter Smoothie
Ergibt 2 Portionen

---

1 Banane
1 Tasse Spinat
2 EL Hanfsamen
2 EL Hanf- oder Leinöl
1 EL geschroteter Leinsamen
1 EL Kakaopulver (falls gewünscht)
3-4 Tropfen Stevia

- Alle Zutaten im Mixer zu einem köstlichen Smoothie verarbeiten.

Spinatsuppe mit Knoblauch
Ergibt 4 Portionen

---

1 EL Kokosöl
1 Knoblauchknolle, Zehen halbiert
1 Knoblauchknolle, Zehen gehackt
2 Bund Frühlingszwiebeln, nur das Grüne fein gehackt verwenden
4 Tassen Gemüsebrühe
1 Tüte Spinat, grob gehackt
¼ Tasse gehackte Petersilie
3 EL Bragg Liquid Aminos (falls gewünscht; über das Internet bestellbar)
frisch gemahlener schwarzer Pfeffer nach Geschmack

- Kokosöl und die halbierten Knoblauchzehen in einen mittelgroßen Suppentopf geben. Leicht anbräunen.
- Die übrigen Zutaten hinzufügen und 15 bis 20 Minuten köcheln lassen.

Quinoa-Gemüse
Ergibt 2–3 Portionen

1 Tasse Quinoa
1 Süßkartoffel, geschält und in Scheiben geschnitten
1 Zucchini, in Scheiben geschnitten
1 Aubergine, in Scheiben geschnitten
½ TL Kelp-Gewürz oder Meersalz
3–4 EL Olivenöl
1 TL frisch gemahlener schwarzer Pfeffer
½ Mangoldstaude, Grünkohl (ohne Stiele) oder Spinat
1 Avocado, geschält und in Scheiben geschnitten

- Backofen auf 180 Grad vorheizen.
- Quinoa mit 2 Tassen Wasser in einer Kasserolle aufkochen. Hitze reduzieren und Quinoa quellen lassen, bis alles Wasser aufgenommen ist.
- Die in Scheiben geschnittenen Gemüse in eine gläserne Auflaufform schichten, mit dem Öl beträufeln, salzen und pfeffern. 20 bis 30 Minuten backen.
- Das Blattgemüse 15 bis 20 Minuten dämpfen.
- Quinoa in eine Schüssel geben, darauf das grüne Gemüse, dann das Gemüse aus dem Backofen und zuletzt die Avocadoscheiben.

Baba Ghanoush

Ergibt 3 Portionen

---

1 Aubergine, Haut entfernt
2–3 EL Kokosöl
frisch gemahlener schwarzer Pfeffer
1 Prise Meersalz
½ Tasse gemahlene Sesamkörner oder Tahin
Saft einer Zitrone
2–3 Knoblauchzehen, gehackt
1–2 EL Olivenöl

- Backofen auf 180 Grad vorheizen.
- Aubergine längs in gut ½ cm dicke Scheiben schneiden, mit Kokosöl, Pfeffer und Salz einreiben.
- Scheiben in eine Backofenform legen und 15 bis 20 Minuten backen oder bis sie golden und weich sind. Einige Minuten abkühlen lassen.
- Auberginenscheiben, Sesam, Zitronensaft, Knoblauch und Olivenöl in der Küchenmaschine zu einer glatten Paste verarbeiten.
- Genießen Sie diese arabische Köstlichkeit mit Gemüse oder als Aufstrich.

6. Tag

Hirsebrei mit Beeren
Ergibt 2 Portionen

½ Tasse Hirse
1 Tasse Beeren
½ Tasse Kokosmilch
1 EL Leinöl
2 EL Ahornsirup (falls gewünscht)

- Hirse in drei Tassen Wasser aufkochen, danach Hitze reduzieren und köcheln lassen, bis das Wasser aufgenommen und die Hirse weich ist.
- Die Beeren hinzufügen, und das Ganze ein bis zwei Minuten ohne weitere Hitzezufuhr ziehen lassen.
- Kokosmilch, Leinöl und (falls gewünscht) Ahornsirup hinzufügen, untermischen und gleich servieren.

Heidelbeer-Smoothie
Ergibt 2 Portionen

---

1 Tasse tiefgekühlte oder frische Kulturheidelbeeren
1–2 EL Chia-Samen
2 Tassen Mandelmilch
1 TL Honig oder Ahornsirup (oder 1–2 Tropfen Stevia flüssig)

- Alles zusammen im Mixer zu einem glatten Smoothie verarbeiten.

Veganes Sushi
Ergibt 10–12 Stück

---

2 Tassen Blumenkohl

1 Handvoll eingeweichte Cashewkerne, Walnüsse oder Pinienkerne

4 EL gemahlene Sesamkörner

1 EL Ingwer, gehackt

Saft einer halben Zitrone

2–3 Nori-Blätter

½ Tasse Erbsen- oder Luzernesprossen

¼ Gurke, in feine Streifen geschnitten

½ rote Paprika, in feine Streifen geschnitten

2 Frühlingszwiebeln, fein geschnitten

1 Avocado, in Scheiben geschnitten

1 Mango, in Scheiben geschnitten (falls gewünscht)

3–4 EL Tamari

- Blumenkohl, eingeweichte Nüsse/Kerne, Sesam, Ingwer und Zitronensaft in der Küchenmaschine mit der Pulstaste zu einer reisähnlichen Konsistenz verarbeiten.
- Verteilen Sie »Reis« über die Hälfte eines Nori-Blattes, die Hälfte der freien Hälfte legen Sie mit Sprossen aus.
- Verteilen Sie die fein geschnittenen Gemüse auf dem »Reis«.
- Rollen Sie das Nori-Blatt mit dem Belag ein, eventuell unter Verwendung einer Sushi-Matte. Bestreichen Sie das Blattende mit etwas Wasser, damit es besser hält.
- Rolle ein paar Minuten liegen lassen, dann in fünf bis sechs Stücke schneiden.
- Als Dip verwenden Sie am besten Tamari (gesünder als Sojasoße).

Süßer Romanasaft
Ergibt 1–2 Portionen

---

1 kleiner Apfel

1 Romanasalat

1 Karotte

- Entsaften und genießen.

7. Tag

Cremiger Smoothie Ingwer-Limette
Ergibt 2 Portionen

2½ cm Ingwer

1 Avocado, gewürfelt

1 Apfel, geviertelt, ohne Kerngehäuse

1–2 Tassen Kokoswasser oder Mandelmilch

Saft einer Limette

- Ingwer separat reiben und Saft in den Mixer pressen.
- Alle übrigen Zutaten in den Mixer geben und zu einem Smoothie verarbeiten.

Quinoasalat

Ergibt 4–6 Portionen

2 Tassen Quinoa
¼ Tasse Leinöl
2 EL Olivenöl
1 EL Apfelessig
1 Teelöffelspitze Meersalz
¼ Tasse Rosinen
½ Tasse Kalamata-Oliven, halbiert
½ Gurke, klein geschnitten
½ rote Paprika, gewürfelt
2 mittelgroße Tomaten, gewürfelt, oder entsprechende Menge halbierte Minitomaten
¼ rote Zwiebel, gewürfelt

- Quinoa nach Anweisung auf der Packung in der dreifachen Menge Wasser kochen. Etwas abkühlen lassen.
- Quinoa mit den übrigen Zutaten vermengen und servieren.

Kichererbsen mit grüner Haube

Ergibt 2 Portionen

½ Tasse Kichererbsen aus der Konserve
1 Prise Meersalz
1 EL Currypulver
4–5 Grünkohlblätter, Stiele entfernt
2–3 Mangoldblätter

1 EL Sesamsamen
2 EL gehackte Mandeln
1 EL Olivenöl
Saft einer halben Zitrone
frisch gemahlener schwarzer Pfeffer

- Kichererbsen aus der Dose oder aus dem Glas in wenig Wasser mit Salz und Currypulver erwärmen.
- Unterdessen Grünkohl und Mangold dämpfen, bis sie weich genug sind.
- Kichererbsen in eine Schüssel geben, darüber das gedämpfte Gemüse. Mit Sesam und Mandeln bestreuen.
- Jetzt besprenkeln Sie das Ganze noch mit Olivenöl und Zitronensaft und mahlen den Pfeffer frisch darüber.

Erdbeer-Avocado-Salat
Ergibt 2 Portionen

1 Avocado, in Scheiben geschnitten
6 Erdbeeren, Stielansatz entfernen und in Scheiben schneiden
einige Spritzer Zitronensaft
1 EL Balsamico
frisch gemahlener schwarzer Pfeffer
1 Prise Meersalz

- Avocado- und Erdbeerscheiben in eine Schale geben.
- Die übrigen Zutaten hinzufügen, alles behutsam vermengen und servieren.

7

Nahrungsergänzungen und Superfoods für stetige Energie

Ich muss zugeben, dass ich nicht gar so gern Pillen und Kapseln einnehme – aber wer mag das schon? Gesunde Ernährung, wie in diesem Buch dargestellt, darum muss es Ihnen auf Ihrem Weg zu mehr Energie vor allem anderen gehen. Dennoch gibt es immer wieder Phasen, in denen uns Nahrungsergänzungen gute Dienste leisten. Wir werden uns in diesem Kapitel drei Arten von Nahrungsergänzungen ansehen, und Sie können dann entscheiden, ob Sie sie zu einem Bestandteil Ihrer Ernährung machen wollen. Denken Sie auch daran, dass diese Dinge nicht umsonst »Ergänzungen« heißen. Sie sollen nicht als Ersatz für eine gute Ernährung dienen.

Diese drei Arten von Energy-Booster-Nahrungsergänzungen bespreche ich unter den Überschriften »Fürs Blut«, »Für die Verdauung« und »Für die Nebennieren und gegen Stress«. Nahrungsergänzungen fürs Blut und für die Verdauung empfehle ich jedem, insbesondere bei Darmträgheit und sonstigen Verdauungsstörungen. Mittel der dritten Art, für die Nebennieren und gegen Stress, sind bei ausgeprägter Ermüdung der Nebennieren angezeigt oder wenn man schlecht mit Stress zurechtkommt.

Da Sie dieses Buch lesen, kann es natürlich sein, dass Sie von allen drei Arten profitieren würden. Absolut notwendig sind sie nicht, aber sie können eine große Hilfe sein, vor allem im Rahmen der Energy-Booster-Ernährung.

Fürs Blut

Grüne Pulver

Sie wissen bereits, wie wichtig es ist, Ihr Blut im leicht basischen Bereich zu halten, und dass grüne Nahrung dazu einen besonders wertvollen Beitrag leistet. Das ist für manche Leute eine ziemliche Umstellung – nicht wenige empfinden den Verzehr von Salat als Tortur. Für sie gibt es als dankenswerte Alternative die grünen Pulver. Dabei handelt es sich um Mischungen aus Weizengras, Chlorella, Luzerne (Alfalfa), Spirulina und anderen Zutaten, die man fertig kaufen oder sich selbst zusammenstellen und ganz einfach und schnell mit Wasser zu einem schmackhaften Getränk verrühren kann. Auch Smoothies lassen sich mit solchen Pulvern aufwerten und basischer machen. Und schließlich sind sie wunderbar für unterwegs, wenn kein Mixer oder Entsafter verfügbar ist.

Sehen Sie sich im Bioladen oder Reformhaus oder auch in der Bioecke des Supermarkts um, und Sie werden da alle möglichen Mischung aller Preisklassen finden. Groß sind natürlich auch die Qualitätsunterschiede. Die meisten billigeren Pulver werden aus getrockneten und pulverisierten Gräsern zusammengestellt. Das ergibt dann volumenreichere und leichtere Pulver, die sich zudem schlecht mit Wasser mischen. Ich nehme so etwas nicht gern, ich mag den Geschmack nicht.

Bei den meist teureren grünen Pulvern werden die Gräser zuerst kalt entsaftet, und dieser Saft wird dann schonend getrocknet und pulverisiert. Das ergibt ein deutlich reichhaltigeres Graspulver mit höherer Nährstoffdichte. Zu solchen Pulvern sollten Sie greifen. Studieren Sie die Zusammensetzung auf der Packung oder Dose. Es sollte darauf »Weizengrassaft-Pulver« oder »Gerstengrassaft-Pulver« oder Vergleichbares angegeben sein.

Bei diesen hochwertigen grünen Pulvern fällt sofort auf, wie leicht sie sich in Wasser einrühren lassen. Andere Pulver, die nicht aus Saft hergestellt werden, bilden im Wasser Klumpen, und es schwimmen meist allerlei Fasern herum – nicht sehr appetitlich. Mit Saftpulvern bekommen Sie ein wirklich schmackhaftes und blutreinigendes grünes Getränk. (Sehen Sie sich am Schluss des Buchs einmal die Zusammensetzung meiner »Energy Greens« an.)

Luzerne und Gerstengras unterstützen das Immunsystem, besitzen pilzhemmende Eigenschaften und stabilisieren den Blutzucker. Sie wirken außerdem stark basisch, schützen vor freien Radikalen und entgiften Blut und Leber.

Spirulina und Chlorella sind stark entgiftende und gesundheitsfördernde Algen. Spirulina hat einen unerreicht hohen Eiweißgehalt, ist reich an Chlorophyll (gut für die Sauerstoffanreicherung und basische Verfassung des Bluts) und unterstützt das Immunsystem. Außerdem enthält Spirulina DHA und reichlich Vitamin A für Ihre Haut.

Auch Chlorella bietet erstaunliche Nutzeffekte und ist eines der sehr wenigen Nahrungsmittel, die chemische Giftstoffe und Schwermetalle binden, sodass sie ausgeschieden werden können. Wenn es ums Entschlacken geht, gibt es kaum etwas Besseres als Chlorella.

Fischöl (oder Algenöl)

Wie ich bereits angesprochen habe, gehören aus Fisch oder Algen gewonnene Omega-3-Nahrungsergänzungen zum Besten, was Sie für Ihre Gesundheit tun können. Ich habe sie hier unter den Mitteln für Ihr Blut eingereiht, weil die Omega-3-Fettsäuren unter anderem für die Gesundheit des Herz-Kreislauf-Systems wichtig sind. Mit ihren entzündungshemmenden Eigenschaften reduzieren sie Schäden durch freie Radikale in den Blutgefäßen und halten außerdem das LDL-Cholesterin in Schach. Da freuen sich Herz und Blut.

Bei Fischöl gibt es wie bei den grünen Pulvern erhebliche Qualitätsunterschiede. Da könnte sich jetzt eine längere Diskussion anschließen, aber der Einfachheit halber nenne ich Ihnen hier einfach ein paar Kriterien für den Einkauf, die sich bei meinen Recherchen als gültig erwiesen haben.

Ihr Fischöl sollte:

- überwiegend aus kleinen Fischen wie Sardinen, Sardellen und Hering gewonnen sein,
- hoch destilliert sein, um alle Giftstoffe zu eliminieren,
- nicht als Ethylester, sondern in der Form von Triglyceriden vorliegen, die leichter absorbiert werden,
- mindestens 1000 Milligramm Omega-3 (mit mindestens 400 Milligramm DHA) pro Dosis enthalten.

Auch Algenöl ist gut, wenn Sie Algen als Quelle bevorzugen. Natürlich sind die Kriterien für gutes Fischöl nicht unbedingt auf Algenöl übertragbar. Ihr Algenöl sollte so sauber wie möglich sein und vergleichbare Mengen an Omega-3-Fettsäuren enthalten.

Bewahren Sie Ihr Omega-3-Öl auf jeden Fall in einer dunklen Flasche im Kühlschrank auf. Das ist entscheidend, weil diese Öle sehr empfindlich auf Licht, Wärme und Sauerstoff reagieren. Das gilt übrigens für Kapseln ebenso. Ich persönlich nehme flüssiges Fischöl, weil ich den Eindruck habe, dass der Körper es leichter verdaut und verwertet.

Für die Verdauung

Betain-Hydrochlorid

Wir haben uns in diesem Buch ausführlich mit dem Thema der um sich greifenden Verdauungsstörungen und einer ihrer Hauptursachen befasst, dem Mangel an Magensäure. Zum Glück gibt es für diesen Zweck ein Nahrungsergänzungsmittel, nämlich Betain-Hydrochlorid oder kurz Betain HCl (oft auch in der englischen Schreibweise Betaine HCl). Dieses Mittel erhöht auf natürliche Weise die Salzsäuremenge im Magen und verbessert dadurch die Verdauungsleistung des Magens, insbesondere für Eiweiß. Wählen Sie möglichst ein Produkt, das außerdem auch noch das Verdauungsenzym Pepsin enthält. Auch dieses Enzym findet sich natürlicherweise im Magen, aber nicht immer in ausreichenden Mengen.

Bevor wir zur Dosierung kommen, muss ich eine Warnung aussprechen. Betain HCl ist zwar normalerweise unbedenklich, aber trotzdem nicht für jeden geeignet. Sprechen Sie mit Ihrem Arzt oder Heilpraktiker darüber, wenn Sie einen Versuch mit diesem Mittel starten wollen. Zu Komplikationen kann es kommen, wenn Sie entzündungshemmende Medikamente nehmen, die Corticosteroide, Acetylsalicylsäure oder Ibuprofen enthalten. Diese Stoffe können die Schleimhaut Ihres Verdauungstrakts angreifen, und in solchen Fällen würde das Risiko für Geschwüre oder innere Blutungen erhöht.

Der Säuretest für die richtige Dosierung

Wenn Sie einen Versuch machen wollen, müssen Sie natürlich wissen, welche Dosierung von Betain HCl bei Ihnen angezeigt ist. Die beste Einnahmezeit ist vor einer Mahlzeit, damit sich der Säuregrad des Magensafts erhöhen kann, bevor Nahrung zugeführt wird. Achten Sie bitte darauf, ob nach der Einnahme ein ganz leichtes Brennen im Magen entsteht – das ist das Zeichen, dass jetzt ausreichend saure Verhältnisse herrschen. Aber noch einmal: Wenn Sie Magengeschwüre haben, würden Sie dieses Mehr an Säure als recht unangenehm empfinden.

Wenn Sie keine Magengeschwüre haben, können Sie so vorgehen:

- Nehmen Sie vor einer eiweißreichen Mahlzeit eine Tablette oder Kapsel (500–650 Milligramm) Betain HCl mit etwas lauwarmem Wasser ein.
- Bleiben Sie auch am nächsten Tag noch bei dieser Dosierung, und wenn Sie weiterhin kein Brennen bemerken, nehmen Sie vor der nächsten Eiweißmahlzeit zwei Tabletten oder Kapseln.
- Bleiben Sie bei dieser Dosierung, und wenn weiterhin kein Brennen auftritt, nehmen Sie vor Eiweißmahlzeiten des nächsten Tages drei Tabletten oder Kapseln.
- So können Sie die Dosis langsam steigern, bis schließlich ein Brennen oder ein unbehagliches Gefühl entsteht. Dann wissen Sie, dass Sie Ihre persönliche

Grenze erreicht haben und die ideale Dosierung eine Tablette oder Kapsel niedriger liegt. Sollte beispielsweise bei vier Tabletten oder Kapseln erstmals ein Brennen auftreten, dürften drei die für Sie richtige Dosierung sein.

Verdauungsenzyme

Über die Bedeutung der Enzyme haben wir in diesem Buch schon des Öfteren gesprochen. Da wir heute so viele gekochte oder industriell verarbeitete Nahrung zu uns nehmen, bekommen wir weniger Enzyme als je zuvor, und das ist ein sehr bedenklicher Zustand, der auch an unserer nachlassenden Gesundheit und Energie zu erkennen ist.

Sie können dem durch mehr frische pflanzliche Nahrung abhelfen, aber ich empfehle durchaus auch die Zufuhr von hochwertigen Verdauungsenzymen als Nahrungsergänzung. Sie unterstützen Magen und Darm, sodass Ihr Körper die Nahrung besser verdauen und verwerten kann.

Am besten nehmen Sie die zusätzlichen Enzyme vor, während oder nach der Mahlzeit ein. Gute Enzympräparate bieten ein breites Spektrum an Enzymen, die Fette, Kohlenhydrate und Eiweiß aufschließen können. Hier einige Enzyme, nach denen Sie in der Beschreibung des jeweiligen Mittels Ausschau halten können: Amylase, Protease, Lipase, Lactase, Phytase, Cellulase, Bromelain, Glucoamylase und Hemicellulase. Die genauen Mengenverhältnisse sind kaum einzuschätzen, geschweige denn zu beurteilen, am besten, Sie kümmern sich nicht groß um die Mengenangaben, die ohnehin von Mittel zu Mittel unterschiedlich ausfallen.

Die Einnahme zusätzlicher Verdauungsenzyme hat außerdem noch einen erwünschten Nebeneffekt, der nicht direkt die Verdauung betrifft. Wenn wir sie nicht nur zu, sondern außerdem *zwischen* den Mahlzeiten einnehmen, kann das etliche gesundheitliche Nutzeffekte haben, zum Beispiel wirken die Enzyme Entzündungsprozessen entgegen, unterstützen das Immunsystem, bekämpfen Viren und reinigen das Blut.

Das alles kann sehr hilfreich sein für Menschen, die mit Allergien, Nahrungsmittelunverträglichkeiten, Autoimmunstörungen, Gewichtsproblemen und allerlei anderen unerfreuliche Zuständen zu kämpfen haben. Enzyme wirken »adaptogen«, wie man heute sagt, das heißt, sie unterstützen die Wiederherstellung des Gleichgewichts im Körper – und genau darauf ist Ihr Körper ja aus.[1] Versuchen Sie es mal mit einer Dosis Ihres Enzympräparats, die Sie zusätzlich im Laufe des Tages zwischen den Mahlzeiten nehmen. Zu Heilzwecken werden Enzyme meist deutlich höher dosiert, aber ich bin mir sicher, dass kleinere Mengen, dann und wann eingenommen, eine Menge für Ihre Gesundheit tun können.

Probiotika

Bei Bakterien denken die meisten Leute gleich an Krankheitskeime, doch tatsächlich gibt es auch gute Bakterien, die von allergrößter Bedeutung für unsere Gesundheit und für das Leben überhaupt sind. Hätten Sie gedacht, dass unser Körper innerlich und äußerlich von zehnmal mehr Bakterien besiedelt ist, als er eigene Zellen hat?

Wir sprechen vor allem von den Abermilliarden körperfreundlichen Keimen, die in Ihrem Darm leben. Sie werden als »probiotische« Bakterien oder in ihrer Gesamtheit als »Mikrobiom« beziehungsweise volkstümlich als »Darmflora« bezeichnet. Unser Darm soll möglichst dicht und lückenlos von ihnen besiedelt sein, denn sie bilden die eigentliche Grundlage unseres Immunsystems. Leider führt der viel zu freizügige Umgang mit Antibiotika heute dazu, dass auch die guten Darmbakterien geschädigt werden, was uns anfällig für alle möglichen Erkrankungen macht.

Ein Missverhältnis zwischen gesunden und ungesunden Bakterien im Darm, »Dysbiose« genannt, ist ein in der heutigen Gesellschaft sehr verbreiteter Zustand, der aber nicht nur durch Antibiotika, sondern auch durch falsche Ernährung, mancherorts durch gechlortes Wasser und andere schädliche Einflüsse dieser Art bedingt ist. Sollten Sie gelegentlich oder häufig von Blähungen, Völlegefühl, Magendrücken, Allergien oder Verstopfung geplagt sein – und wer ist das nicht? –, werden Sie ganz sicher von zusätzlich eingenommenen Darmbakterien profitieren.

Die Wirkung gesunder Darmbakterien beschränkt sich nicht auf das Immunsystem; sie sorgen außerdem für eine vollständige Verdauung unserer Nahrung, halten pathogene Bakterien und Hefen in Schach, vermehren das Stuhlvolumen und können Vitamin K und manche B-Vitamine erzeugen.

Probiotische Darmkeime kommen natürlich in Joghurt und anderen fermentierten Nahrungsmitteln wie Sauerkraut, Kefir und Kombucha vor, um nur einige wenige zu nennen. Da wir heute jedoch nicht mehr viel Fermentiertes (Vergorenes) zu uns nehmen und ich Milchprodukte, auch Sauermilchprodukte, grundsätzlich nicht empfehle, fahren Sie am besten mit käuflichen Probiotika, die Sie täglich einnehmen können.

Der Markt bietet inzwischen eine schier unübersehbare Fülle an probiotischen Mitteln, von denen allerdings viele von fraglichem Nutzen sind, rausgeworfenes Geld. Ich nenne Ihnen in der folgenden Tabelle ein paar wirklich nützliche Bakterienarten, damit Sie sich beim Studium der Angaben auf den Packungen leichter orientieren können. Wichtig ist auch zu wissen, dass diese Darmbakterien alle ihre Spezialgebiete haben und Sie deshalb ein Probiotikum wählen sollten, das mehrere Arten enthält, und zwar in ausreichender Zahl.

Die Tabelle verzeichnet sieben der wichtigsten Arten von Darmbakterien:

Bakterienart	Hauptwirkungen
Lactobacillus acidophilus	verdauungsfördernd, Cholesterin regulierend, antimikrobiell
Lactobacillus rhamnosus	Durchfall und Angstzustände lindernd, Gewicht stabilisierend
Lactobacillus bulgaricus	beugt Laktoseintoleranz vor, lindert/verhindert Durchfall
Lactobacillus plantarum	unterstützt Verdauung und Herz-Kreislauf-System

Lactobacillus casei	»Leaky-Gut«-Vorbeugung, unterstützt Herz-Kreislauf-System
Bifidobacterium longum	verdauungsfördernd, Gewichtsstabilisierung, krebshemmend
Bifidobacterium breve	verdauungsfördernd, schafft gute Lebensbedingungen für andere gesunde Bakterien

Für eine ausreichende Wirkung sollten Sie Mittel wählen, die sechs bis zehn Milliarden Keime pro Dosis enthalten und die Sie ein- oder zweimal pro Tag einnehmen. Gute Probiotika enthalten außerdem Präbiotika in ausreichenden Mengen, die den Darmbakterien günstige Bedingungen zur Vermehrung bieten. Probiotika nimmt man am besten auf leeren Magen, so wachsen ihre Chancen, dass sie lebend bis in die unteren Darmabschnitte gelangen.

Ergänzend zugeführte Probiotika werden Ihre Verdauung, Ausscheidung und Ihre Gesundheit insgesamt spürbar verbessern. Der Stuhlgang wird regelmäßiger, die Allergiebereitschaft nimmt ab, der Darm erholt sich, und Ihr ganzer Körper profitiert davon. Freundliche Darmbakterien sind wirklich ganz erstaunlich.

Für die Nebennieren und gegen Stress

Die weiteren Nahrungsergänzungen können Ihnen viel bringen, wenn Ihre Nebennieren ermüdet sind und der Cortisolspiegel bei Ihnen chronisch zu niedrig ist. Sie erinnern sich: Cortisol in der richtigen Menge ist sehr wichtig für Ihren Körper. Problematisch wird es erst, wenn bei chronischem Stress ständig zu viel Cortisol gegenwärtig ist oder bei Nebennieren-Burnout nach anhaltendem Stress zu wenig.

Die ersten drei Nahrungsergänzungen, die ich Ihnen im Folgenden empfehle, sind Adaptogene, sie helfen dem Körper, besser mit Stress zurechtzukommen und sein inneres Gleichgewicht (Homöostase) zu wahren. Sollten bei Ihnen beispielsweise die Cortisolwerte zu hoch sein, können Adaptogene dazu beitragen, sie wieder zu senken, und bei niedrigem Cortisolspiegel sorgen sie für eine Erhöhung. Das Schöne an diesen Adaptogenen ist, dass sie bei richtiger Dosierung keine Nebenwirkungen haben. Zudem zeigen viele wissenschaftliche Untersuchungen, dass Adaptogene, Vitamine und Mineralien (aus der Nahrung oder aus Nahrungsergänzungen) einander gegenseitig in der Wirkung verstärken, um die Funktion der Nebennieren (und der HPA-Achse) wiederherzustellen.[2,3] Das kann uns nur recht sein.

Maca

Das aus den peruanischen Anden stammende Wurzelgemüse Maca *(Lepidium meyenii)* habe ich selbst im Laufe der Jahre immer wieder mal genommen, und das mit großem Erfolg. In der Volksheilkunde dieser Region wird Maca schon sehr lange verwendet. Bei uns findet man es am ehesten als Pulver in den Regalen der Bioläden. Maca besitzt zahlreiche erwünschte Wirkungen, unter anderem harmonisiert es den Hormonhaushalt, gibt Energie, verbessert die Stimmung und bei Männern die Potenz und Fruchtbarkeit.

Die gesundheitlichen Wirkungen des Maca-Pulvers sind in zahlreichen Studien dokumentiert worden.[4] Eine Sichtung der vorhandenen Literatur ergab 2009, dass Maca von günstiger Wirkung auf Stimmung und Energie ist, Ängste lindern kann, das sexuelle Verlangen stärkt, die Produktion von Spermien ankurbelt, deren Beweglichkeit verbessert und das Spermavolumen erhöht.[5] Da Stress durch seinen Einfluss auf die Nebennieren die Produktion von Geschlechtshormonen vermindert, kann es uns nicht wundern, dass bei Menschen mit stressbedingt niedriger Energie auch die Libido nachlässt. Ein bisschen Maca kann hier durchaus einiges ausrichten.

Maca wirkt aber nicht nur ausgleichend auf den Hormon- und Energiehaushalt, sondern bewirkt nachweislich eine signifikante Senkung des schädlichen Cholesterins von niedriger und sehr niedriger Dichte (LDL und VLDL) im Blut. Es verbessert die Glukosetoleranz und versorgt uns mit Antioxidantien (z. B. Glutathion), die für die Entgiftung der Zellen und generell für die Gesundheit wichtig sind.[6]

Wenn wir bedenken, dass es bei vielen Menschen mit niedrigem Cortisolspiegel (zu denen vielleicht auch Sie gehören) an der Regulierung des Blutzuckers hapert und es leichter zu einer Schädigung der Zellen kommt, könnte ein wenig Maca jeden Tag durchaus einiges zur Verbesserung der Gesundheit beitragen. Der unverwechselbare, etwas erdige Geschmack liegt vielleicht nicht jedem, aber mit etwas Wasser oder als Zugabe zu einem Beeren-Smoothie bekommt man es gut herunter.

Rhodiola

Rhodiola rosea, oft auch als Rosenwurz bezeichnet, wird in Osteuropa und Asien schon sehr lange verwendet. Der Pflanze werden günstige Wirkungen auf das Nervensystem und die Leistungsfähigkeit nachgesagt, sie lindert Erschöpfungszustände und Depressionen. Angeboten wird das Mittel meist in Kapselform oder als Tinktur. Es wirkt sich positiv auf das Zusammenspiel der Neurotransmitter, auf die Nerventätigkeit und auf die Gesundheit des Herz-Kreislauf-Systems aus. Für Studenten und Kreative ist vielleicht besonders interessant, dass Rhodiola die kognitiven Funktionen verbessert – man ist weniger leicht ablenkbar, und die Konzentrationsfähigkeit nimmt zu –, geistigen Ermüdungserscheinungen entgegenwirkt und die Burnout-Gefahr verringert.[7]

Rhodiola kann auch die sportliche Ausdauer verbessern, was sicherlich gut zu wissen ist für alle, denen beim Training schnell die Puste ausgeht. Etliche Studien zeigen immer wieder, dass die Einnahme von Rhodiola bei jungen und gesunden Probanden sofort die Ausdauer verbessert.[8,9]

Halten Sie sich an die Dosierungsanleitung auf der Flasche. Im Allgemeinen werden 100 bis 300 Milligramm des standardisierten Extrakts pro Tag empfohlen, am besten auf mehrere Gaben verteilt.

Ashwagandha

Ashwagandha *(Withania somnifera)*, die Schlafbeere, auch Winterkirsche und sogar »indischer Ginseng« genannt, wird in der ayurvedischen Medizin Indiens seit Jahrtausenden für die unterschiedlichsten Gesundheitsstörungen verwendet. Es ist eines der besten tonisierenden und aufbauenden Mittel, die man sich denken kann, und wird bei Schwächezuständen, stressbedingter Erschöpfung und Schlaflosigkeit eingesetzt.

Wissenschaftliche Studien belegen die verjüngende Wirkung dieser Beere, insbesondere für die Muskeln und das Knochenmark.[10] Wie eine 2012 veröffentlichte Studie zeigt, erhöht sich bei mit Ashwagandha versorgten Spitzensportlern gegenüber einer Vergleichsgruppe die maximale Sauerstoffaufnahme (oder maximale Sauerstoffkapazität, VO_2max) und die Ausdauer beim Herz-Kreislauf-Training.[11]

Anders als Ginseng kann Ashwagandha die Entspannung fördern, was natürlich für alle stressgeplagten Menschen interessant ist.

Mit einer Dosis von 300 bis 500 Milligramm, über den Tag verteilt, liegen Sie hier richtig.

Süßholzwurzel

Aus dem Extrakt der Süßholzwurzel *(Glycyrrhiza glabra)* wird unter manch anderem eine Süßigkeit namens Lakritze hergestellt. Deren Verzehr empfehle ich allerdings nicht, weil sie Zuckersirup, Gelatine, Anisöl, Salmiak und allerlei andere Zusätze enthalten kann. Der Süßholzwurzelextrakt selbst besitzt dagegen unbestreitbare Heilwirkung, wenn auch nur für bestimmte Menschen. Da er in den Haushalt des Hormons Cortisol eingreift, sollte er nur bei niedrigem Cortisolspiegel genommen werden.

Dauerhaft hoher Konsum von Süßholz kann den Blutdruck erhöhen, wenn Sie also einen normalen oder bereits erhöhten Blutdruck haben, sollten Sie mit Ihrem Arzt besprechen, ob Süßholz gut für Sie ist. Sollten Ihre Nebennieren jedoch ermüdet sein, werden Sie wahrscheinlich einen ziemlich niedrigen Blutdruck haben.

In diesem Fall können Sie pro Tag ein bis fünf Gramm Süßholzwurzelextrakt einnehmen, aufgeteilt auf eine Gabe am Morgen und eine am Nachmittag. Nehmen Sie das Mittel lieber nicht am Abend, da es den Cortisolspiegel erhöht, der wiederum das Melatonin unterdrückt, dieses für unseren Schlaf so wichtige Hormon.

B-Vitamine

Ich führe hier auch die B-Vitamine an, weil sie als Gruppe das Nervensystem stärken und gut für die roten Blutkörperchen sind – zwei wichtige Faktoren für die Stressbewältigung und den Energiehaushalt. B-Vitamine sind in vielen Nahrungsmitteln enthalten – zum Beispiel in Vollkornprodukten, Kartoffeln, Bananen, Linsen, Chilis, Würzhefe, Bierhefe und Melasse. Sicher erkennen Sie aber sofort, dass die meisten dieser Nahrungsmittel für unsere Energy-Booster-Ernährung nicht empfohlen werden. Deshalb kann ein gutes Vitamin-B-Komplex-Präparat unterstützend gegen Ängste wirken, die Stressbewältigung verbessern und für mehr Energie sorgen.

Über das zurzeit als »Energievitamin« beliebte B_{12} wird gern gesagt, es sei nur in tierischen Produkten zu finden, und Veganer seien deshalb von Vitamin-B_{12}-Mangel bedroht. Das mag auch vielfach der Fall sein, aber B_{12} in nennenswerten Mengen findet sich auch in vielen fermentierten Nahrungsmitteln. Kombucha, Kefir und Sauerkraut können bei Vegetariern beziehungsweise Veganern zur Versorgung mit Vitamin B_{12} beitragen – natürlich auch bei allen, die einfach ihren Fleischverzehr reduzieren möchten.

Wenn Sie Vitamin-B-Komplexmittel nehmen, werden Sie eine leuchtend gelbe Färbung Ihres Urins bemerken. Das liegt am Vitamin B_2 (Riboflavin) und ist unbedenklich, schließlich sind B-Vitamine wasserlöslich.

Mein tägliches Nahrungsergänzungsritual

Ich bin wie gesagt kein Fan von Kapseln und Nahrungsergänzungsmitteln zur Aufrechterhaltung der Gesundheit, aber sie haben sich auf meinem Weg aus der Erschöpfung meiner Nebennieren als unschätzbar wertvoll erwiesen. Deshalb erzähle ich Ihnen jetzt von meinem täglichen Nahrungsergänzungsritual, in dem alle oben besprochenen Mittel vorkommen.

Ich trinke nicht nur am Morgen gleich ein Glas Wasser, sondern greife auch den ganzen Tag über immer wieder zu Wasser mit etwas Meersalz und nehme damit auch die aufgeführten Nahrungsergänzungen ein. Im Übrigen halte ich mich natürlich an die in diesem Buch dargestellten Richtlinien der Energy-Booster-Ernährung. Ohne eine solche Ernährung würden auch die Ergänzungsmittel nicht viel nützen.

Sie können sich meinen Tagesplan gern kopieren, wenn er Ihnen zusagt, aber sprechen Sie bitte mit Ihrem Arzt, bevor Sie diese Empfehlungen umsetzen.

Morgens
Zwischen 5 und 8 Uhr oder eben, wenn die Kinder loslegen
- ein halber Liter Wasser mit Zitronensaft und einer Prise Meersalz
- meine Energy Greens in einem Glas Wasser mit einer Prise Meersalz
- ein kleines Glas Wasser mit einem Teelöffel Maca-Pulver
- ein Mittel für die Nebennieren, das unter anderem Rhodiola und Ashwagandha enthält
- ein kleines Glas Wasser mit Süßholzwurzeltinktur (ca. 500 Milligramm)
- ein Esslöffel flüssiges Multivitamin mit ausreichend B-Vitaminen
- ein Esslöffel Fischöl

Nachmittags
Zwischen 12 und 16 Uhr
- ein kleines Glas Wasser mit Süßholzwurzeltinktur (ca. 500 Milligramm)
- ein Mittel für die Nebennieren, das unter anderem Rhodiola und Ashwagandha enthält

- meine Energy Greens in einem Glas Wasser mit einer Prise Meersalz
- Verdauungsenzyme auf leeren Magen (eine Dosis oder zwei)

Abends
Vor dem Schlafengehen
- Probiotikum auf leeren Magen (ca. 10 Milliarden Keime)
- ein Esslöffel Fischöl
- Magnesium zur Entspannung des Körpers

Wie Sie sehen, trinke ich ziemlich viel Wasser, um alle diese Nährstoffe in meinen Körper zu schleusen. Nehmen Sie noch meinen täglichen Saft oder Smoothie, hier und da noch ein Glas Wasser und jede Menge frisches Gemüse und Obst hinzu, und die Wasserversorgung des Körpers ist kein Problem mehr.

Erwähnenswert ist noch, dass ich vor etwas schwereren, eiweißreichen Mahlzeiten ein paar Kapseln Betain HCl und Verdauungsenzyme nehme.

Dieser Plan kann auf den ersten Blick ziemlich umfangreich wirken, aber in der Praxis kostet das alles nicht viel Zeit. Nach ein paar Tagen wird es zur Gewohnheit und läuft wie von selbst.

8

Esskultur

Ich mache mir Hoffnungen, dass Ihre Küche inzwischen ein bisschen anders aussieht als bisher. Vielleicht füllen Sie Vorratsschrank, Kühlschrank und Ihren Bauch nicht mehr mit koffeinhaltigen sprudelnden Energy-Drinks und Süßigkeiten aller Art, sondern halten zuträgliche, gesunde Nahrungsmittel bereit, die tatsächlich nährend wirken. Das ist der entscheidende erste Schritt, wenn Sie die anhaltende Energie, die Sie sich wünschen und für die Sie auch ausgerüstet sind, tatsächlich mobilisieren möchten.

Nur, diese wunderbare neue Ernährungsweise bringt Ihnen nicht viel, solange Ihre Verdauung nicht in Ordnung ist.

Wie wir in den bisherigen Kapiteln gesehen haben, können jahrelanger Stress und schlechte Ernährung Ihrer Verdauung arg zusetzen. Wenn bei Ihnen Mangel an Magensäure herrscht oder die Darmflora nicht in Ordnung ist, kann Ihr Körper nichts von dem, was Sie essen, richtig verwerten, so gesund es auch sei. Zuerst müssen Sie Ihre Verdauung in Ordnung bringen, sonst sind all die wertvollen Vitamine in Ihren gesunden Mahlzeiten für die Katz.

Seien Sie jetzt aber nicht entmutigt, zweifeln Sie nicht an Ihren Einkäufen mit all den gesunden Sachen. Selbst wenn Sie annehmen müssen, dass Ihr Magen nicht gerade in Hochform ist, muss es nicht schwierig sein, Ihre Verdauung wieder in Gang zu bringen. Es beginnt mit etwas sehr Einfachem, nämlich dass Sie nicht nur darauf achten müssen, *was* Sie essen, sondern dass es genauso darauf ankommt, *wie* Sie essen.

Und da ist es leider oft so, dass wir dem Vorgang des Essens nicht viel Beachtung schenken, sondern während der allzu kurzen Mittagspause irgendetwas hineinschlingen, womöglich sogar unterwegs im Auto oder in der U-Bahn. Und nach einem langen Arbeitstag gestaltet sich das Abendessen daheim eher noch mechanischer. Wir merken kaum noch, wie Hetze und Stress des Tages sich auf das Essen übertragen, und da fangen unsere ganzen Verdauungsprobleme an.

Betrachten Sie es einmal so: Wie sieht es unter hohem Stress mit Ihrer Leistung aus? Vermutlich nicht so gut wie unter entspannten Umständen. Und so geht es Ihrer Verdauung auch.

Wir haben bereits gesehen, dass Verdauung nicht nur im Magen stattfindet, sondern in dem Moment beginnt, wo Sie etwas in den Mund nehmen. Wenn Sie gehetzt oder gar im Vorbeigehen essen, untergraben Sie den langen Prozess der Weiterverarbeitung Ihrer Nahrung im Magen und Darm von vornherein. Das führt zu Verdauungsbeschwerden und auf Dauer zu unzähligen Gesundheitsproblemen aufgrund von schlechter Verdauung und einem dadurch gestörten Immunsystem.

Ich kann mir vorstellen, dass das für manchen nicht ganz leicht zu verstehen ist. Was soll schon dabei sein, beim Fernsehen auf der Couch das chinesische Menü vom Lieferservice zu verspeisen? Verdauung ist doch Verdauung, oder? Wir werden uns in diesem Kapitel ansehen, inwiefern unser gegenwärtiges Essverhalten uns gar nicht guttut, und dann wollen wir überlegen, wie wir diese schädlichen Verhaltensweisen loswerden können, damit das Essen wieder so aufbauend und erfrischend wird, wie es sein soll. Ich habe Ihnen dazu sieben Regeln formuliert.

Erste Regel:
Nehmen Sie wahr, was vor Ihnen steht

Wenn Sie sich das nächste Mal zum Essen hinsetzen, tun Sie bitte Folgendes: gar nichts.

Schaufeln Sie das Essen vor allem nicht in sich hinein, sobald es vor Ihnen steht. Halten Sie kurz inne. Schauen Sie es an, vielleicht sogar mit dankbarer Vorfreude. Atmen Sie dreimal tief und lang durch, bevor Sie zulangen.

Wenn Sie das ein wenig sonderbar finden, lassen Sie es ruhig so sein. Sollten Sie ein spiritueller Mensch sein, werden Sie es gar nicht sonderbar finden, auch wenn Sie sich nicht jedes Mal so verhalten. Aber abgesehen von Religion und Spiritualität hätte ich gern, dass Sie sich einfach einen Moment Zeit nehmen, um das, was Sie jetzt essen werden, wirklich wahrzunehmen. In diesem kurzen Moment lösen

Sie sich nicht nur von allen sonstigen Belangen oder Sorgen des Tages, sondern stimmen Körper und Geist auf das Essen ein, und das bedeutet nicht zuletzt, dass Sie sich auf gute und vollständige Verdauung programmieren.

Sie brauchen dazu wie gesagt kein religiöser Mensch zu sein, Sie müssen nicht an den Segen des Tischgebets glauben. Das schlichte kurze Verharren wirkt sich beruhigend auf den ganzen Körper aus und »entstresst« den gesamten Verdauungsvorgang. Fünf Sekunden dieses Verweilens in ruhiger Betrachtung können schon genügen.

Zweite Regel:
Achten Sie auf das richtige Umfeld

Wann haben Sie das letzte Mal daheim am Tisch gegessen? Das kann uns auf den ersten Blick als unsinnige Frage erscheinen, aber bei dem Tempo, das unser Leben inzwischen bekommen hat, ist es doch eher so, dass wir das Essen mit anderen Dingen verbinden, etwa wenn wir unterwegs oder am Schreibtisch etwas essen. Meist ist das Essen irgendwie zweitrangig, oder es bietet Gelegenheit, es einmal so richtig krachen zu lassen. Selten sehen wir das Essen noch als das, was es eigentlich sein soll: Ernährung.

Sie verlängern also einfach die erste Regel und nehmen nicht nur die Speisen selbst bewusst wahr, sondern auch das Umfeld, den ganzen Zusammenhang. Das hat zwei Gründe beziehungsweise Vorteile:

- Wenn Sie essen, während Sie noch etwas anderes tun, bleibt ein kleiner Rest Stress und Hektik in Ihnen wirksam. Ihre Aufmerksamkeit ist geteilt. Das ist insofern problematisch, als auch geringfügiger Stress die Säureproduktion Ihres Magens dämpft. In der Folge wird Ihre Nahrung nicht so gründlich verdaut, wie es sein sollte.
- Konzentrieren Sie sich dagegen ganz auf die Mahlzeit, entgeht Ihnen nicht, wann die Sättigung einsetzt und Sie nichts mehr brauchen. Im abgelenkten Zustand passiert es viel leichter, dass Sie über die Sättigung hinaus essen. Mir ist es früher jedenfalls so ergangen. Wir oft habe ich mit einer Tüte Chips vor dem Fernseher gehockt und dann nach der Hälfte des Films entsetzt festgestellt, dass ich bereits alles gefuttert hatte!

Erheben Sie sich also lieber vom Schreibtischstuhl oder Sofa, und tun Sie beim Essen nichts weiter als eben das. So verdauen Sie Ihre Speisen nicht nur besser, sondern merken auch, wann Sie satt sind. Sie haben es leichter, schlank und in Form zu bleiben, und zudem überlasten Sie Ihre Verdauung nicht. Das Essen verlangt Ihrem Körper weitaus weniger ab.

Dritte Regel:
Essen Sie langsam

Diese Regel kann man gar nicht genug betonen. Sie ist auch wieder eine Fortsetzung der ersten beiden Schritte, denn Sie machen sich jetzt in zenartiger Gelassenheit an Ihre Mahlzeit und sind ganz bei der Sache.

Es ist ja auch wirklich einfach: Sie führen Gabel oder Löffel zum Mund, nehmen den ersten Geschmack wahr, kauen langsam und gründlich, bis der Bissen eine breiige Konsistenz hat, und dann schlucken Sie und nehmen den nächsten Bissen.

Ist es albern, sich diese Schritte einmal zu vergegenwärtigen? Halten Sie sich vor Augen, wie sehr wir inzwischen zum Schlingen neigen, als ginge es darum, als Erster fertig zu werden. Wer so isst, überlastet seine Verdauung, weil einfach viel zu viel auf einmal im Magen ankommt und nicht einmal ordentlich zerkleinert ist. Für das Trinken gilt das übrigens auch: Nehmen Sie sich Zeit.

Außerdem können Sie Ihre Mahlzeit nur dann richtig genießen, wenn Sie langsam essen. Wenn etwas richtig Leckeres vor Ihnen steht, weshalb sollten Sie es dann schnell schnell verputzen? Gönnen Sie sich lieber den Genuss an Ihrer Mahlzeit. Das befriedigt viel mehr, und gesünder ist es auch noch.

Vierte Regel:
Kauen!

Ich hoffe, Sie nehmen es mir nicht übel, wenn ich das Offensichtliche ausspreche, aber ich finde es wichtig klarzustellen, dass diese Selbstverständlichkeiten rund um das Essen – Wertschätzung, gründliches Kauen und so weiter – sehr wichtig für eine gute Verdauung sind. Wenigstens eine Sache sollten Sie aus dieser kleinen »Ess-Schule« mitnehmen, nämlich dass Sie sich zum Essen wirklich Zeit nehmen sollten. Und das gilt ganz besonders für das Kauen.

Es ist nämlich ganz einfach so, dass Sie Ihre Nahrung umso vollständiger verdauen, je gründlicher Sie alles gekaut haben. Sie haben das sicher schon gehört, Sie kennen vielleicht sogar die Empfehlung, jeden Bissen 30-mal zu kauen. Das ist natürlich nur ein Richtwert, denn ein Bissen Steak muss natürlich öfter gekaut werden als ein Stück Banane, aber der Grundsatz lautet einfach: kauen, kauen, kauen.

Das Kauen, scheint mir, ist die am wenigsten beachtete Phase der Verdauung. Wenn Sie etwas kauen, kommt es intensiv mit den Enzymen in Ihrem Mund in Kontakt, und das setzt bereits die Verdauung der Kohlenhydrate in Gang. Essen Sie etwas Eiweißreiches wie zum Beispiel Fleisch, kommen diese Enzyme im Mund zwar nicht richtig zum Zug, aber das Kauen bleibt trotzdem sehr wichtig, denn je feiner die Nahrung im Mund zerkleinert wird, desto besser kann sie nach dem Schlucken vom sauren Magensaft weiterverarbeitet werden.

Kurz, je besser Sie kauen, desto mehr kann Ihr Körper mit Ihrer Nahrung anfangen, also nehmen Sie sich Zeit, damit das »Mahlwerk« in Ihrem Mund seine Arbeit tun kann. Die Ausbeute an Nährstoffen kommt schließlich Ihnen zugute.

Fünfte Regel:
Trinken Sie beim Essen möglichst wenig

Es gibt viele Meinungen zu der Frage, ob man vor, während oder nach dem Essen trinken soll. Für mich ist die Sache klar: Alles Trinken während der Mahlzeiten schadet nur.

Ich erinnere daran, dass es in unserem Magen sehr sauer zugeht und das auch so sein muss, um unsere Nahrung aufzuschließen. Wer beim Essen trinkt, verdünnt seinen Magensaft, und dann kann die Säure nicht mehr ganze Arbeit leisten.

Außerdem kann alles, was Sie zu oder nach einer Mahlzeit trinken, nicht ungehindert weiterfließen, sondern bleibt zum Teil auf dem Nahrungsbrei stehen. Dadurch kann Völlegefühl entstehen, das Sie ja gerade nicht haben möchten. Sie wollen sich nach dem Essen mit frischer Energie versehen fühlen, nicht schlapp und müde.

Ein paar Schluck Wasser zum Essen sind unbedenklich, aber Sie sollten auf jeden Fall keine großen Mengen trinken.

Sehr gut ist dagegen ein Glas Wasser vor dem Essen. Das signalisiert Ihrem Gehirn nämlich eine gewisse Füllung des

Magens und kann dazu führen, dass Sie weniger essen. Das wiederum bedeutet mehr Energie und weniger Gewichtszunahme. Das lässt sich noch steigern, wenn Sie ein wenig Zitronensaft oder Apfelessig in Ihr Wasser vor dem Essen geben – ein ziemlich cooler Trick, den ich bei fast jeder Mahlzeit anwende.

Zitronensaft besitzt etliche nützliche Eigenschaften, die der Verdauung zugutekommen. Sie können Ihre Leber unterstützen, wenn Sie vor dem Essen einfach den Saft einer halben Zitrone in Wasser trinken. Die Leber dankt es Ihnen mit beschleunigter Ausscheidung von Gift- und Schlackenstoffen. Zitronenwasser regt außerdem die Säureproduktion im Magen an, was wiederum der Verdauung dienlich ist.

Apfelessig wirkt ganz ähnlich und verbessert darüber hinaus noch Ihre Insulinsensibilität. Das bedeutet, dass nach dem Essen weniger Zucker ins Blut gelangt. Nutzen Sie das bitte nicht als eine Art Freibrief, der Ihnen bei Süßigkeiten und Gebäck ordentlich zuzulangen erlaubt, aber sollte es einmal dazu kommen, können Sie mit Apfelessig Schadensbegrenzung betreiben.

Ihr Wasser vor dem Essen, mit oder ohne Zitrone beziehungsweise Apfelessig, sollte immer lauwarm sein. Wenn Sie im Restaurant Wasser zum Essen bestellen, sagen Sie bitte gleich, dass es nicht eisgekühlt sein soll. Kaltes Wasser vermindert im Magen die Bildung von Verdauungssaft, und dann können Sie Ihr Essen nur ungenügend verdauen. Auf keinen Fall sollte Eis im Wasser schwimmen, auch zu Hause nicht.

Es gibt ein Getränk, das Sie zu Ihren Mahlzeiten trinken können, ohne Ihre Verdauung zu behindern – möglicherweise wirkt es sogar fördernd. Ich meine Rotwein, der reich an Enzymen ist und unter diesem Gesichtspunkt kaum schaden kann. Außerdem beugt Rotwein Herzkrankheiten vor. Ich rede bestimmt nicht dem Suff das Wort, aber gelegentlich ein – und nur ein – Glas zum Essen wirkt eher unterstützend.

Sechste Regel:
Nehmen Sie zum Essen Verdauungsenzyme und ein Säurepräparat

Damit es klar ist: Ich bin keiner, der Nahrungsergänzungen propagiert. Ich bin der Meinung, dass vollwertige Nahrungsmittel alle körperlichen Bedürfnisse abdecken sollten. Aber Sie sind ja gerade dabei, sich von allen möglichen Beeinträchtigungen wie erschöpften Nebennieren und schlechter Verdauung zu erholen, und da gibt es wirklich ein paar Nahrungsergänzungen, die die Heilung beschleunigen können. Wir haben diese Mittel bereits besprochen, und deshalb möchte ich im Zusammenhang mit dem Einnehmen Ihrer Mahlzeiten nur die Verdauungsenzyme und die Säuresupplementierung noch einmal erwähnen.

Wenn Ihre Verdauung nicht mehr optimal funktioniert, hat es Ihr Körper zunehmend schwer, ausreichend Enzyme zur Verdauung Ihrer Nahrung zu produzieren. Da könnte es dann angebracht sein, zur Unterstützung zusätzliche Verdauungsenzyme einzunehmen. Die Apotheke und der einschlägige Internethandel für Nahrungsergänzungen bieten eine Fülle von Präparaten mit unterschiedlichen Zusammensetzungen. Greifen Sie zu einem Mittel, das ein möglichst breites Spektrum an Enzymen enthält, damit für alle Hauptanteile Ihrer Nahrung gesorgt ist, für Fette, Kohlenhydrate und Eiweiß.

Die Dosierungsanleitung auf der Packung wird Ihnen wahrscheinlich eine bestimmte Anzahl von Kapseln oder Tabletten oder eine bestimmte Menge Pulver zu einer Mahlzeit empfehlen. Mein Rat lautet, dass Sie schon vor der Mahlzeit eine Teildosis einnehmen, um Ihre Verdauung auf das Essen einzustimmen, und dann noch einmal während der Mahlzeit, wenn sie etliche verschiedene Anteile hat. Auch nach der Mahlzeit können Sie noch einmal eine Teilmenge einnehmen, damit alle Stadien der Verdauung mit Enzymen versorgt sind.

Eine Verstärkung der Magensäure kann ebenfalls Wunder wirken. Wie wir im Abschnitt »Für die Verdauung« in Kapitel 7 gesehen haben, kann das Mittel Betain HCl die mit zu schwacher Magensäure verbundenen gesundheitlichen Nachteile ausgleichen. Sie nehmen es vor einer Mahlzeit ein, damit genügend Säure für die Verarbeitung der Speisen im Magen zur Verfügung steht.

Lesen Sie den genannten Abschnitt bitte noch einmal durch (Seite 207), damit Sie die für Sie richtige Dosierung des Mittels herausfinden können. Es muss wirklich ganz individuell dosiert und auf Ihre Verdauungskraft beziehungsweise die Säureproduktion Ihres Magens abgestimmt werden. Sollten Sie mit einer hohen Dosierung beginnen müssen, wird sich die Menge sehr wahrscheinlich mit der Zeit reduzieren.

Denken Sie immer daran, dass unvollständig verdaute Nahrung allerlei unangenehme Folgen haben kann, zum Beispiel die erhöhte Durchlässigkeit der Darmwand oder eine Schwächung des Immunsystems. Ich nehme auch nicht gern Pillen ein, aber wenn sie dazu beitragen, Ihre Verdauung in Ordnung zu bringen, werden Sie mit der Zeit dankbar sein.

Siebte Regel: Essen Sie weniger

Die vielleicht wirksamste Einzelmaßnahme zur Verbesserung Ihrer Verdauung besteht darin, weniger zu essen.

Ich bin davon völlig überzeugt. Seit Fertignahrungsmittel billig uns massenhaft zur Verfügung stehen, ist unser Appetit zunehmend außer Rand und Band. Die meisten Menschen in der modernen Industriegesellschaft brauchen nicht annähernd so viel, wie sie tatsächlich essen, und wir merken kaum noch, wie schwerfällig wir dadurch geworden sind.

Das ist keineswegs normal und gesund ganz bestimmt nicht. Ich bin nicht der Einzige, der diese Meinung vertritt. Wissenschaftliche Studien weisen in die gleiche Richtung.

Dan Buettner betrachtet in seinem Bestseller *The Blue Zones* sogenannte »blaue Zonen« der Erde, wo überdurchschnittlich viele Hundertjährige leben: ein Dorf auf Sardinien, die japanische Inselgruppe Okinawa, eine Ortschaft in Kalifornien, die griechische Insel Ikaria und eine Halbinsel in Costa Rica. Er wollte ermitteln, welche Faktoren dafür verantwortlich sind, dass die Menschen hier länger leben, und einer seiner vielen Befunde besagt, dass die Menschen dort kleinere Portionen verzehren.

Je weniger Sie essen, desto mehr Energie haben Sie, das ist für mich überhaupt keine Frage. Die Verdauung beansprucht die Energiereserven Ihres Körpers stark, und je mehr Sie essen, desto stärker müssen diese Speicher angezapft werden.

Natürlich sollen Sie nicht hungern, denn schließlich liefert Ihnen die Nahrung ja auch Energie. Mein Rat geht aber dahin, dass Sie bei jeder einzelnen Mahlzeit weniger essen sollten. Achten Sie schon beim Essen genau auf Ihren Sättigungsgrad. Die Regel dafür lautet, dass Sie aufhören sollten, sobald Sie sich zu etwa 80 Prozent gesättigt fühlen, die volle Sättigung tritt dann einige Minuten später von selbst ein. Wenn Sie essen, bis Sie nicht mehr können, haben Sie anschließend das Gefühl, sich gerade noch bis zur Couch schleppen zu können – und genau das wollen wir vermeiden.

Je mehr aus der wissenschaftlichen Forschung über Bewegung und Ernährung ins allgemeine Bewusstsein dringt, desto mehr werden die Erkenntnisse über den Sport- und Fitnessbereich hinaus auch von ganz normalen Menschen genutzt, die einfach besser in Form sein möchten. Dazu gehört der Gedanke, dass fünf bis sechs kleinere Mahlzeiten am Tag Ihren Stoffwechsel am besten in Schwung halten, sodass Sie Ihr Gewicht besser halten können und mehr Energie haben.

Schenken Sie solchen Geschichten keinen Glauben. Fünf oder sechs Mahlzeiten am Tag sind keineswegs die natürliche Ernährungsform für uns. Unsere steinzeitlichen Vorfahren hatten diesen Luxus ganz gewiss nicht, also weshalb sollte er uns heute dienen?

Essen Sie, wenn Sie etwas brauchen, und nur dann. Das kann manchmal bedeuten, dass Sie gar nichts essen. Lassen Sie sich nicht einreden, das gelegentliche Auslassen einer Mahlzeit sei ungesund. Es trifft einfach nicht zu. Sollten Sie am Abend mal keinen Hunger verspüren, ist es völlig in Ordnung, sich mit einer Tasse Tee und einer Kleinigkeit zu begnügen. Halten Sie sich an die in diesem Kapitel genannten Regeln, und Sie werden die Bedürfnisse Ihres Körpers besser wahrnehmen und einfach wissen, wann Sie etwas essen müssen. Ihr Verdauungssystem kennt keinen Stundenplan.

Mir persönlich behagt das sogenannte intermittierende Fasten, bei dem man immer wieder mal gar nichts oder weniger isst.

Wenn Sie beispielsweise ab und zu einen ganzen Tag gar nichts essen, kann Ihr Körper sich einmal ausruhen und seine Kräfte für andere Dinge als die Verdauung einsetzen, etwa für die Reparatur von Zellen und Geweben. Sie geben ihm damit gewissermaßen Gelegenheit zu Wartungsarbeiten. Ihr Körper durchforstet sich dann sozusagen selbst und baut alles nicht mehr Benötigte ab, um es zu erneuern.

Das gelingt ihm nur mit Mühe, wenn er ständig Verdauungsarbeit zu leisten hat.

Manche Leute machen sich über das Fasten lustig, doch tatsächlich erhöht es den wissenschaftlichen Befunden nach die Fettverbrennung. Wenn keine Kohlenhydrate zugeführt werden, ist der Körper einfach gezwungen, sich aus seinen Fettreserven zu bedienen.

Es geht einfach darum, beim Essen mehr Augenmaß walten zu lassen. Allzu oft essen wir einfach viel zu viel, weil das so schön vom Stress des Alltags mit seinen vielen Sorgen ablenkt. Dann wird das Essen zum Seelentröster, und das kann schnell so weit gehen, dass wir uns mit Dingen vollstopfen, die uns nicht bekommen. Das haben wir alle schon gemacht, belasten wir uns also nicht auch noch mit schlechtem Gewissen.

Aber von jetzt an können Sie bei Ihren Mahlzeiten mehr und mehr Bewusstheit walten lassen. Möglicherweise fällt Ihnen dabei auf, dass Sie bisher mehr gegessen haben, als Sie wirklich gebraucht hätten.

Zusätzlich:
Überlegen Sie, ob Trennkost angebracht wäre

Trennkost gehört nicht zu den Diätansätzen, die ich selbst streng praktiziere, aber für viele meiner Klienten wirkt sie Wunder, und bei Ihnen könnte es auch so sein. Vielleicht möchten Sie einmal damit experimentieren, um Ihre Verdauung noch effektiver zu machen.

Eiweiß, sagten wir, wird vor allem im sauren Milieu Ihres Magens aufgeschlossen, während es im basischen (alkalischen) Milieu des Dünndarms mehr um die Verdauung von Fetten und Kohlenhydraten geht. Das Trennkost-Prinzip besagt nun, dass eine Mahlzeit, die alle diese Nahrungsanteile enthält, Ihr Verdauungssystem insgesamt zu stark belastet und die einzelnen Verdauungsabschnitte deshalb nicht effektiv arbeiten können.

Denken Sie an die als typisch männlich geltende Zusammenstellung von Fleisch und Kartoffeln. Fleisch ist von hoher Eiweißdichte und wird im Magen aufgeschlossen. Kartoffeln sind dagegen sehr reich an Kohlenhydraten, und deren Verdauung beginnt im Mund und wird im Dünndarm fortgesetzt. In der Trennkost würde man das als ungünstige Kombination ansehen, weil weder das Fleisch noch die Kartoffeln ganz aufgeschlossen werden können; in der jeweiligen Verdauungsumgebung sei einfach zu viel von dem vorhanden, was dort nicht verdaut wird. Und tatsächlich, eine herzhafte Fleischmahlzeit mit Kartoffeln kann einem steinschwer im Magen liegen.

Die Lösung liegt ganz einfach darin, ein wenig mehr auf die Zusammenstellung einer Mahlzeit zu achten. Für mich läuft das auf zwei Regeln hinaus: Essen Sie dichte Eiweißnahrung nicht zusammen mit stärkehaltigen Nahrungsmitteln, und essen Sie Obst nie zusammen mit etwas anderem.

Wenn ich zum Beispiel ein Steak esse, bevorzuge ich dazu gedämpftes Gemüse wie Brokkoli oder Mangold und vielleicht einen kleinen Salat. Bei Kartoffeln, Nudeln und anderen stark kohlenhydrathaltigen Dingen achte ich auf Gemüse als Begleitung. Selten esse ich eiweißreiche und stark kohlenhydrathaltige Dinge zusammen, sie würden sich nur um die verfügbaren Verdauungssäfte streiten.

Man kann diesem Prinzip auch durch die Abfolge der Speisen Rechnung tragen. Denken wir zurück an unser Weihnachtsessen. Nach den Trennkost-Kriterien wäre es geradezu ein Sprengsatz für die Verdauung – und so wirkt es ja auch oft. Das lässt sich umgehen, wenn wir die einzelnen Bestandteile *nacheinander* essen. Vielleicht so: zuerst ein bisschen Baguette, dann etwas Kompott, dann Knödel und schließlich Gans. Das würde verhindern, dass Kohlenhydrate und Fleisch im Magen zu einer einzigen Masse verklumpen. Ich muss zugeben, dass solch eine Mahlzeit ein bisschen langweilig ist, aber finden Sie einfach selbst heraus, ob Sie hier eine passable Lösung finden.

Der Gedanke, Obst immer für sich allein zu essen, hat folgenden Hintergrund: Obst wird recht schnell verdaut, aber wenn Sie dazu noch andere Dinge essen, deren Verdauung länger dauert, bleibt auch das Obst länger unverdaut liegen und gärt, was Blähungen und Aufstoßen nach sich ziehen kann. Ich kenne das gut, denn mein Vater stammt aus Marokko, wo traditionell Obst als Nachtisch gereicht wird.

Bei Smoothies brauchen Sie sich nicht so genau an dieses Prinzip zu halten. Das Mixen ist eine Art Vorverdauung, nach der Ihr Körper das Obst und Gemüse auch gemeinsam ohne große Mühe verarbeiten kann.

Ich bin wie gesagt kein ausgesprochener Trennköstler, aber die Sache ist doch nicht ganz aus der Luft gegriffen. Vielleicht lohnt sich ein Versuch.

9

Bewegung: Was Sie aufbaut, statt Sie fertigzumachen

Bewegen Sie sich gern? Ganz ehrlich, gehört sportliche Betätigung zu den Dingen, die Ihnen wirklich Freude machen? Falls nicht, geben Sie es ruhig zu. Die meisten Leute macht schon der bloße Gedanke daran fertig. Training ist eine langweilige, verschwitzte Tortur, die einem das Letzte abverlangt. Da kann es einen nicht wundern, dass so viele es nicht schaffen, bei irgendeinem Trainingsprogramm zu bleiben und so fit zu werden, wie sie gern wären.

Sie machen es sich unnötig schwer. Ein geeignetes Bewegungsprogramm, richtig durchgeführt, soll Ihnen so viel Energie geben, dass Ihnen alles andere im Leben viel leichter fällt, Ihre Arbeit zum Beispiel und Ihre Beziehungen. Vor allem aber sollen Sie sich wohlfühlen.

Ganz recht, körperliches Training ist dazu da, dass man sich wohlfühlt.

Leider ist es so, dass mit unserer Einstellung zu sportlicher Betätigung etwas ganz und gar nicht stimmt, und die übliche Vorgehensweise schadet eher, als dass sie nützt.

Wenn Sie im Fitnessstudio das Gefühl haben, dass Sie am Ende Ihrer Kräfte sind, tun Sie Ihrem Körper nichts Gutes.

Immer mehr Studien befassen sich mit unseren langen und anstrengenden Trainingseinheiten, und die Befunde sind eindeutig: Diese Art zu trainieren tut uns nicht gut.

Jetzt kommt es darauf an, dass wir einfach effektiver trainieren, sodass unser Körper anschließend nicht völlig erschöpft ist. Vielleicht klingt es etwas mühselig, aber tatsächlich ist es kein großer Aufwand, Ihre Work-outs so umzugestalten, dass sie nicht nur weniger Zeit kosten, sondern Ihnen auch mehr Spaß machen. Darüber hinaus kommen Sie so auch noch schneller zu den gewünschten Resultaten, ob Sie nun abnehmen oder Muskelmasse aufbauen wollen.

Mit diesem verfeinerten Ansatz können Sie die Energie entfesseln, die Sie durch den ganzen Tag trägt. Trainieren Sie richtig, und das nachmittägliche Energieloch, das Sie alle Tage erleben, wird ausbleiben.

Sollten Sie die Ermüdung der Nebennieren als das Problem ausgemacht haben, das Sie belastet, seien Sie trotzdem ohne Sorge. Das neue Bewegungsprogramm eignet sich mit einigen kleinen Abwandlungen auch für Sie. Die Abwandlungen nenne ich Ihnen am Ende dieses Kapitels, aber jetzt geht es erst einmal grundsätzlich ums Umdenken.

Kardio:
Wie sinnvolles Ausdauertraining aussieht

Wenn Sie ein Fitnessstudio betreten, fällt Ihnen sicher gleich jemand ins Auge, der oder die sich freudlos auf dem Laufband abrackert. Schauen Sie sich um, und Sie werden wahrscheinlich noch andere keuchende und irgendwie schon weit abgeschlagene Gestalten auf Crosstrainern, Spinbikes und Rudergeräten sehen. Das Ganze hat irgendwie keinen Zug, und die Leute machen nicht den Eindruck, dass sie wissen, was sie wollen. Sie sind einfach da, sie plagen sich, sie leiden.

Training nennt man das, und ich kann Ihnen verraten, dass es sehr, sehr wenig bringt.

Die Teilnehmer einer an der australischen University of New South Wales durchgeführten Studie wurden in zwei Gruppen eingeteilt, die verschiedene Trainingsprogramme absolvierten und bei denen die Gewichtsentwicklung genau dokumentiert wurde. Die erste Gruppe bekam ein Trainingsprogramm, das man als das übliche bezeichnen kann: 40 Minuten Kardio (Ausdauertraining) von mittlerer Intensität dreimal die Woche über 15 Wochen. Für die zweite Gruppe war dagegen ein Intervalltraining vorgesehen, bei dem sich intensive Trainingsphasen von jeweils acht Sekunden Länge mit Ruhephasen von jeweils zwölf Sekunden abwechselten. Begonnen wurde mit fünf Minuten in diesem Wechselrhythmus, und die Teilnehmer steigerten sich im Laufe der 15 Wochen auf 20 Minuten Intervalltraining.

Die Resultate sprechen Bände. Die Mitglieder der ersten Gruppe setzten im Laufe der 15 Wochen ein halbes Kilo Körperfett an, während die der zweiten Gruppe durchschnittlich 2,5 Kilo Fett verloren.

Andere Studien kommen zu ähnlich überraschenden Ergebnissen. An der University of Colorado hat man den Unterschied zwischen 15 Wochen Intervalltraining und 20 Wochen eines herkömmlichen Ausdauertrainings untersucht. Auch hier erwies sich das Intervalltraining als überlegen, und es zeigte sich ein weiterer interessanter Effekt: Die Teilnehmer am Ausdauertraining verbrannten zwar mehr Kalorien, verloren aber weniger Fett. Beim Intervalltraining dagegen wurden durchschnittlich ganze 450 Prozent mehr Fett abgebaut als beim Ausdauertraining.

Worin liegt diese Wirkung des Intervalltrainings? Sie hat damit zu tun, dass Sie hier insgesamt mehr mit höchster Intensität und folglich bei maximaler Pulsfrequenz trainieren als beim üblichen Ausdauertraining. Das klingt sicher nach hohem Einsatz, doch tatsächlich sind die kurzen Phasen von hoher Belastung das, was Ihren Körper Fett verbrennen lässt. Außerdem regen diese Phasen die Ausschüttung von Adrenalin an, das in Ihrem Körper regelrechte Energieschübe auslöst – euphorische Phasen, die man als »Runner's High« oder eben »Läuferhoch« bezeichnet.

Sie können Ihr gegenwärtiges Trainingsprogramm leicht in diesem Sinne abwandeln. Nehmen wir an, Sie joggen regelmäßig irgendwo in der Nähe Ihrer Wohnung. Bleiben Sie einfach nicht die ganze Zeit bei ungefähr dem gleichen Tempo, wie Sie es vermutlich bisher gemacht haben, sondern laufen Sie zuerst ungefähr eine Minute lang in mäßigem Tempo, um dann für acht Sekunden einen Sprint mit höchster Geschwindigkeit einzulegen. Danach joggen oder gehen Sie zwölf Sekunden, um dann wieder acht Sekunden zu sprinten – und so weiter ungefähr zwanzig Minuten oder so lange, wie Sie normalerweise joggen.

Das braucht vielleicht eine gewisse Eingewöhnungszeit, aber Sie werden bald anfangen, sich auf Ihren Joggingausflug zu freuen, einfach weil Sie sich dabei so gut fühlen. Außerdem werden Sie sehen, dass Sie leichter abnehmen als bisher.

Es gibt hier keinen genauen Ablauf, an den Sie sich halten müssten. Variieren Sie die Länge der Intervalle ruhig, wenn Sie möchten, zum Beispiel eine Minute gehen und dreißig Sekunden sprinten oder zehn Sekunden sprinten und dann vierzig Sekunden joggen. Achten Sie nur darauf, dass der intensiven Trainingsphase immer eine etwas längere Erholungsphase folgt, dann läuft Ihr Intervalltraining richtig.

Wie oft trainiert man so? Wenn Ihre Nebennieren in Ordnung und Sie einigermaßen in Form sind, können Sie dreimal die Woche trainieren, insgesamt etwa eine Stunde. Vielleicht entscheiden Sie sich für dreimal zwanzig Minuten oder einmal zehn Minuten, beim nächsten Training zwanzig und beim dritten dreißig. Machen Sie es so, wie es Ihnen am besten passt, wichtig ist nur, dass Sie kein stundenlanges Intervalltraining betreiben, denn es verlangt Ihnen wirklich einiges ab, körperlich wie psychisch. Ausreichende Erholungsphasen sind wichtig.

Auch auf Ihr Training im Fitnessstudio lässt sich dieser Ablauf anwenden. Machen Sie doch einmal Intervalltraining auf dem Crosstrainer oder daheim mit dem Springseil oder sogar beim Radfahren. Es gibt eigentlich nichts, wobei Sie nicht von dieser Trainingsform profitieren könnten.

Natürlich müssen Sie nicht ganz auf Ausdauertraining verzichten, wenn es Ihnen Spaß macht. Ich empfehle diese längeren »altmodischen« Work-outs als aktive Erholung an Tagen, an denen Sie kein Intervalltraining machen. Eine lange und eher gemächliche Jogging- oder Radrunde lässt Ihren Körper zwischen den anspruchsvolleren Trainingstagen nicht einrosten. Zudem unterstützt es die Ausschwemmung der Milchsäure aus den Muskeln und erlaubt Ihnen, sich die ganze Woche hindurch wohlzufühlen.

Beim Muskelaufbau wird mehr Fett verbrannt

Sehen wir uns noch einmal im Fitnessstudio um wie am Beginn dieses Kapitels. Die Leute auf den Ausdauergeräten haben Sie bereits zur Kenntnis genommen, aber was passiert da hinten an den Gewichtmaschinen? Da treiben sich meist muskulöse Typen herum, die kein Gramm Fett am Körper haben. Weshalb sieht man die nicht auf dem Laufband oder Spin-Bike? Weil sie ein Geheimnis kennen, nämlich dass Muskelaufbau für schnellere Fettverbrennung sorgt.

Die verbreitete Sicht der Dinge beinhaltet wie erwähnt, dass man zum Abnehmen stundenlanges Ausdauertraining betreiben muss, doch tatsächlich ist Muskelaufbau die beste Methode, um Körperfett abzubauen. Natürlich müssen Sie kein Bodybuilder mit schwellenden Muskelpaketen werden. Schon mit etwas mehr reiner Muskelmasse werden Sie fit und wohlproportioniert aussehen.

Warum ist das so? Es hat alles mit dem Grundumsatz Ihres Körpers zu tun, insbesondere mit der Frage, wie schnell Ihr Körper Kalorien verbrennt, wenn Sie ganz normal den Beschäftigungen des Tages nachgehen. Diese Grund-Stoffwechselrate allein macht 70 bis 75 Prozent Ihres täglichen Kalorienverbrauchs aus, und je höher diese Rate ist, desto besser stehen Ihre Chancen, schlank und fit zu sein.

Der Grundumsatz wird mit zunehmendem Alter geringer, und die beste Methode, um ihn möglichst hochzuhalten, besteht darin, Ihre Muskeln zu trainieren und aufzubauen. Anders gesagt: Sie müssen in Form bleiben, wenn Sie weiterhin den ganzen Tag lang genügend Energie zur Verfügung haben möchten.

Sie müssen natürlich kein Gewichtheber mit riesigen Muskelpaketen werden. Machen Sie lieber Bodyweight-Training, das aus einfachen Übungen besteht, bei denen Sie Ihren Körper als Gewicht benutzen, zum Beispiel Liegestütze, Kniebeugen, Ausfallschritte, Klimmzüge (sofern Sie dazu in der Lage sind).

Ein Trainingsablauf mit diesen Einheiten unterscheidet sich stark vom herkömmlichen Gewichtstraining in der Muckibude. Hier kann es so aussehen, dass man sich an einem Tag Brust und Rücken vornimmt, an einem anderen die Körpermitte und die Beine, während es bei einem kompletten Work-out mit dem eigenen Körper als Gewicht um größere Bewegungen gehen wird, an denen viele verschiedene Muskelgruppen beteiligt sind. Da haben Sie dann ein Muskeltraining, das zugleich auch die Nutzeffekte eines Ausdauertrainings hat, das heißt, Sie verbrennen nicht nur Kalorien, sondern auch Fett. Praktisch, nicht?

Der Ablauf, den ich Ihnen für den Einstieg beschreibe, hat viel vom oben dargestellten Intervalltraining. Man nennt es Circuit-Training oder Zirkeltraining. Hier geht es wie beim Intervalltraining um den Wechsel zwischen Phasen von hoher Intensität und ausreichend langen Erholungsphasen. Der Unterschied besteht darin, dass Sie bei diesen Bewegungsabläufen viele Muskeln gleichzeitig beanspruchen. Ein einfacher Ablauf könnte so aussehen:

- 30 Sekunden Liegestütze
- 30 Sekunden Ruhe
- 30 Sekunden Ausfallschritte
- 30 Sekunden Ruhe
- 30 Sekunden Planken (Haltung ähnlich wie beim Liegestütz, aber auf Unterarmen und Fußspitzen statt auf Händen und Fußspitzen; man bleibt mit steif gehaltenem Körper in dieser Position)
- 30 Sekunden Ruhe
- 30 Sekunden seitliches Planken (seitlich hinlegen, den Ellbogen aufstützen und das Becken anheben, bis der Rumpf eine gerade Linie bildet)
- 30 Sekunden Ruhe

- 30 Sekunden Step-ups (einen Fuß auf eine etwa kniehohe stabile Unterlage setzen, z.B. Parkbank, dann aufsteigen, absteigen und Beine wechseln)
- 1 Minute Ruhe

Für ein vollständiges Work-out gehen Sie diesen Ablauf zwei- oder dreimal durch, und wenn Sie das regelmäßig machen, werden Sie sich schon nach ein paar Wochen besser fühlen und besser aussehen. Besonders schön finde ich daran, dass es so einfach ist, Sie brauchen dazu nicht einmal ein Fitnessstudio. Sie können sogar gleich an Ihrem Bett üben, wenn Sie morgens aufstehen.

Es wird Ihnen auch nicht entgehen, dass es sich um ein durchaus anspruchsvolles Training handelt, bei dem Sie ins Schnaufen kommen und auch schwitzen. Daran erkennen Sie, dass Sie auch etwas für Herz und Kreislauf tun. Mit der Zeit geht Ihnen der Ablauf in Fleisch und Blut über, und Sie können ausprobieren, wie es ist, wenn Sie die Übungsphasen verlängern und die Erholungsphasen verkürzen. Üben Sie zum Beispiel jeweils eine Minute lang, um sich dann nur fünfzehn Sekunden auszuruhen. Diese Abwandlung bewirkt eine deutliche Intensivierung Ihres Trainings, und die Resultate werden entsprechend sein.

Achten Sie aber wie beim Intervalltraining darauf, dass Sie es nicht übertreiben – zwei- bis dreimal die Woche, nicht öfter. Wählen Sie die Tage, an denen Sie kein Intervalltraining machen, aber Sie können auch beide Trainingsformen verbinden, beispielsweise fünfundzwanzig Minuten Zirkeltraining, gefolgt von fünfzehn Minuten

Intervalltraining. Das ergibt ein wirklich sagenhaftes Workout, für das Sie nicht einmal eine Stunde brauchen.

Manche Frauen können nun angesichts dieses Trainingsablaufs Bedenken haben, schließlich heißt es ja immer wieder, dass Frauen vom Muskeltraining etwas Maskulines bekommen. Das trifft aber ganz und gar nicht zu. Im weiblichen Körper kommt sehr viel weniger Testosteron vor als im männlichen Körper, nur etwa zehn Prozent davon. Da müsste eine Frau schon wirklich extrem trainieren und dazu noch die Ernährung entsprechend auslegen, um männlich wirkende Muskelpakete zu entwickeln. Nein, seien Sie unbesorgt. Dieses Training lässt einfach jeden, ob Mann oder Frau, schlank und fit aussehen.

Zusätzliche Gewichte

Wenn Sie das Training, bei dem Sie Ihren Körper als Gewicht benutzen, ein paar Wochen gemacht haben und sich darin stabil fühlen, lohnt es sich ganz entschieden, bei Ihrem Zirkeltraining zusätzliche Gewichte einzuführen. Wir bezeichnen das als Widerstandstraining oder einfach Krafttraining. Ob Sie Mann oder Frau sind, nur keine Angst vor Hanteln, auch davon müssen Sie keine Muskelpakete bekommen. Sie sorgen einfach dafür, dass Ihre Kraft, Fitness und Energie stabil bleiben.

Natürlich unterstützt der Einsatz von Gewichten Sie beim Muskelaufbau. Vielleicht wissen Sie aber noch nicht, dass er auch Ihre Knochen stärkt, und das kommt gerade den Frauen zugute, deren Osteoporoserisiko im Alter höher ist. Mit starken, gesunden Knochen und Muskeln ist Ihr Körper gerüstet, alle Aufgaben des Tages zu bewältigen. Das Leben wird einfach leichter.

Sie müssen aber die richtigen Gewichte wählen. Sie brauchen Gewichte, die nicht zu leicht sind. Die Gewichte sollten so ausgelegt sein, dass Sie sie fünf- bis achtmal heben können, nicht öfter. Oder sagen wir so: Die für Sie richtigen Gewichte sollten Sie nicht öfter als zehnmal heben können. Mehr wäre gefährlich.

Noch einmal, lassen Sie sich davon nicht beunruhigen. Widerstandstraining ist die natürliche Erweiterung Ihres Bodyweight-Trainings, bei dem Sie Ihr eigenes Körpergewicht als Widerstand nehmen, und es ist auch ganz ähnlich angelegt. Auch hier wechseln sich Übungsperioden mit Ruhephasen ab, nur dass die Übungsanteile aus fünf bis acht Wiederholungen mit zusätzlichen Gewichten bestehen. Statt Liegestützen machen Sie jetzt Bankdrücken (in Rückenlage ein Gewicht stemmen), statt Kniebeugen eine Kniebeuge mit Gewicht. Zwischen den einzelnen Übungen pausieren Sie für jeweils dreißig Sekunden, und am Schluss sind zwei Minuten Ausruhen vorgesehen, bevor Sie wieder von vorn beginnen. Eine Trainingseinheit könnte dann so aussehen:

- fünf- bis achtmal Bankdrücken
- 30 Sekunden Ruhe
- fünf bis acht Ausfallschritte mit Gewicht
- 30 Sekunden Ruhe

- fünf bis acht Kniebeugen mit Gewicht
- 30 Sekunden Ruhe
- fünf bis acht Step-ups mit Gewicht
- 30 Sekunden Ruhe

Das ist ein anstrengenderes Training, das Sie nicht öfter als zwei- bis dreimal pro Wochen machen sollten. Wenn Sie es so oft wiederholen, wie es Ihnen guttut, werden Sie sich lebendig fühlen wie schon lange nicht mehr. Aber jede Übertreibung würde sich auf Dauer rächen. Zwei-, dreimal die Woche, mehr nicht!

Sobald Sie sich bis auf dieses Level gesteigert haben, empfehle ich Ihnen Yoga oder Pilates als aktive Erholung. Nach dem Gewichtheben ist man am nächsten Tag gern ein wenig steif und hat Muskelkater. Mit Yoga und Pilates schaffen Sie es, locker und gelenkig zu bleiben. Wenn Sie Spaß daran haben, spricht nichts dagegen, sich täglich solchen entspannenden und Stress abbauenden Übungen zu widmen, die auf Körper und Geist verjüngend wirken und außerdem für stabile Energie sorgen.

Wie man bei erschöpften Nebennieren trainiert

In diesem Zustand sind Sie eigentlich ständig müde, und ein anstrengendes Bewegungsprogramm würde alles nur noch schlimmer machen. Hier müssen Sie einfach sehr klug zu Werke gehen, schließlich wissen Sie, dass Sie sich ein richtig knackiges Training derzeit nicht zumuten können. Ihr Trainingsplan muss Ihren Nebennieren Zeit lassen, sich zu regenerieren und letztlich wieder zu normalisieren. Und selbst wenn die Nebennieren dann wieder bei Kräften sind, dürfen Sie es mit dem Training nicht übertreiben, um sie nicht wieder zu überfordern. Davor müssen wir uns alle hüten, auch wenn uns die Nebennieren noch nie zu schaffen gemacht haben.

Wie schon gesagt, bei vielen Menschen ist das Training nicht optimal aufgebaut und schadet eher. Meistens ist die Belastung einfach zu hoch. Manche sehen Sport und Bewegung als letzte Rettung, wenn die Gewichtsreduzierung einfach nicht gelingen will – wo es doch eigentlich darum geht, dass sie sich wohlfühlen. In der Fitnesswelt hat sich auch noch nicht bei allen herumgesprochen, dass manche Menschen an dieser Erschöpfung der Nebennieren leiden und bei den weit übertriebenen Work-outs, die immer mehr in Mode kommen, nicht mithalten können. Ich kenne mich da aus, ich habe es selbst erlebt.

Ich war immer sehr schnell erschöpft. Während meiner Zeit im Profifußball mit Anfang 20 war mein Leben ein einziges verschwommenes Durcheinander. Ich trieb mich gnadenlos an, und es war auch gar nichts anderes möglich. Spiele, Training und dann auch noch die vielen Fahrten – sechs Tage die Woche ging ich ständig über meine Grenzen, und es blieb mir nur ein einziger Tag, um mich ein bisschen zu erholen. Es war damals schon alles viel zu viel, aber richtig eingeholt hat es mich erst mit Anfang 30, als ich mir die Wahrheit einfach nicht mehr verschweigen konnte: Ich musste dringend etwas unternehmen, sonst würde mein Körper ganz aufgeben. Es war Selbstmord auf Raten.

Was ich Ihnen jetzt an Trainingsabläufen vorstelle, ist das Ergebnis dessen, was ich in der schwierigen Phase der Erholung gelernt habe. Hier werden die in diesem Kapitel dargestellten Prinzipien umgesetzt, und zwar mit verlängerten Ruhephasen zwischen den einzelnen Abschnitten. Insgesamt handelt es sich um einen Trainingsplan, wie er beim Gewichtheben und im Kraftsport angewendet werden könnte – aber mit dem Ziel, einen muskulösen und doch schlanken Körper aufzubauen. Allzu anstrengende Work-outs werden hier jedenfalls vermieden, sodass sich Ihre Nebennieren erholen können und Sie verlässlich immer genug Energie für Ihren Alltag haben.

• • •

Sehen wir uns zuerst Ihr Krafttraining an. Es hat etwas von dem verschärften Zirkeltraining, das ich im vorigen Abschnitt umrissen habe, das heißt, Sie werden dabei Gewichte verwenden. Es handelt sich um wenige Übungen, nämlich Bankdrücken, Ausfallschritte, Klimmzüge und Kniebeugen. Wichtig ist, dass Sie mehr Erholungszeit zwischen den Übungsphasen haben. Hier der ganze Ablauf:

- fünf- bis achtmal Bankdrücken
- Ruhe
- fünf bis acht Ausfallschritte mit Gewicht

- Ruhe
- Klimmzüge (maximal fünf bis acht mit Gewicht)
- Ruhe
- fünf bis acht Kniebeugen mit Gewicht
- Ruhe

(dreimal wiederholen)

Wie Sie sehen, gebe ich für die Ruhe keine bestimmte Zeit an, und zwar weil Sie sich so viel Zeit nehmen sollen, wie Sie zur Erholung brauchen. Bei Ermüdung der Nebennieren müssen die Ruhezeiten einfach länger sein. Wie lang, das können Sie ganz einfach selbst feststellen: bis Sie wieder zu Atem kommen. Es können dreißig Sekunden sein, es kann eine ganze Minute sein, bis Sie bereit sind, mit der nächsten Übung zu beginnen. Nehmen Sie sich Zeit, bis Sie nicht mehr keuchen, und seien Sie geduldig mit sich, wenn es etwas länger dauert. Wenn Sie eine Weile so trainiert haben, werden Sie immer weniger Erholungszeit brauchen.

Vielleicht möchten Sie auch einmal das sogenannte Superset-Training ausprobieren, bei dem in den einzelnen Abschnitten eines »Sets« ganz gezielt unterschiedliche Muskelgruppen trainiert werden, die für voneinander unabhängige Bewegungsabläufe zuständig sind. Kniebeugen beispielsweise beanspruchen die Druckmuskeln des unteren Körpersegments, während Sie beim Bankdrücken mit den Druckmuskeln des Oberkörpers arbeiten. Das macht die beiden Übungen zu einem perfekten Paar in einem Superset.

Bleiben wir bei diesem Beispiel. Bei einem Superset aus diesen beiden Übungen fangen Sie mit fünf- bis achtmal Bankdrücken an, danach ein wenig Zeit zum Ausruhen. Dann schließen sich fünf bis acht Kniebeugen mit nachfolgender Ruhephase an. Üben Sie diese Zweiergruppe dreimal, und Sie haben ein Superset absolviert. Eine Superset-Trainingseinheit sieht dann im Überblick so aus:

Superset 1

- fünf- bis achtmal Bankdrücken
- Ruhe
- fünf bis acht Ausfallschritte mit Gewicht
- Ruhe
- fünf- bis achtmal Bankdrücken
- Ruhe
- fünf bis acht Ausfallschritte mit Gewicht
- Ruhe
- fünf- bis achtmal Bankdrücken
- Ruhe
- fünf bis acht Ausfallschritte mit Gewicht
- Ruhe

Superset 2

- fünf bis acht Step-ups
- Ruhe
- fünf bis acht Klimmzüge
- Ruhe

- fünf bis acht Step-ups
- Ruhe
- fünf bis acht Klimmzüge
- Ruhe
- fünf bis acht Step-ups
- Ruhe
- fünf bis acht Klimmzüge
- Ruhe

Beide Sets verlangen maximale Kraftentfaltung Ihrer Muskeln, gönnen Ihnen dann aber genügend Ruhe, damit Ihnen nicht die Puste ausgeht. Mit beiden Sets kommen Sie gut in Form, ersparen sich aber Work-outs der gewalttätigen Art.

* * *

Die andere Komponente Ihres Trainingsplans ist natürlich Kardio, auch Herz-Kreislauf- oder Ausdauertraining genannt. Es ist ungefähr das gleiche wie das weiter vorn in diesem Kapitel dargestellte Intervalltraining, nur dass Sie es etwas reduzieren.

Wir lassen uns wie gesagt gar nicht erst auf übermäßig langes Ausdauertraining ein. Es tut niemandem gut, und bei angeschlagenen Nebennieren schon gar nicht. Am besten wählen wir das Intervalltraining, bei dem sich intensive Übungsphasen mit Ruhephasen abwechseln.

Wenn Sie beispielsweise joggen, teilen Sie Ihren Lauf in kurze Sprintphasen und längere Ruhephasen auf, in denen

Sie gehen oder gemütlich joggen. Beim Seilspringen wechseln schnelle Phasen mit langsamen ab.

Wenn Sie an den Beginn dieses Kapitels zurückblättern, wird Ihnen auffallen, dass es sich fast um den gleichen Trainingsablauf handelt, der auch für Leute mit intakten Nebennieren gilt. Der Unterschied liegt vor allem darin, dass Sie weniger häufig und weniger lange trainieren – zweimal die Woche zwanzig Minuten, mehr nicht. Mehr würde Sie nur über die Grenzen dessen treiben, was Sie gegenwärtig leisten können.

Und glauben Sie mir, das genügt für den Anfang, sogar zweimal die Woche zehn Minuten wären einstweilen ausreichend. Wichtig ist, dass Sie in Bewegung bleiben, und zwar gerade genug, um Ihren Körper aktiv zu halten und gleichzeitig den Nebennieren den Freiraum zu lassen, in dem sie sich erholen können.

Im Grunde gilt das für jeden, ob die Nebennieren nun müde sind oder nicht. Sport soll ja nicht Strafe für schlechte Ernährung sein; und »ohne Fleiß kein Preis« stimmt zwar, aber der »Preis« fällt hier nicht umso größer aus, je mehr Sie sich plagen.

● ● ●

Wenn wir all die Fitnessmärchen beiseitelassen, nach denen so viele zu trainieren versuchen, bleibt am Ende dies übrig: Training besteht einfach darin, dass Sie Ihren Körper so bewegen, wie er gern möchte und wie er es braucht, um optimal in Form zu sein. Ihr Körper bewegt sich erst dann nicht mehr, wenn Sie tot sind, was also sollte Sie davon abhalten, ihn jetzt voll und ganz zu nutzen und Ihre Freude an ihm zu haben?

Wenn Sie erst einmal gelernt haben, Ihr Training sinnvoll anzulegen, werden Sie sehen, dass Sie hinterher nicht mehr müde und erledigt sind. Das ist eine durchaus anspruchsvolle Aufgabe, aber Sie werden bald kaum noch ohne Ihre Work-outs sein können. Sie sind dann eine ganz wichtige Voraussetzung dessen, wonach Sie sich immer gesehnt haben: Energie, die den ganzen Tag über anhält. Eine schöne Vorstellung, oder?

10

Stressabbau und stabiler Hormonhaushalt – die besten Rezepte

Wenn Ihr Chef Sie unter Druck setzt, sind Sie darüber bestimmt nicht froh, und lebendiger macht es Sie auch nicht. Wenn es daheim ständig zu Streitgesprächen kommt, fühlen Sie sich zunehmend elend. Wenn dann auch noch das Geld knapp ist und Sie kaum wissen, wie Sie die Miete immer wieder aufbringen sollen, bekommen Sie schließlich das Gefühl, am Ende zu sein.

Stress ist in dieser modernen Gesellschaft nicht nur eine Realität, sondern er scheint einfach nie aufzuhören. Wie ich Ihnen in diesem Buch vor Augen geführt habe, ist chronischer Stress einer der Hauptgründe für die Energielosigkeit so vieler Menschen. Worin genau der Stress besteht, spielt keine Rolle, jedenfalls nimmt er Ihre Nebennieren mit und bringt den Blutzucker durcheinander – und das ist nur die Spitze des Eisbergs.

Alles in Ihrem Körper hängt irgendwie mit allem anderen zusammen, alle Funktionen Ihres Körpers verbinden sich zu einer Art Ökosystem. Eine Entschlackung der Leber ist kein isoliertes Geschehen, sondern alle Zellen und Organe des Körpers profitieren davon und werden ebenfalls Giftstoffe los. So hat es meist auch wenig Sinn, irgendetwas Beschädigtes oder schlecht Funktionierendes im Körper isoliert zu reparieren. In Ihrem Leben insgesamt sieht es nicht anders aus.

Im Leben gibt es immer wieder Verwirrendes, Frustrierendes oder Ärgerliches, und darunter leiden Ihre Gesundheit und Ihr Energiehaushalt, solange Sie nichts Wirksames zur Stressbewältigung finden. Deshalb erläutere ich Ihnen in diesem Kapitel einige erstaunlich wirkungsvolle Strategien, die dem Stressabbau dienen und den Nebennieren die dringend benötigte Zuwendung sichern. Sobald Sie über zuverlässige Mittel der Stressbewältigung und Stressreduzierung verfügen, werden auch die Schilddrüse und Ihre Libido aufleben, der Blutzucker und das Hormonsystem werden sich normalisieren. Einfache und zuverlässige Stressentlastung gehört zu den allerwichtigsten Dingen, wenn es darum geht, Ihren Körper wieder ins Lot zu bringen.

Ich weise noch darauf hin, dass wir hier nicht wieder über die Ernährung sprechen werden, der wir ja bereits einige Kapitel gewidmet haben. Es wird aber für Sie darum gehen, die sagenhaft wirksamen Strategien dieses Kapitels mit der Energy-Booster-Ernährung und den speziellen Unterstützungsmaßnahmen für die Nebennieren zu verbinden. Tun Sie es, und Sie werden sich schon nach ein paar Tagen fühlen, als hätten Sie den Jackpot geknackt.

Was hilft?

Sie haben sicher schon oft gehört, wie wichtig Stressbewältigung ist. Leider sind viele der Empfehlungen nicht gerade aufregend. Schon wieder neue Übungen? Gibt es kein Mittel, das man einnehmen kann und das alles in Ordnung bringt?

Doch, es gibt ganz tolle Nahrungsergänzungen und andere Patentlösungen – nur leider, sie bringen es nicht. Wirklich weiter kommen wir nur mit anderen Dingen, die uns bekanntermaßen guttun – Meditation, Yoga, Natur und andere Dinge dieser Art. Sicher, man muss sich da ein wenig eingewöhnen, aber wenn Sie auch nur eine dieser Möglichkeiten nutzen, werden Sie die Leichtigkeit erleben, die Sie so lange vergeblich gesucht haben.

Wir werden in diesem Kapitel einige dieser Strategien etwas näher betrachten und auch einige weniger bekannte zur Sprache bringen. Setzen Sie die um, die Sie für geeignet halten, und Sie tun eine Menge für Ihre Nebennieren und Ihren Energiehaushalt.

Die Wahrheit über Stress

Weshalb erleben Tausende Menschen, die in einem Stadion ein Spiel verfolgen, nicht alle das Gleiche? Wie kommt es, dass ein laut weinendes Kind im Flugzeug manche Leute wahnsinnig macht, während es bei anderen einfach nur Mitgefühl auslöst?

Die Antwort ist sehr einfach und gilt für jede Art von Stress, die Ihnen zu schaffen macht: Es liegt an der *Bedeutung*, die wir den Dingen geben.

Kein Umstand, kein Vorkommnis löst *per se* eine bestimmte Reaktion bei uns aus, sondern unsere Gefühlsreaktion – und damit auch der eventuelle Stress – ist durch unsere Deutung der jeweiligen Situation bedingt. Wenn Ihre Mannschaft im Rückstand ist, sind Sie stärker gestresst als die Fans der gegnerischen Mannschaft. Auch ein weinendes Kind im Flugzeug löst nicht zwangsläufig Stress aus. Es liegt ganz bei Ihnen, wie Sie reagieren, jedenfalls zwingt das Kind Ihnen keine Reaktion auf. Wäre es so, würden sämtliche Fluggäste auf die gleiche Art reagieren, aber so ist es nicht.

Dies zu wissen ist sehr wichtig und ermutigend, schließlich besagt es ja, dass wir unsere Gefühlsreaktionen selbst steuern können. Wenn Sie gestresst sind, liegt das an Ihnen, und wenn Sie heiter und gelassen sind, liegt das auch an Ihnen. Haben Sie sich einmal klargemacht, dass Sie für alles in Ihrem Leben selbst verantwortlich sind, können Sie das Ruder wieder bewusst in die Hand nehmen.

Es gibt dazu auch eine ganze Reihe Studien, die besagen, dass wir stärker unter Stress stehen und weniger glücklich sind, wenn wir das Gefühl haben, in einer bestimmten Situation nichts ausrichten zu können. Hier ein klassisches Beispiel aus dem Jahr 1970:

Bei 40 Studenten wurde die Reaktion auf das Einsetzen eines sechs Sekunden dauernden Stromschlags festgehalten. Nach zehn Vorversuchen wurde der Hälfte der Teilnehmer mitgeteilt, je schneller sie reagierten, desto kürzer werde der Stromschlag ausfallen. Es ging also im Wesentlichen darum, dass sie etwas tun konnten, sie mussten sich nicht machtlos fühlen. Die übrigen Probanden erfuhren lediglich, die Dauer der weiteren Stromschläge werde kürzer sein, unabhängig von ihrem eigenen Verhalten.

Alle Teilnehmer bekamen im zweiten Teil des Versuchs Stromschläge von drei Sekunden Dauer, und die nicht der bewussten Steuerung unterliegenden körperlichen Reaktionen wurden erfasst. Es zeigte sich, dass diese Stressreaktionen bei den Probanden, die durch schnelleres Reagieren einen Einfluss auf die Dauer der Stromschläge zu haben glaubten, geringer ausfielen als bei den anderen, die nichts unternehmen konnten. Man schloss daraus, dass das bloße Gefühl, etwas tun zu können, die autonomen Reaktionen (oder Stressreaktionen) beeinflusst.[1]

Bei einer Studie aus dem Jahr 2004 ging es um Lärmstress, auf den die Probanden einen gewissen Einfluss hatten, und je größer der Einfluss auf die Lärmquelle war, desto geringer fiel die Cortisolreaktion aus.[2]

Die Forschungen kommen immer wieder zu ähnlichen Ergebnissen, aber was bedeuten sie, was sagen sie Ihnen? Ich hoffe, es wird Ihnen klar, dass unsere Wahrnehmung des Lebens stark davon abhängt, in welchem Maße wir uns selbst verantwortlich fühlen. Nur Sie selbst bestimmen über Ihre Gefühlsregungen.

Betrachten wir noch ein anderes Gebiet. Viele Menschen haben Flugangst. Mir geht es da ganz anders, ich fliege mit größtem Vergnügen. Ich glaube, dass die Flugangst bei vielen daher kommt, dass sie nicht wissen, was im Cockpit passiert. Würde man da vor all den Instrumenten und Schaltern sitzen und sehen, wie sicher das alles ist (sofern man keine krassen Fehler macht), hätte man beim nächsten Flug sicher weitaus weniger Stress.

Bekanntlich ist das Fliegen statistisch gesehen deutlich sicherer als das Autofahren, und trotzdem bekommen die allermeisten keine schweißnassen Hände, wenn sie in ein Auto einsteigen. In den USA kam es 2008 zu über fünf Millionen Verkehrsunfällen mit statistisch 1,27 Todesfällen je 100 Millionen gefahrene Meilen. Bei Flugzeugen von US-Airlines kam es im gleichen Jahr zu gerade einmal 20 Unfällen, was auf eine Unfallhäufigkeit von unwesentlich über null auf eine Million Flugmeilen hinausläuft. Niemand kam bei diesen Unfällen ums Leben, und nur fünf Menschen trugen ernste Verletzungen davon.[3]

Falls diese Zahlen noch nicht ausreichen, können wir zusätzlich die ebenfalls im Jahr 2008 ermittelte Sterbewahrscheinlichkeit auf diesen beiden Gebieten anführen: Einer von 98 Menschen kommt im Laufe seines Lebens bei einem Motorfahrzeug-Verkehrsunfall ums Leben; in der Luftfahrt ist es so, dass statistisch einer von 7178 Menschen im Laufe seines Lebens aufgrund eines Flugunfalls stirbt. Donnerwetter!

Ist es angesichts dieser Wahrscheinlichkeiten nicht beinahe verrückt, sich in ein Auto zu setzen? Aber das Fliegen erscheint uns gefährlicher, weil wir das Risikopotenzial anders einschätzen. Beim Autofahren haben wir das Lenkrad und alle anderen Einzelheiten der Bedienung selbst in der Hand, und das fühlt sich einfach weniger gefährlich an.

Außerdem sterben bei Flugzeugabstürzen oder Bruchlandungen oft viele Menschen auf einmal, sie sind anschließend im Fernsehen zu sehen – genüsslich ausgebreitet, weil die Medien nun einmal gern Ängste schüren. Das Ergebnis ist, dass immer mehr Menschen immer stärkere Bedenken gegenüber dem Fliegen haben.

Ich, wie gesagt, liebe das Fliegen. Ich habe sogar vor nicht allzu langer Zeit meinen privaten Pilotenschein gemacht. Das Fliegen ist für mich entspannender als Meditation. Doch, wirklich. Wenn Sie ein Kleinflugzeug steuern, bleibt Ihnen keine Zeit, über irgendetwas anderes nachzudenken. Sie können nicht nach E-Mails schauen oder sich Sorgen um Ihre Arbeit oder den Kontostand machen. Sie müssen ganz da sein, sonst könnten Sie sich und anderen schweren Schaden zufügen. Natürlich sage ich nicht, dass Sie Pilot werden sollen; ich möchte die Dinge nur ins rechte Licht rücken.

Lassen Sie mich das an einem weiteren Beispiel erläutern, diesmal aus dem Sport. Ich hatte in jüngeren Jahren das Glück, drei Jahre im Profifußball spielen zu können. Allerdings war mein Gebaren auf dem Platz nicht gerade nebennierenfreundlich. Hätten Sie mich damals sehen können, Sie hätten gedacht, dass ich während des Spiels von einem Dämon besessen sei. Als Torwart war ich ein wahrer Tyrann, der die Feldspieler 90 Minuten lang schreiend dirigierte. Man läuft ja als Torwart nicht gar so viel, trotzdem war ich nach den meisten Spielen fix und fertig und gegen Ende meiner Karriere wirklich tief erschöpft. Und ich war 24! Damals durchschaute ich nicht, dass der

Stress, den ich meinem Körper zumutete, meine Nebennieren buchstäblich auslaugte. Nehmen Sie den Bammel vor jedem Spiel, das harte Training und meine miserable Ernährung hinzu, und es liegt eigentlich auf der Hand, weshalb die Energie, die ich Tag für Tag gebraucht hätte, einfach nicht mehr da war.

Wenn ich heute Fußball, Tennis oder sonst etwas spiele, bin ich so ruhig, dass mir die Sache sogar Spaß macht und ich lächeln kann. Es ist ein Unterschied wie Tag und Nacht. Wenn ich früher einen Torschuss halten musste, schrie ich auf meine Verteidiger ein, die es gar nicht erst so weit hätten kommen lassen dürfen. Heute hechte ich einfach nach dem Ball, stehe wieder auf und schmunzle in mich hinein. Meistens.

Nach wie vor bin ich mit Feuereifer bei der Sache und sehr ehrgeizig, aber heute bin ich dabei bewusster und nehme deutlicher wahr, was eigentlich vor sich geht. Feuer ist nicht mit Feuer zu bekämpfen. Man muss ruhiger werden, die Ruhe im Auge des Sturms. Das ist inzwischen mein Mantra, auf das ich zurückgreife, wenn sich die Dinge zu überschlagen scheinen. Ich brauche es vor allem dann, wenn die Kinder so richtig aufdrehen.

Was ich an Prägungen aus meiner Kindheit mitbringe, lässt mich meist nicht gar so souverän reagieren, wenn meine Kinder schreien oder weinen. Seit mir diese Tendenz bewusst ist, kann ich mir jederzeit bewusst machen, dass ich nicht meine Eltern bin. Ich entscheide selbst, wie ich reagiere, ich muss mich nicht von alten Automatismen mitschleifen lassen.

Wenn also der Fall eintritt und meine Kinder einen Tanz aufführen, sage ich mir so oft wie nötig: »Ich bin die Ruhe im Auge des Sturms.« Dabei visualisiere ich mich auch, wie ich im Auge eines tobenden Hurrikans meditiere. Die Wirkung ist oft verblüffend. Wenn man dann noch ein paarmal tief durchatmet, ist man bald wieder Herr seiner selbst und keineswegs gezwungen, sich so gestresst zu fühlen, wie man nach Lage der Dinge sein sollte.

Mit allen diesen Beispielen möchte ich Ihnen verdeutlichen, dass Stress zu 100 Prozent selbst erzeugt ist. Manche Menschen drehen bei bestimmten Vorkommnissen durch, während andere zu alternativen Deutungen finden, die ihnen erlauben, nicht gar so hilflos dazustehen. Diejenigen, die völlig aus dem Häuschen sind, wo andere besonnen bleiben können, strapazieren ihre Nebennieren und untergraben ihre Gesundheit.

Da Sie jetzt wissen, dass Ihr Stress mit Ihnen zu tun hat und auf Sie zurückfällt, können wir uns mit der Frage beschäftigen, welche Möglichkeiten des sinnvollen Umgangs mit Stress Ihnen zur Verfügung stehen, damit Sie Ihren Nebennieren und Ihrem Hormonhaushalt etwas Gutes tun können. Halten Sie sich vor Augen, dass Sie Stress nicht einfach abschaffen können; Sie können nur lernen, besser damit umzugehen. Es liegt ganz bei Ihnen, ob Sie das als befreiend oder als bedauerlich empfinden.

Kommen wir jetzt aber zu den versprochenen Strategien der Stressbewältigung.

Achtsamkeit und Geistesgegenwart

Ihr Weltbild bestimmt sehr weitgehend, wie Sie das Leben erleben. Viel hängt vom Blickwinkel ab. Manche leben in dem Gefühl, immer nur Pech zu haben, während andere durchaus erkennen, dass sie an allem ursächlich beteiligt sind. Menschen der ersteren Art leben als Opfer, sie geben alle Macht an »das Schicksal« ab. Wenn Sie nicht gar so machtlos dastehen möchten, bleibt Ihnen nur einzusehen, dass Sie für alles in Ihrem Leben selbst verantwortlich sind.

Unabhängig von Ihrem persönlichen Glauben gilt auf jeden Fall, dass Ihr Körper weniger auf die Ereignisse selbst reagiert als vielmehr auf die Deutung, die Sie ihnen geben.

Aufgrund dieser Feststellung möchte ich Ihnen Mut machen, geistesgegenwärtiger und bewusster zu werden – wirklich wahrzunehmen, was sich in Ihrem Leben abspielt. Ist es wirklich das Ende der Welt, wenn Sie im Verkehr feststecken? Wenn sich Ihr Abflug wegen irgendeines technischen Problems verzögert, müssen Sie sich dann wirklich mit dem Gedanken verrückt machen, wie es gewesen wäre, wenn der Start doch erfolgt wäre?

Ich weiß, was Sie jetzt denken: Man kann nicht von jetzt auf gleich umschalten und solche quälenden Gedanken einfach hinter sich lassen. Das ist wirklich nicht einfach, und ich sage ja auch nicht, dass Sie da über Nacht einen großen Durchbruch erleben werden; aber ich möchte Sie auffordern, ein bewussterer Mensch zu werden. Ich möchte Sie in die Lage bringen, die Ereignisse Ihres Lebens so aufzufassen, dass Sie sich nicht machtlos fühlen; Ihre Deutungen sollen Ihnen dienen und Sie nicht unter Stress setzen.

Wenn Sie sich in der gegebenen Situation Fragen stellen, in denen Sie als Akteur und nicht als Opfer vorkommen, dient das auch dem Stressabbau. Zum Beispiel:

- »Was kann ich aus dieser Sache lernen?«
- »Wie können diese Umstände und Ereignisse mir dienen?«
- »Welche Bedeutung sehe ich darin, und wie kann meine Deutung mir weiterhelfen?«

Dankbarkeitstagebuch

Unser Gehirn kann sich immer nur einer Sache auf einmal widmen, und das gilt auch für unsere Gefühle. Wenn Sie lächeln, können Sie nicht zugleich traurig sein, und so können Sie auch nicht unter Stress stehen, solange Sie Dinge im Sinn haben, für die Sie dankbar sind. Wenden Sie fünf Minuten pro Tag auf, um alles zu notieren, wofür Sie dankbar sind, und Sie tun das Einfachste und Wirkungsvollste, was Sie für weniger Stress und mehr Glück tun können. Tun Sie es morgens, bevor der Tag beginnt, oder am Abend vor dem Schlafengehen. Beides geht natürlich auch. Wichtig ist nur, dass Sie sich darauf einlassen und dabei bleiben.

Bedenken Sie immer, dass die Dinge in Ihrem Leben stärker werden, denen Sie Ihre Aufmerksamkeit zuwenden. Sie kommen also nur wirklich weiter, wenn Sie sich auf das ausrichten, was funktioniert. Vergleichen Sie das mit dem Herumreiten auf Dingen, über die man sich beklagt, weil sie nicht richtig laufen. Ich denke, Sie spüren den Unterschied, wenn Sie sich das auch nur vorstellen.

Hier ein paar Anregungen zu Fragen, an denen Sie sich bei Ihren Einträgen im Dankbarkeitstagebuch orientieren können:

- »Fallen mir drei Dinge ein, für die ich dankbar bin?«
- »Für welche drei Menschen in meinem Leben bin ich dankbar und weshalb?«
- »Welche drei Dinge sind heute in meinem Sinne gelaufen?«

Das genügt schon. Fangen Sie einfach damit an. Es muss nichts Kompliziertes sein. Diese drei Fragen verändern sofort Ihre ganze Ausrichtung und bringen Sie auf den Weg der Dankbarkeit und Zuversicht. Stellen Sie bessere Fragen als bisher, und Sie bekommen bessere Antworten.

Tiefes Atmen

Es gibt etwas, das Sie unbedingt ständig zum Leben brauchen, aber wahrscheinlich nicht bewusst wahrnehmen, weil es Ihnen so selbstverständlich erscheint. Worauf können Sie allenfalls ein paar Minuten verzichten, bevor der Tod eintritt?

Luft.

Mit der Atemluft gelangt Sauerstoff in Ihren Körper, der für die Energieerzeugung unabdingbar ist. Bei Mangel an Sauerstoff geht Ihnen die Energie aus, Giftstoffe reichern sich im Körper an, und schließlich sterben Sie. Wenn Sie nicht allein die eher flache Brustatmung nutzen, sondern tief in den Bauch hineinatmen, bekommt Ihr Körper mehr Sauerstoff, und je mehr Sauerstoff vorhanden ist, desto geringer werden angstbesetzte Spannungsgefühle.

Ich möchte Sie hier mit zwei ganz besonderen Atemtechniken vertraut machen, die Ihrem Körper mehr Sauerstoff zuführen und zugleich unglaublich beruhigend auf Ihre Nerven wirken. Achten Sie bei diesen Übungen darauf, dass Sie sich gerade halten und auch der Hals locker gestreckt bleibt (das heißt, das Kinn wird nicht in Richtung Brust eingezogen), damit die Luft frei strömen kann.

Vierer-Bauchatmung

Entscheidend ist für diesen Atemablauf, dass Sie so tief wie möglich in den Bauch hineinatmen, damit sich die Lunge ganz mit Luft füllen kann.

1. Setzen Sie sich bequem und mit gerade gehaltenem Rücken hin. Legen Sie eine Hand auf die Brust und die andere auf den Bauch.
2. Atmen Sie vier Sekunden lang durch die Nase ein. Die Hand auf dem Bauch hebt sich dabei, während sich die auf der Brust liegende Hand kaum bewegt.
3. Halten Sie den Atem vier Sekunden an.

4. Atmen Sie vier Sekunden lang durch den Mund aus, wobei Sie mit der Bauchmuskulatur möglichst viel Luft ausstoßen. Die Hand auf dem Bauch bewegt sich dabei Richtung Körpermitte, die auf der Brust bewegt sich kaum.
5. Halten Sie den Atem nach dem Ausatmen wieder vier Sekunden an.

Wiederholen Sie diesen Ablauf zehnmal. Die Übung dauert insgesamt etwa zwei Minuten, und wenn Sie sich bei Stress dazu durchringen können, sind Sie besser gerüstet, mit allem zurechtzukommen. Zumindest sollten Sie diese Übung morgens und abends machen.

Alternierende Nasenatmung

Mit dieser Übung sollen Ruhe und Ausgeglichenheit einkehren, und darüber hinaus harmonisiert sie das Zusammenspiel der linken und rechten Gehirnhälfte. Nehmen Sie wieder eine bequeme Sitzhaltung ein.

1. Halten Sie das rechte Nasenloch locker mit dem rechten Daumen zu, um durch das linke Nasenloch tief einzuatmen.
2. Am Ende des Einatmens verschließen die das linke Nasenloch mit dem Ringfinger der rechten Hand und atmen durch das rechte Nasenloch aus.
3. Atmen Sie mit unveränderter Fingerhaltung durch das rechte Nasenloch ein.

4. Am Ende des Einatmens verschließen Sie das rechte Nasenloch mit dem Daumen und atmen durch das linke Nasenloch aus.

Wiederholen Sie diesen Ablauf zehnmal. Die Übung eignet sich besonders gut zur Einstimmung auf kreative oder konzentrierte Arbeit.

Yoga

Vor etlichen Jahren in meiner Zeit als Trainer für Kraft und Kondition im Männerfußball der University of Toronto habe ich für die Spieler eine 25-minütige Yogaeinheit dreimal die Woche eingeführt. Erst dachten sie alle, ich sei wohl ein bisschen verrückt, aber schon nach der ersten Yogaübung kamen ein paar der Männer auf mich zu und sagten, ihre Beine fühlten sich so viel leichter an, und außerdem seien sie konzentrierter und mehr in der »Zone«. Es handelte sich um Hochschulsportler der Extraklasse, keineswegs um eine durchschnittliche Yogaklientel. Schon wenige Wochen nach der Einführung dieser neuen »Trainingseinheit«, die immer ein paar Stunden vor Spielen, nach dem Training und auf Reisen stattfand, bekam ich Rückmeldungen wie diese:

- »Muskelkater nach den Spielen tritt bei mir gar nicht mehr auf, und ich bewege mich auf dem Platz besser, weil ich gelenkiger geworden bin.«

- »Endlich verletze ich mich nicht mehr und bin bei der Vorbereitung auf wichtige Spiele mehr bei der Sache.«
- »Diese Yogaübungen machen mich konzentrierter und leistungsstärker, als ich gedacht hätte.«
- »Ich gehe ruhiger und weniger nervös in große Spiele.«
- »Die Anspannung im unteren Rücken, die ich immer hatte, ist weg.«

Stellen Sie sich vor, wie Verbesserungen dieser Art in Ihrem Leben aussehen könnten. Ich muss die Stärken des Yoga – Stressabbau, Verjüngung des Körpers, Vermehrung der Energie – sicher nicht eigens betonen. Es gibt viele Arten von Yoga, Sie müssen nur eine finden, die Ihnen liegt. Am ehesten spüren Sie die Wirkung, wenn Sie mindestens zwei- oder dreimal die Woche üben. Tägliche Yogaübungen sind natürlich noch besser, vor allem wenn Ihnen die Nebennieren Probleme bereiten.

Abreagieren oder meditieren?

Stress löst häufig Verärgerung und Wut aus. Es besteht die verbreitete Meinung, wir könnten mit angestautem Ärger und Frust leichter umgehen, wenn wir gelegentlich »Dampf ablassen«, indem wir auf Kissen oder Punchingbälle einschlagen und schreien. Es hat angeblich eine kathartische oder reinigende Wirkung, doch leider trifft das nicht zu.

Weshalb das so ist, wurde bei einer experimentalpsychologischen Studie deutlich.[4] Bei diesem Experiment hatten die Teilnehmer den Auftrag, zu einem sensiblen Thema einen Aufsatz zu schreiben. Dazu bekamen sie die Information, ihr Aufsatz werde anschließend von einem der anderen Teilnehmer bewertet. Dem war aber nicht so, sondern die Wissenschaftler verfassten diese Beurteilungen selbst – und sie fielen allesamt vernichtend aus. Allen Teilnehmern wurde im Einzelgespräch mitgeteilt, ihr Aufsatz tauge überhaupt nichts, er sei sogar »einer der schlechtesten«, die man je gelesen habe. Man kann sich leicht vorstellen, wie viel Frust und Ärger es da gab, denken Sie nur zurück, wie es in Ihrer Jugend war, wenn Sie solche Beurteilungen von Ihren Eltern oder Lehrern bekamen. Man fühlt sich da ganz furchtbar.

In der zweiten Phase des Experiments bekamen etliche der Teilnehmer Gelegenheit, sich zwei Minuten lang an einem Punchingball auszulassen; die übrigen hatten keinerlei Auftrag.

In der dritten Phase des Experiments spielten alle Teilnehmer ein Videospiel gegen einen fiktiven Gegner, dem sie es mit entsetzlichem Lärm ordentlich geben konnten. Als Maß für die vom einzelnen Spieler ausgelebte Aggression wurde die Lautstärke und Dauer des Lärms genommen, den sie auf den Spielgegner losließen.

Hätte das »Dampfablassen« tatsächlich eine kathartische Wirkung, müsste man erwarten, dass die Teilnehmer, die auf einen Punchingball einschlagen konnten, beim Videospiel weniger Aggressionen zeigen würden als die übrigen, die nur dasaßen und gar nichts taten. Wie sich zeigte, war das Gegenteil der Fall. Die Teilnehmer der Punchingballfraktion erwiesen sich beim Videospiel als die Aggressiveren.

Daraus schlossen die Wissenschaftler, dass das Schlagen die Verbindung zwischen Ärger und Frust und dem aggressiven Ausleben noch verstärkt. Ich würde noch hinzufügen, dass aggressives Verhalten wahrscheinlich auch den Testosteronspiegel erhöht und die Aggressivität dadurch noch mehr Nahrung bekommt.

Aus diesen und ähnlichen Befunden lässt sich ableiten, dass Sie sich mit stillem, meditativem Dasitzen leichter beruhigen, als wenn Sie mit weiteren Akten der Aggression Dampf abzulassen versuchen.

Aus zahlreichen Studien geht hervor, dass Meditation nicht nur Stress und Ängste reduziert, sondern auch das Risiko, Herzkrankheiten zu bekommen, mindert. Ich möchte das jetzt nicht im Einzelnen ausbreiten, sondern gebe Ihnen lieber ein paar Anstöße, wie Sie Meditation zu einem festen Bestandteil Ihres Lebens machen können – falls es nicht bereits so ist.

Ich bin auf dem Gebiet der Meditation kein Experte und habe nicht die Absicht, irgendeine bestimmte Form als anderen überlegen herauszustellen. Aus eigener Erfahrung weiß ich aber, dass Sie von allem profitieren werden, was Ihnen erlaubt, innerlich ruhig zu werden und einfach nur zu *sein*. Bei mir ist es so, dass einfach alles besser läuft, wenn ich meditiere. Die Zeit scheint langsamer zu gehen, ich bin munter und entspannt, die Geschäfte laufen besser – um nur drei meiner Beobachtungen anzuführen. Es müssen bei Ihnen nicht die gleichen Dinge sein, aber Sie werden ganz sicher ein paar wirklich gute Erfahrungen machen.

Meditation ist wie geistiges Training. Am Anfang wird es Ihnen schier unmöglich vorkommen, auch nur zwei Minuten mit geschlossenen Augen still zu sitzen. Sie werden zappelig, Sie schweifen innerlich ab. Mit etwas Übung nimmt das jedoch ab. Je konsequenter Sie Ihren Geist darauf konzentrieren, still zu sein, desto leichter können Sie sich immer wieder in diese Verfassung bringen. Sie werden wie viele andere Meditierende die Erfahrung machen, dass Sie alles in allem ruhiger und konzentrierter werden und nicht mehr so leicht abzulenken sind. Wenn Sie weniger »Datenmaterial« innerlich wälzen, spüren Sie mehr Energie und werden leistungsfähiger – wie bei einem neuen Computer, der noch kaum etwas auf der Festplatte und im Arbeitsspeicher hat. Sie haben hier wirklich nur in jeder Hinsicht zu gewinnen.

Wenn Sie noch nie meditiert haben, schlage ich Ihnen diesen Einstieg vor:

- Wählen Sie für Ihre Meditation feste Zeiten und einen Platz, bei dem Sie bleiben.
- Nehmen Sie sich fest vor, jeden Tag zu meditieren.
- Belassen Sie es für den Anfang bei fünf Minuten. Von da aus können Sie sich dann steigern, wie Sie möchten.

Ich rate Ihnen zum Sitzen in Stille, aber wenn Sie etwas hören möchten, sollte es eine binaurale Aufnahme sein, die Ihnen den Eintritt in das für die Meditation ideale Gehirnstrommuster erleichtert.

Halten Sie sich bewusst, dass es kein falsches Meditieren gibt. Manche werden einwenden, es gebe effektive und weniger effektive Ansätze. Das mag so sein, aber jede Meditation, in der Sie Frieden und Gelassenheit erleben, tut Ihnen gut.

Da Sie jetzt darauf eingestellt sind, einen Versuch zu starten, können Sie mit dieser einfachen Meditationsübung anfangen:

1. Nehmen Sie eine entspannte Sitzhaltung ein, entweder auf einem Stuhl mit gerader Rückenlehne, wobei die Füße flach auf dem Boden stehen sollen, oder auf einem dicken, festen Kissen am Boden. Wenn Sie für den Einstieg liegen möchten, müssen Sie natürlich darauf achten, dass Sie nicht einschlafen.
2. Rücken, Hals und Kopf sollen beim Sitzen in einer senkrechten, geraden Linie ausgerichtet sein. Lassen Sie die Schultern locker fallen, und suchen Sie für die Hände eine bequeme Ablage, die sich meist in der Nähe der Knie oder auf den Knien befindet.
3. Gehen Sie mit Ihrer Aufmerksamkeit zum Atem. Beobachten Sie ihn, wie er ganz natürlich ein und aus strömt. Achten Sie auf die Empfindung des Atems, wie er kommt und geht. Wenn Sie merken, dass Ihre Aufmerksamkeit abschweift, stellen Sie das ein-

fach fest, lassen los und führen Ihre Aufmerksamkeit sanft zum Atem zurück.

Das ist schon alles. Sie zielen einfach darauf ab, Ihren Körper und den Atem bewusst wahrzunehmen, und wenn Sie merken, dass Sie abschweifen, gehen Sie zurück zum Atem. Übung macht auch hier den Meister.

Natur

Bevor meine Kinder zur Welt kamen, hatte ich ein tolles Morgenritual. Ich stand früh auf, packte die Hunde in den Wagen und fuhr ungefähr zehn Minuten bis zum nächsten Wald. Dort ließ ich die Hunde los und lief mit ihnen eine halbe Stunde die Waldwege entlang. Ich glaube, ich habe mich mein Leben lang nie so gut gefühlt wie bei diesen Läufen. Die Sauerstoffanreicherung des Bluts durch die Bewegung im Freien, verbunden mit der herrlich frischen Waldluft – es war wirklich die reine Erholung. Wieder zu Hause, fühlte ich mich gerüstet, es mit der Welt aufzunehmen. Es war einfach großartig. Ich muss wirklich zusehen, dass ich dieses Ritual wieder aufnehme, auch mit drei kleinen Kindern.

Ich habe mich immer schon der Natur verbunden gefühlt, ich liebe die Spaziergänge und das Training im Freien. Sie können mich irgendwo im Wald oder an einem See absetzen, und ich bin die nächsten Stunden wunschlos glücklich. Sicher bin ich nicht der Einzige, dem es so geht.

Auch in der wissenschaftlichen Forschung erweist sich immer wieder die wohltuende Wirkung von Naturspaziergängen auf die seelische und körperliche Gesundheit.

Bei einer Studie wurde den Teilnehmern willkürlich eine von drei Aufgaben zugewiesen: einen Naturspaziergang oder einen Spaziergang in der Stadt zu machen oder sich in einem bequemen Sessel auszuruhen. Es stellte sich heraus, dass die Naturspaziergänger bei den Messgrößen für Glück und positive Stimmungslage höhere Werte erreichten, dafür aber deutlich niedrigere bei Ärger und Aggression. Sie schnitten auch bei einem kognitiven Leistungstest besser ab.[5] Ich bin also tatsächlich nicht der Einzige, der es so erlebt.

Eine weitere, an der University of Essex durchgeführte Studie verglich bei Psychiatriepatienten die Wirkung eines halbstündigen Spaziergangs im Park mit der eines Gangs durch ein Einkaufszentrum. Anschließend berichteten 71 Prozent der Naturspaziergänger von einem Nachlassen depressiver Zustände und sagten auch, sie fühlten sich weniger angespannt. 90 Prozent sprachen sogar von verbessertem Selbstwertgefühl. Dagegen berichteten nur 45 Prozent der Teilnehmer, die sich im Einkaufszentrum aufgehalten hatten, von einem Nachlassen ihrer Depression; 22 Prozent sagten sogar, sie seien eher noch deprimierter. 50 Prozent dieser Leute fühlten sich nach dem Schaufensterbummel noch angespannter, und 44 gaben an, mit ihrem Selbstwertgefühl sei es noch weiter bergab gegangen.[6]

Die therapeutische Wirkung der Natur kann uns nicht wundern, schließlich sind wir Menschen der Natur schon immer sehr eng verbunden gewesen, und dass wir die große Freiheit gegen ein Leben in »Schachteln« eingetauscht haben, ist eine Entwicklung, die vor dem Hintergrund unserer langen Geschichte gerade erst eingesetzt hat. Aufenthalt in grüner Umgebung ist für unsere DNA wie Heimkehr. Dass die Natur heilsam wirken kann und wir in der Natur »ganz andere Menschen« sind, liegt, wie ich glaube, auch daran, dass sie uns innerlich ruhig werden lässt. Es wirkt wie eine Meditation in Bewegung. Es ist ja auch so, dass wir in der Natur nicht mit Reklame und tausend anderen Dingen bombardiert werden. Da gibt es nicht viel an Information zu verarbeiten. Um wieder den Vergleich mit dem Computer zu ziehen: Je weniger Programme parallel laufen, desto schneller arbeitet er.

Das legt einen simplen Schluss nahe: Gehen Sie jeden Tag nach draußen, um sich ein wenig in der Natur aufzuhalten. Gehen Sie mit dem Hund spazieren, machen Sie eine Radtour, ziehen Sie mit den Schneeschuhen los – irgendetwas, das Sie mit der Natur verbindet. Was Ihren Kopf entrümpelt und Ihre Stimmung aufhellt, gibt Ihnen auch mehr Energie.

Aerobes Training

Im vorigen Kapitel über Bewegung und Training habe ich dargestellt, wie Ihr Bewegungsprogramm aussehen muss, wenn Sie sich mehr Energie wünschen. Jetzt möchte ich noch einmal auf Bewegung an frischer Luft eingehen, insbesondere auf ihre Bedeutung für den Stressabbau. Ich will aber vorweg gleich erwähnen, dass es sich um Bewegungsformen handelt, die etwas anstrengender als ein entspannter Spaziergang sind. Das Schöne daran ist natürlich, dass Sie hier Training mit den im vorigen Abschnitt besprochenen heilsamen Naturerlebnissen verbinden.

Als aerobes Training bezeichnet man Bewegungsformen, bei denen es vorrangig um die Beteiligung des Sauerstoffs geht. Es ist kein besonders anstrengendes Training und erzeugt keinen hohen Milchsäureüberschuss in den Muskeln. Geeignet sind Joggen, Radfahren, Schwimmen, Skifahren und alles andere, was Puls und Atmung beschleunigt. Falls Sie Zahlen mögen: Diese Art von Training findet bei 60 bis 75 Prozent Ihrer maximalen Pulsfrequenz statt.

Was macht aerobes Training so wichtig für die Stressbewältigung? Nun, es heitert uns auf und wirkt zugleich entspannend, es regt an und beruhigt, es wirkt gegen Depressionen und löst Stress auf. So erleben es nicht nur Ausdauersportler, sondern es wird auch durch klinische Versuchsreihen bestätigt, bei denen sich zeigte, dass körperliche Betätigung bei Angststörungen und Depressionen hilft. Wenn Sportler und Depressive vom aeroben Training profitieren, wird es bei Ihnen auch so sein.

Die geistig-seelischen Wirkungen des aeroben Trainings beruhen vor allem auf neurochemischen Prozessen. Einfach ausgedrückt senkt es den Spiegel von Stresshormonen wie Adrenalin und Cortisol und erhöht die Produktion von Endorphinen; das sind körpereigene Stoffe, die Schmerzen dämpfen und die Stimmung heben. Sie sind auch für das bereits erwähnte Läufer-High verantwortlich und für die wohlige Entspannung und den Optimismus, die bei kernigen Work-outs gern auftreten.

Und noch ein sehr wesentlicher Gesichtspunkt für die Besserung des seelischen Befindens bei sportlicher Betätigung: Wenn der Bauchumfang abnimmt und Sie mehr Kraft und Ausdauer bekommen, bessert sich natürlich auch Ihr Selbstbild. Sie sind zunehmend einverstanden mit sich, glücklicher, selbstbewusster. Es ist ein Schneeballeffekt der köstlichen Art.

Es gibt kaum einen besseren Einstieg in den Tag als ein paar aerobe Übungen. Das muss nicht lang sein, ein paar Minuten mäßig anstrengendes Bewegungstraining bringen Körper und Geist besser in Schwung als Kaffee. Sie brauchen sich dabei nicht besonders ins Zeug zu legen, fangen Sie mit einer Lieblingsübung an, zehn bis fünfzehn Minuten genügen. Ob Sie Ihren Einsatz dabei richtig bemessen, können Sie mit dem »Redetest« feststellen: Ihr Atem soll hörbar sein, aber Sie könnten noch eine Unterhaltung führen.

Da aerobes Training nicht mit hoher Anstrengung verbunden ist, schadet es Ihren Nebennieren nicht. Trotzdem sollte Ihr Bewegungsprogramm aus Gründen, die ich im vorigen Kapitel genannt habe, nicht ausschließlich aus aerobem Training bestehen. Aber ein wichtiger Bestandteil ist es auf jeden Fall.

Klopfen

Vor einiger Zeit bin ich in eine ganz wunderbare Technik des Stressabbaus eingeführt worden, die *Emotional Freedom Techniques* (EFT) heißt und (zusammen mit abgewandelten Formen dieses Ansatzes) vielfach einfach als »Klopfen« oder auch »Tapping« bezeichnet wird. Ich war sofort Feuer und Flamme und habe immer gleich geklopft, wenn ich in Stress kam. Es ist eine so einfache und wirksame Methode – jeder sollte wissen, wie man sie anwendet. Deshalb habe ich meinen guten Freund Nick Ortner – Autor des Bestsellers *The Tapping Solution* (deutscher Titel *Tapping: Leben ohne Stress*) – gebeten, Ihnen eine kurze Einführung zu geben. Also los, Nick!

Als Yuri mir erzählte, er schreibe an einem Buch, in dem er darstellen wollte, wie Sie die chronische Müdigkeit abschütteln können, mit der sich so viele von uns Tag für Tag herumschlagen, fand ich das richtig spannend. Eines habe ich bei meiner Arbeit mit Tausenden Menschen überall auf der Welt gelernt, nämlich dass Sie bei so gut wie jedem Problem – ob es sich um Beziehungsnöte, Ärger bei der Arbeit, Gewichtsprobleme oder chronische Schmerzen handelt – eine Besserung oder sogar Heilung bewirken können, wenn Sie es schaffen, Stress abzubauen.

Yuri weiß das, und da Sie gerade sein Buch lesen, glauben Sie es inzwischen wohl auch.

Leider wird dieser Gedanke in der konventionellen Gesundheitsversorgung noch weitgehend ausgeklammert, ob-

wohl es eigentlich täglich neue Studien gibt, die diese verbohrte Haltung infrage stellen. Im Osten dagegen ist diese Einstellung zum Heilen interessanterweise seit Jahrhunderten und bis heute ein fester Bestandteil der medizinischen Tradition. Ich möchte Ihnen hier eine Methode der Stressreduzierung vorstellen, die Ihnen wieder das Heft in die Hand gibt. Sie speist sich aus dieser alten Überlieferung ebenso wie aus der modernen Psychologie und ist die einfachste und wirksamste mir bekannte Methode, mit der Sie dem Stress beikommen können, der Ihnen Tag für Tag Ihre Kraft raubt.

Sie heißt »Emotional Freedom Techniques« oder kurz EFT. Millionen von Menschen rings um den Globus ist sie einfach als »Klopfen« bekannt.

Das ganz Besondere an EFT liegt darin, dass es wie Akupunktur und Akupressur mit den Energieleitbahnen des Körpers arbeitet, den sogenannten Meridianen. Dabei klopfen Sie mit den Fingerspitzen bestimmte Punkte entlang dieser Meridiane und sprechen dabei Ihre Probleme an, wie Sie es vielleicht auch in der Praxis Ihres Therapeuten tun würden. Auf diese Weise können Sie die Energieblockaden lösen, die in Ihrem Körper und in Ihrem ganzen Leben immer wieder für Probleme sorgen. Grundsätzlich geht es darum, stagnierende Energien, Gedanken und Haltungen wieder in Bewegung zu bringen und zu bereinigen, die Ihnen alle Tage in die Quere kommen oder Sie sogar aus der Bahn werfen. Sie werden staunen, wie schnell sich damit Spannungen abbauen lassen und Sie wieder flott werden.

Viele finden diese Darstellung wenig überzeugend, sie klingt ihnen zu versponnen und alternativ, wenn nicht sogar nach Hokuspokus. Zum Glück gibt es inzwischen wissenschaftliche Beweise für das, was Praktizierende schon längst wissen. Insbesondere konnte eine an der Harvard School of Medicine durchgeführte Studie beweisen, dass schon leichter Druck auf die beim Klopfen verwendeten Punkte die Stressreaktionen Ihres Körpers deutlich abmildern kann. Yuri hat Ihnen ja im 1. Kapitel sehr schlüssig vor Augen geführt, dass die Stressreaktion in Ihrem Gehirn und in den Nebennieren zusammen mit der dadurch herbeigeführten Cortisolüberflutung des Körpers oft für Kraftlosigkeit, Depression und manches andere verantwortlich ist. Die genannte Studie kommt zu dem Ergebnis, dass EFT die Flut des Cortisols eindämmen kann, die Ihr Leben bisher so weitgehend bestimmt hat.

In einer weiteren Studie zeigte sich, dass EFT sogar Menschen mit der denkbar größten Stressbelastung durchgreifend helfen kann, nämlich den Kriegsveteranen. An der Studie nahmen Kriegsveteranen teil, die an einer sogenannten posttraumatischen Belastungsstörung litten. Sie wurden in zwei Gruppen eingeteilt. Die Teilnehmer der ersten Gruppe bekamen herkömmliche Gesprächstherapie und zusätzlich eine EFT-Einweisung, die der zweiten Gruppe nur Gesprächstherapie. Die Ergebnisse sprechen für sich: Nur vier Prozent der Veteranen in der zweiten Gruppe berichteten von einer Besserung ihrer Symptome, während in der EFT-Gruppe 90 Prozent der Teilnehmer angaben, die Symptome seien nicht mehr vorhanden. Wenn EFT solchen schwer traumatisierten Menschen helfen kann, wie wird es dann erst bei Ihnen sein?

Wenn Sie sich fragen, weshalb Klopfen so viel aufregender ist als die vielen anderen Methoden der Stressreduzierung, die heute in Umlauf sind, kann ich nur antworten: weil es so einfach ist. Es handelt sich um eine Do-it-yourself-Methode der persönlichen Gesundheitspflege, die in Minuten erlernbar ist. Natürlich können Sie auch mit einem ausgebildeten Therapeuten arbeiten, aber Sie können eben auch ganz für sich allein klopfen, wenn Sie morgens aufwachen. Sie haben die Wahl.

Ob das Klopfen Ihnen etwas bringt, finden Sie wie bei so vielen anderen Dingen nur heraus, wenn Sie es ausprobieren. Ich gebe Ihnen dazu Kern eine kurze Videoanleitung. Sie finden sie auf meiner Website: www.thetappingsolution.com/what-is-eft-tapping. Machen Sie einen Versuch, und ich bin sicher, dass Sie ein Fan werden – wie Yuri.

Schlaf

Guter Schlaf gehört sicher zu den wichtigsten Zutaten der Gesundheit. Schlafstörungen werden mit allen möglichen Zuständen in Zusammenhang gebracht, darunter Diabetes, Fettleibigkeit, Herzkrankheiten und natürlich Energiemangel. Der Schlaf ist die Zeit, die Ihrem Körper Gelegenheit gibt, alle Kräfte auf Heilung, Reparaturen und Wachstum zu konzentrieren. Letzteres erklärt, weshalb Babys so viel schlafen.

Der Markt bietet zur Verbesserung des Schlafs eine breite Palette von Lösungen, aber ich möchte die Sache hier ganz einfach halten: Der menschliche Körper ist auf einen zirkadianen oder »dem Tageslauf von Tag und Nacht folgenden« Rhythmus eingestellt. Das bedeutet vereinfacht, dass Ihr Körper bei Tageslicht darauf eingestellt ist, wach zu sein, während er nach Einbruch der Dunkelheit schlafbereit wird. Der Cortisolspiegel ist, wie ich erwähnt habe, bei Sonnenaufgang am höchsten und erreicht bei Anbruch der Nacht seinen Tiefststand. Das Schlafhormon Melatonin ist dagegen bei Tagesanbruch kaum vorhanden und erreicht in der Nacht seinen höchsten Stand. Es ist praktisch nicht möglich, dass Cortisol und Melatonin gleichzeitig hoch sind.

Wenn Sie am Abend gestresst ins Bett gehen, schlafen Sie dann gut? Bekanntlich nicht. Das Cortisol in Ihrem Blut hemmt das Melatonin, Sie können schlecht ein- und durchschlafen. Da kommen die Strategien des Stressabbaus, die ich Ihnen in diesem Kapitel erläutert habe, sicher gerade recht.

Ein weiteres Schlafhindernis ist in diesen modernen Zeiten das, was wir inzwischen »Lichtverschmutzung« nennen. Es geht hier insbesondere um Licht im blauen Abschnitt des Spektrums, das die Wirkung des Melatonins abschwächt, vor allem wenn wir ihm kurz vor dem Zubettgehen ausgesetzt sind.

Blau ist in künstlichen Lichtquellen stark vertreten, und hier sind insbesondere Fernseh- und Computerbildschirme zu nennen. Zum Glück können wir den Blaulichteinfluss vor dem Schlaf abmildern.

Sorgen Sie zunächst dafür, dass eine Stunde vor dem Schlafengehen alle Bildschirme und möglichst auch alle Lampen aus sind. Gut, das klingt jetzt nicht so recht machbar, aber Sie könnten wenigstens Fernseher und Computer ausschalten und stattdessen etwas lesen – aber bitte auf Papier und nicht auf dem Kindle!

Versuchen Sie es auch einmal mit einer Brille, die blaues Licht filtert. BluBlocker-Sonnenbrillen sind dafür bestens geeignet. Ich trage eine, wenn ich abends mal vor dem Fernseher sitze. Das sieht nicht besonders cool aus, fördert aber Ihren Schlaf. Wissenschaftler der University of Toronto (meiner Alma Mater) ermittelten den Melatoninspiegel bei Leuten, die hellem Kunstlicht ausgesetzt waren, aber BluBlocker trugen, und verglichen ihn mit den Melatoninwerten von Leuten, die sich ohne Augenschutz in gedämpftem Lampenlicht aufhielten. Wie sich zeigte, waren die Melatoninwerte in beiden Gruppen ungefähr gleich hoch. Daraus ist zu schließen, dass ungefiltertes blaues Licht die Melatoninwirkung stark abschwächt.[7]

Neben diesen beiden Lichtschutzmaßnahmen gibt es noch ein paar andere Dinge, mit denen Sie Ihren Schlaf verbessern können:

- *Jeden Tag ungefähr zur gleichen Zeit zu Bett gehen und aufstehen.* Jeden Tag heißt: auch an den Wochenenden. Damit stellen Sie Ihre innere Uhr neu ein, sodass Sie nach ein, zwei Wochen nicht einmal mehr einen Wecker brauchen. Ich empfehle Ihnen, nicht später als 11 Uhr ins Bett zu gehen, dann wachen Sie ganz natürlich zwischen sechs und sieben auf. Ihr Körper mag diese Routine, darin ist er der Sonne ähnlich.

- *Gedankenmüll vor dem Schlafengehen entsorgen.* Wenn Sie nicht einschlafen können, weil Ihnen zu viel im Kopf herumgeht, was Sie stresst und Ihren Cortisolspiegel hoch hält, nehmen Sie sich vor dem Zubettgehen fünf bis zehn Minuten, um sich das alles von der Seele zu schreiben – Sorgen, anstehende Erledigungen und so weiter. Wenn es auf Papier festgehalten vor Ihnen liegt, braucht sich Ihr Unterbewusstsein nicht mehr damit herumzuschlagen. Merke: Freier Kopf gleich besserer Schlaf gleich mehr Energie am nächsten Tag.
- *Vor dem Zubettgehen ein Bad mit Bittersalz (Magnesiumsulfat) und/oder ein Magnesiumpräparat.* Ein Bittersalzbad entspannt den ganzen Körper und kann nach einem hektischen Tag ein wunderbares Mittel sein, um wieder zu sich zu kommen. Auch ein Magnesiumtrunk ein, zwei Stunden vor der Schlafenszeit kann eine große Hilfe sein. Magnesium ist das Entspannungsmineral.

Was Sie auch unternehmen, denken Sie immer daran, dass es vor allem auf *guten* Schlaf ankommt, weniger auf seine Länge. Ich habe früher zwölf Stunden am Stück geschlafen und mich trotzdem nie erholt gefühlt. Heute schlafe ich mit den beschriebenen Maßnahmen sieben bis acht Stunden pro Nacht und fühle mich am Morgen ganz erfrischt. Das können Sie auch.

* * *

Sie haben jetzt ein paar richtig wirksame Strategien zur Stressreduzierung kennengelernt, die Sie auch kombinieren können, damit sie sich gegenseitig verstärken. Ein Beispiel: Sie können beim Naturspaziergang die tiefe Bauchatmung üben und sich dabei alles vor Augen führen, wofür Sie dankbar sind. Wenden Sie so viele dieser magischen Strategien an, wie Sie möchten, und Sie tun eine ganze Menge für Ihre Nebennieren und sind auf dem besten Wege, Ihr Energieniveau so weit anzuheben, dass Ihnen ein glückliches und vitales Leben sicher ist.

11

Finden Sie das, was Sie wirklich erfüllt

Weshalb wachen Sie am Morgen auf? Wozu sind Sie überhaupt auf der Welt?

Das sind sehr weitreichende Fragen, und vielleicht haben Sie den Eindruck, dass sie den Rahmen dieses Buchs sprengen. Ich glaube aber, dass es Fragen sind, die wir uns ernsthaft stellen sollten, zumal wenn es darum geht, unserem Leben wieder Leben einzuhauchen.

Da Sie bis hierher gelesen haben, konnten Sie sich ein gutes Bild von den Vorgängen in Ihrem Körper verschaffen, die Sie behindern und zurückhalten. Wir haben uns gemeinsam Ihre Verdauung und den Säuregrad Ihres Bluts angesehen, wir haben Ihr Bewegungsprogramm überarbeitet und uns Techniken der Stressreduzierung vor Augen geführt. Wenn Sie sich mit diesen Dingen beschäftigt haben, können wir hoffen, dass Sie sich jetzt schon besser fühlen, vielleicht besser denn je. Jetzt bleibt ein letzter Punkt anzusprechen, und dieser Punkt erst wird Sie ganz zu dem Ihnen bestimmten Leben hinführen, in dem es Ihnen nicht mehr an Energie mangeln wird. Ich spreche von Begeisterung oder Inspiration.

So wichtig körperliches Wohlbefinden ist, darüber hinaus brauchen Sie noch etwas, das Sie begeistert. Ohne das, welchen Sinn hätte es da, sich in Form zu bringen? Das mag ein bisschen sonderbar klingen, wenn es ein Gesundheitsexperte sagt, aber es ist wirklich genauso wichtig wie alle eher technischen Tipps, die ich Ihnen geben kann. Um an die Energie heranzukommen, die Sie sich wünschen, brauchen Sie etwas, worauf Sie wirklich aus sind, eine Passion.

Sie sind einmalig, Sie hat es nie zuvor gegeben und wird es nie wieder geben. Dieser Gedanke hat Sie vielleicht noch nie beschäftigt, aber es ist eine gewaltige Verantwortung damit verbunden, und sobald Sie sich das einmal klargemacht haben, können Sie Ihr Leben als das große Geschenk erkennen, das es ist. Es ist ein Geschenk, für das Sie sich der Welt erkenntlich zeigen müssen, und diese Aufgabe ist nicht als Last zu sehen, sondern als großes Glück. Sie werden sich nicht mehr von Tag zu Tag weiterschleppen wie bisher, sondern jeden Tag, ja jeden Atemzug begeistert begrüßen. Ihr Leben soll wunderbar sein, so und nicht anders ist es gemeint.

Das kann erst einmal wie eine hohe Anforderung wirken, und ich erinnere mich, dass es bei mir so war. In jungen Jahren stand für mich außer Frage, dass ich Profifußballer sein musste, und ich widmete mich diesem Sport mit Inbrunst, selbst als er meine Gesundheit zu untergraben begann und es mir furchtbar schlecht ging. Ich war vollkommen damit identifiziert.

Das änderte sich ziemlich abrupt, als ich 24 war. Tatsächlich hatte sich der Umbruch schon eine ganze Weile angeschlichen, aber ich merkte nichts. Jetzt fing ich an, meine Leistungen auf dem Platz sehr kritisch zu bewerten, und das ging so weit, dass ich immer weniger Spaß am Fußball hatte. Ich ging strenger mit mir um als mein Trainer!

Bis mir auf einmal bewusst wurde, wie unglücklich ich war. Es erschreckte mich. Sport war eindeutig meine Berufung, also was gab es da noch? Dieser Frage entsprang ein brennendes Verlangen, endlich herauszufinden, was ich wirklich wollte. Als ich meine Stollenschuhe endgültig an den Nagel hängte, war mir klar, dass Fußball mir einfach nicht genügte. Ich wollte etwas für die Welt tun, und was könnte besser sein, als den Menschen all das zu vermitteln, was ich auf dem steinigen Weg der Rückeroberung meiner Gesundheit gelernt hatte?

Der Weg dorthin war lang, aber als mir der Gedanke kam, war er eine echte Offenbarung. Ich bin sehr froh, dass ich an diesen Punkt gelangt bin – nicht auszudenken, wie es weitergegangen wäre, hätte ich an der Fußballkarriere festgehalten. Mein jetziges Leben macht mir so viel mehr Freude, jeder Tag gibt mir neue Anstöße. Ich habe mir vorgenommen, zehn Millionen Menschen im Laufe der nächsten Jahre zu einem gesünderen und fitteren Leben zu verhelfen, und das gibt mir jeden Tag Ansporn und lässt mich vor keinem Hindernis aufgeben. Nach all den Jahren der Kämpfe und Leiden bin ich jetzt endlich lebendig. Jeder Tag ist ein Abenteuer, das ich kaum erwarten kann.

Und Sie? Was würden Sie brauchen, um so zu fühlen?

Das Leben entrümpeln

Auf dem Weg zu dem, was Ihre Passion ist, muss es für Sie nicht so turbulent zugehen, wie es bei mir war. Ich wünsche Ihnen wirklich nicht, dass Ihnen die Haare ausfallen oder Sie ähnliche Lebenskrisen durchstehen müssen. Das war wahrlich kein Vergnügen. Aber wenn ich es recht bedenke, ist Ihr derzeitiges Leben wahrscheinlich auch nicht die reine Wonne.

Überlegen Sie einmal, wie viel Spaß Ihr Leben Ihnen wirklich macht. Ich frage nicht danach, wie Sie Ihr Geld verdienen. Ob Sie ein Großunternehmen leiten oder in der Tankstelle Schichtdienst leisten, spielt keine Rolle. Ist Ihr Alltag nach Ihrem Geschmack? Wenn ja, wunderbar. Setzen Sie einfach die in diesem Buch angesprochenen Dinge um, und alles ist bestens für Sie. Aber wenn der Alltag Ihnen vor allem zusetzt oder langweilig oder sogar ein Albtraum ist, müssen Sie etwas unternehmen. Solange es so bleibt, wird Ihnen die Energie, die Sie sich wünschen, unerreichbar bleiben.

Nur zu leicht verlieren wir in unserem Pflichtbewusstsein bei der Arbeit und gegenüber der Familie den Kontakt zu uns selbst. Wir vergessen, dass wir nur wirklich für andere da sein können, wenn wir gut für uns selbst gesorgt haben – wenn wir uns einer Sache widmen, die uns wirklich befriedigt.

Ich könnte mir vorstellen, dass manche meiner Leser Eltern sind, die zu Hause bleiben und um der Kinder willen auf berufliche Verwirklichung verzichten. Tatsächlich ist

FINDEN SIE DAS, WAS SIE WIRKLICH ERFÜLLT

Kinderbetreuung ja ein Vollzeitjob, und es ist nur zu verständlich, wenn Eltern in der ganz anstrengenden Zeit ganz oder teilweise auf berufliche Arbeit verzichten. Irgendwann stellen sie dann aber vielleicht fest, dass sie eigentlich nur noch für die Kinder existieren und wirklich erschöpft sind. Dann fangen sie an, Bücher wie dieses zu kaufen.

Ich sage nicht, Sie sollten sofort losziehen und sich einen Job suchen, aber Sie sind es sich und Ihren Kindern schuldig, Ihr Leben um etwas zu erweitern, was Sie begeistert und Ihnen die Kraft zurückgibt, die Sie in die Betreuung der Kleinen stecken. Ähnliches gilt übrigens auch, wenn Sie einer ganz normalen Vollzeitarbeit nachgehen und von Ihrem Chef ständig fertiggemacht werden. Da spielt es keine Rolle, ob Sie Frau oder Mann, alt oder jung sind – wenn Sie sich von jemandem oder etwas auffressen lassen, fühlen Sie sich irgendwann nur noch ausgelaugt und leer.

Vielleicht denken Sie jetzt: »Der hat gut reden.« Ich bin Inhaber einer gutgehenden Firma, und Sie lesen gerade das Buch, das ich verfasst habe. Wie könnte ich da Sinn für Ihre Schwierigkeiten haben? Aber was ich Ihnen hier mitteile, hat nicht nur bei mir gewirkt, sondern bei sehr vielen meiner Klienten. Und für Sie wünsche ich mir das auch.

Deshalb hier etwas, was Sie jetzt gleich tun können, um schon einmal diese Richtung einzuschlagen. Nehmen Sie sich ein Blatt Papier, und teilen Sie es in der Mitte durch eine senkrechte Linie. Über die eine Spalte schreiben Sie »Plus«, über die andere »Minus«. Notieren Sie in der Plus-

Spalte alles, was Sie besonders gern tun und worin Sie besonders gut sind, egal was: eine Sportart, ein Hobby, etwas in der beruflichen Tätigkeit. Es kann auch etwas sein, was Sie in der Vergangenheit brillant beherrscht haben oder zu gern tun würden, aber noch nicht versucht haben.

Danach schreiben Sie in die Minus-Spalte alles, was Sie belastet. Nehmen Sie keinerlei Rücksichten, laden Sie alles ab, was Sie ratlos macht, bedrückt oder mit Sorgen erfüllt, auch Kleinigkeiten. Halten Sie nichts zurück.

Gut möglich, dass Sie in die Minus-Spalte viel mehr einzutragen haben als in die andere, und das ist ein deutlicher Hinweis, dass Sie nicht im Einklang mit dem leben, was Sie wirklich sind. Wie könnten Sie glücklich sein bei all diesen Dingen, mit denen Sie sich herumschlagen müssen?

Für mich hat sich diese kleine Übung als sehr nützlich in allen Lebensbereichen erwiesen. Auf meine Ernährung angewandt beispielsweise ergab sich, dass ich nicht gern viel in der Küche zu tun habe, also habe ich meinen Speiseplan einfach mit mehr Smoothies angereichert, weil die leicht und schnell zubereitet sind, ohne dass ich Abstriche bei Geschmack und Nährwert machen muss. Im Hinblick auf meine Firma stellte sich heraus, dass ich nicht gern in allen kleinen Belangen Rat und Anleitung gebe, deshalb habe ich es mir zum Prinzip gemacht, die Leute, mit denen ich kooperiere oder die ich beschäftige, mit allem auszustatten, was sie brauchen, um möglichst selbstständig arbeiten zu können.

Bei dieser Übung geht es darum, die Anteile Ihres Lebens herauszufinden, mit denen Sie anders umgehen sollten.

Das geht nicht gut, wenn Sie am Morgen gleich mit einem Kopf voll unzähliger Dinge aufwachen, die alle zu tun sind. Treten Sie aber, wie mit dieser Plus-Minus-Übung, einen Schritt zurück, bekommen Sie mehr Überblick, um die Dinge in die richtigen Bahnen zu leiten, vor allem wenn Sie überall da, wo es überhaupt möglich ist, ein Prinzip anwenden, das ich mit »Automatisieren, Delegieren, Weglassen« umschreibe.

Das kann so aussehen: Kreisen Sie in der Minus-Spalte drei Dinge ein, die Sie am liebsten ganz los wären. Jetzt betrachten Sie diese drei Punkte ganz genau und überlegen, was hier automatisiert oder delegiert werden oder ganz wegfallen kann. Nehmen wir an, Sie machen die Wäsche zu Hause. Mit überschaubaren Mehrkosten könnten Sie die Wäsche außer Haus geben und würden sich damit eine Menge Zeit freischaufeln. Das ließe sich sogar noch über einen wöchentlichen Hol- und Bringdienst automatisieren. Für das Putzen können Sie jemanden einstellen, und mit Ihren Steuerangelegenheiten können Sie ebenfalls jemanden beauftragen. Das ist Delegieren. Und schließlich gibt es sicher noch ein paar Dinge, die Sie einfach ganz loswerden möchten, weil sie den Aufwand nicht mehr wert sind. Löschen.

So einfach das Verfahren ist, Sie werden staunen, von wie viel Druck und Belastung es Sie befreit. Und das Schönste: Sie bekommen Spielraum, um die gewonnene Zeit und Energie den Dingen in Ihrer Plus-Spalte zu widmen. Ohne große Mühe wachsen Sie in ein Leben hinein, das Ihnen viel mehr Freude macht, Tag für Tag.

Die heilende Kraft des Gebens

Zwischen meinem Leben als Fußballer und meinem jetzigen Leben als Ernährungsberater und Fitnesscoach liegen Welten. Es hängt alles an der Frage, wie viel ich für meine Umwelt tue.

Wenn Sie zur Einleitung zurückblättern, werden Sie sehen, dass ich schon dort erwähnt habe, wie wichtig es mir ist, etwas für andere zu tun. Ich nehme an, dass es Ihnen ähnlich geht, ob es Ihnen bewusst ist oder nicht. Und es ist nicht an bestimmte Berufe gebunden. Wenn Sie gern Künstler wären, geht es Ihnen auch darum, die Menschen zu begeistern und vielleicht auf Ihre ganz eigene neue und interessante Art zu provozieren. Wenn Sie Ingenieur sein möchten, geht es Ihnen sicher darum, etwas zu bauen, woraus die Gesellschaft insgesamt Nutzen zieht. Was es auch sei, sicher verbindet sich damit die Vorstellung, einen Beitrag zu leisten.

Ein 2013 an der University of Exeter erarbeiteter Bericht betrachtete 40 Studien über ehrenamtlich Tätige und freiwillige Helfer aus den vorangegangenen 20 Jahren und kam zu dem Ergebnis, dass diese Menschen sich wohler fühlten, weniger zu Depressionen neigten und die Wahrscheinlichkeit eines frühen Todes bei ihnen um 22 Prozent niedriger war.[1]

Es ist wirklich so einfach: Anderen zu helfen hilft Ihnen, glücklicher und gesünder zu werden.

Ich habe dieses Thema nicht im Stress-Kapitel angeschnitten, aber machen Sie einen Versuch damit, wenn Sie sich wieder einmal total gestresst fühlen. Wenn der Druck überhand nimmt und Sie arg mitgenommen sind, überlegen Sie einmal, wo Sie helfen könnten, anstatt sich dem Trübsal hinzugeben. Ich kann Ihnen versprechen, dass es Ihre Stimmung unfehlbar hebt. Und das Beste: Irgendwer wird auch noch Nutzen aus Ihrer Großherzigkeit ziehen können.

Eigentlich liegt es auch auf der Hand, sobald wir uns auf den Gedanken einlassen, und vielleicht möchten Sie jetzt einmal darüber nachdenken, was Sie Ihrem engeren und weiteren Lebensumfeld zu bieten hätten. Für mich liegt der beste Ansatz darin, sich auf das zu besinnen, was man besonders gern tut, und sich dann umzusehen, wo man es anwenden kann. Können Sie sich vorstellen, wie unsere Welt aussehen würde, wenn sich jeder dazu aufraffen könnte?

In meiner Zeit als Fußballer drehte sich alles immer nur um mich, um meine Leistungen und all das Geld, das sie mir einbringen würden. Später meldete sich dann die Frage: Tue ich eigentlich etwas, wovon die Welt ein bisschen besser wird? Ich könnte vieles aufzählen, was in meiner Welt nicht in Ordnung war, aber ich hatte nicht den Impuls, etwas daran zu ändern. Was ich heute tue, erfüllt mich und gibt meinem Leben einen Sinn, weil ich so vielen Menschen helfen kann, für sich selbst ein sinnvolles Leben zu finden. Nichts davon hätte ich je erlebt, wäre ich auf dem Fußballplatz geblieben.

Aber bitte, es geht nicht darum, dass Sie die Welt retten oder so viele Menschen erreichen wie ich. Ihre Berufung kann auch einfach darin liegen, für Ihre Familie und die Menschen in Ihrem unmittelbaren Lebensumfeld da zu sein. Eines ist sicher: Wenn Sie das tun, was Ihnen zu tun bestimmt ist, werden Sie nicht der Einzige sein, der davon etwas hat.

Tag für Tag

Erwarten Sie nicht, dass sich alles von heute auf morgen ändert. Ihre Passion finden und Ihr Leben ändern, das ist eine Entwicklung, der Sie sich Schritt für Schritt anvertrauen müssen, dann wird sie zu einem unvergesslichen Abenteuer. Nehmen Sie Ihre Fortschritte ganz bewusst wahr, und Sie schaffen sich eine Motivation, die Ihr Leben lang anhält und noch andere mitzureißen vermag.

Jeder Mensch hat da seine ganz eigene Geschichte. Manche arbeiten in ihrem Beruf, bis sie über 50 sind, und finden dann erst ihre wahre Berufung. Andere verlassen den Arbeitsalltag schon früh und versuchen es mit dem, wofür sie wirklich brennen. Und schließlich gibt es auch junge Leute, die genau wissen, was sie wollen, bevor sie auch nur aufs College gehen, und die schon große Erfolge landen, wenn sie noch gar nicht im Berufsleben sind.

Wichtig ist, dass Sie einfach Geduld mit sich haben und jeden Tag beim Aufwachen wieder den Entschluss fassen, das Heute noch besser zu machen, als das Gestern war.

Die kleinen Schritte in Richtung Ihrer Ziele sind wichtiger, als Ihnen vielleicht bewusst ist. Und wichtig ist auch, dass Sie sich durch kleine Rückschläge nicht entmutigen lassen, sonst entsteht leicht das zermürbende Gefühl, dass Sie nicht vom Fleck kommen. Deshalb müssen Sie wirklich im Auge behalten, was Sie alles erreichen und wohin es Sie führt. Im vorigen Kapitel habe ich Ihnen ans Herz gelegt, ein Dankbarkeitstagebuch zu führen, und vielleicht überlegen Sie einmal, ob Sie auch noch ein allgemeines Tagebuch führen möchten, das Ihre Errungenschaften und Erfolge auf dem Weg zu Gesundheit, Stressbewältigung und beruflicher Verwirklichung verzeichnet. So haben Sie immer Ihre Fortschritte vor Augen, ein zunehmendes Erfolgsgefühl, das Sie auf dem weiteren Weg beflügelt.

In *You Can Heal Your Life (Gesundheit für Körper und Seele)*, dem weithin bekannten Buch, mit dem die Erfolgsgeschichte des Verlags Hay House begann (der auch die englische Ausgabe dieses Buchs herausbrachte), schreibt Louise Hay, wie chronische Müdigkeit entstehen kann, wenn man seine Arbeit nicht gern tut und keine rechte Lebenslust mehr hat. Sie können beides wiederfinden, erfüllte Arbeit und Freude am Leben, aber es geht vielleicht nicht so schnell, wie Sie gern möchten. Deshalb ist es so wichtig, dass Sie sanft und nachsichtig mit sich umgehen. Da können Wunder geschehen.

● ● ●

Wir sind ein gutes Stück Weg zusammen gegangen, und ich hoffe, Sie sehen Ihr Leben jetzt mit anderen Augen. Ihr Leben ist etwas Kostbares, und Sie haben es viel zu lange nicht so betrachtet. Sie haben sich überfordert, Sie haben viel zu wenig Schlaf bekommen, Sie sind über Ihre Grenzen gegangen. Um das auszugleichen, haben Sie auch noch zu ganz ungeeigneten Nahrungsmitteln gegriffen und sich mit unbekömmlichen Energiekicks getröstet, die Ihnen langsam, langsam den Garaus machen. Schließlich waren Sie nur noch ein Schatten Ihrer selbst und konnten einfach nicht verstehen, weshalb das Leben so schwierig ist.

Ich kann Ihnen versprechen, dass das in diesem Buch dargelegte Vorgehen all das bereinigen und Ihnen zu einem Neustart verhelfen wird. Wenn Sie sich nach gerade einmal sieben Tagen der Anwendung dieser Methode schon besser fühlen, wie viel besser wird es dann nach einem Monat sein? Und erst nach einem Jahr?

Es ist Ihnen hoffentlich klar geworden, dass Ihr Glück nicht an einem muskulösen Körper oder der richtigen Diät hängt. Es kommt auch nicht von massenhaft Geld und sogenanntem Erfolg. Alles hängt davon ab, dass Sie in sich selbst zu einem Gleichgewicht finden, damit Ihre natürliche Energie Sie durch alle Tage tragen kann. Sie haben ein Kraftwerk in sich, das bereit ist, Licht in der Welt zu verbreiten. Sie sind näher dran, als Sie denken.

Anmerkungen

1. Kapitel

1. M. A. Heckman et al.: »Energy drinks: An assessment of their market size, consumer demographics, ingredient profile, functionality, and regulations in the United States«, in *Comprehensive Reviews in Food Science and Food Safety* 9 (3), 2010, S. 303–17.
2. Nicolas Rohleder et al.: »Hypocortisolism and increased glucocorticoid sensitivity of pro-inflammatory cytokine production in Bosnian war refugees with posttraumatic stress disorder«, in *Biological Psychiatry* 55 (7), 2004, S. 745–51.
3. Bruce S. McEwen und Teresa Seeman: »Protective and damaging effects of mediators of stress: elaborating and testing the concepts of allostasis and allostatic load«, in *Annals of the New York Academy of Sciences* 896 (1), 1999, S. 30–47.
4. Ilia J. Elenkov und George P. Chrousos: »Stress hormones, Th1/Th2 patterns, pro/anti-inflammatory cytokines and susceptibility to disease«, in *Trends in Endocrinology & Metabolism* 10 (9), 1999, S. 359–68.

2. Kapitel

1. S. Boyd Eaton: »The ancestral human diet: What was it and should it be a paradigm for contemporary nutrition?«, in *Proceedings of the Nutrition Society* 65 (1), 2006, S. 1–6.

2. J. L. Slavin: »Position of the American Dietetic Association: Health implications of dietary fiber«, in *Journal of the American Dietetic Association* 108 (10), 2008, S. 1716–31.
3. Rachel K. Johnson et al.: »Dietary sugars intake and cardiovascular health: A scientific statement from the American Heart Association«, in *Circulation* 120 (11), 2009, S. 1011–20.
4. Kevin A. Clauson et al.: »Safety issues associated with commercially available energy drinks«, in *Pharmacy Today* 14 (5), 2008, S. 52–64.

3. Kapitel

1. Regina Maria Cseuz et al.: »Alkaline mineral supplementation decreases pain in rheumatoid arthritis patients: A pilot study«, in *Open Nutrition Journal* 2, 2008, S. 100–105.
2. Nimrit Goraya und Donald E. Wesson: »Does correction of metabolic acidosis slow chronic kidney disease progression?«, in *Current Opinion in Nephrology and Hypertension* 22 (2), 2013, S. 193–97.
3. María M. Adeva und Gema Souto: »Diet-induced metabolic acidosis«, in *Clinical Nutrition* 30 (4), 2011, S. 416–21.
4. Jamie A. Koufman und Nikki Johnston: »Potential benefits of pH 8.8 alkaline drinking water as an adjunct in the treatment of reflux disease«, in *Annals of Otology Rhinology and Laryngology-Including Supplements* 121 (7), 2012, S. 431.
5. Aya Kanbara et al.: »Effect of urine pH changed by dietary intervention on uric acid clearance mechanism of pH-dependent excretion of urinary uric acid«, in *Nutrition Journal* 11 (1), 2012, S. 39.
6. Katherine L. Tucker et al.: »The acid-base hypothesis: Diet and bone in the Framingham Osteoporosis Study«, in *European Journal of Nutrition* 40 (5), 2001, S. 231–37.

4. Kapitel

1. Gilbert R. Kaats et al.: »The short term efficacy of the ALCAT test of food sensitivities to facilitate changes in body compo-

sition and self-reported disease symptoms: A randomized controlled study«, Health & Medicine Research Foundation, Baylor Sports Medicine Institute (Houston), 1996.
2. Mohammed Akmal et al.: »The Effect of the ALCAT Test diet therapy for food sensitivity in patients with obesity«, in *Middle East Journal of Family Medicine* 7 (3), 2009.
3. R. M. Pitkin et al.: »Dietary reference intakes for thiamin, riboflavin, niacin, vitamin B_6, folate, vitamin B_{12}, pantothenic acid, biotin and choline«, 2000, S. 196–305.

5. Kapitel

1. David C. Dugdale: »What causes bone loss?«, in *MedlinePlus*. U.S. National Library of Medicine. National Institutes of Health, 2012.
2. E. Muehlhoff et al.: *Milk and Dairy Products in Human Nutrition*. Food and Agriculture Organization of the United Nations. Rom 2013.
3. I. Paspati et al.: »Hip fracture epidemiology in Greece during 1977–1992«, in *Calcified Tissue International* 62 (6), 1998, S. 542–47.
4. E. Muehlhoff et al.: *Milk and Dairy Products in Human Nutrition*. Food and Agriculture Organization of the United Nations. Rom 2013.
5. E. M. Lau und C. Cooper: »Epidemiology and prevention of osteoporosis in urbanized Asian populations«, in *Osteoporosis International* 3 (1), 1993, S. 23–26.
6. Suzanne C. Ho et al.: »The prevalence of osteoporosis in the Hong Kong Chinese female population«, in *Maturitas* 32 (3), 1999, S. 171–78.
7. E. M. Lau: »Admission rates for hip fracture in Australia in the last decade: The New South Wales scene in a world perspective«, in *The Medical Journal of Australia* 158 (9), 1993, S. 604–606.
8. Takuo Fujita und Masaaki Fukase: »Comparison of osteoporosis and calcium intake between Japan and the United States«, in *Experimental Biology and Medicine* 200 (2), 1992, S. 149–52.

9. Richard L. Bauer: »Ethnic differences in hip fracture: A reduced incidence in Mexican Americans«, in *American Journal of Epidemiology* 127 (1), 1988, S. 145–49.
10. Arline Bohannon: »Osteoporosis and African American women«, in *Journal of Women's Health & Gender-Based Medicine* 8 (5), 1999, S. 609–15.
11. Edward Howell: *Enzyme Nutrition: The Food Enzyme Concept.* Wayne, NJ: Avery, 1995.
12. C. W. Saunders: »The nutritional value of chlorophyll as related to hemoglobin formation«, in *Proceedings of the Society for Experimental Biology and Medicine* 23 (8), 1926, S. 788–89.
13. Lawrence W. Smith: »Chlorophyll: An experimental study of its water-soluble derivatives: I. Remarks upon the history, chemistry, toxicity and antibacterial properties of water-soluble chlorophyll derivatives as therapeutic agents«, in *The American Journal of the Medical Sciences* 207 (5), 1944, S. 647–54.
14. Arthur J. Patek: »Chlorophyll and regeneration of the blood: Effect of administration of chlorophyll derivatives to patients with chronic hypochromic anemia«, in *Archives of Internal Medicine* 57 (1), 1936, S. 73.
15. Hsin-Chia Hung et al.: »Fruit and vegetable intake and risk of major chronic disease«, in *Journal of the National Cancer Institute* 96 (21), 2004, S. 1577–84.
16. Kristi A. Steinmetz und John D. Potter: »Vegetables, fruit, and cancer prevention: A review«, in *Journal of the American Dietetic Association* 96 (10), 1996, S. 1027–39.
17. Vernon R. Young und Peter L. Pellett: »Plant proteins in relation to human protein and amino acid nutrition«, in *The American Journal of Clinical Nutrition* 59 (5), 1994, S. S1203–S1212.
18. William B. Kannel et al.: »A general cardiovascular risk profile: The Framingham Study«, in *The American Journal of Cardiology* 38 (1), 1976, S. 46–51.
19. Jostein Holmen et al.: »The Nord-Trøndelag Health Study 1995–97 (HUNT 2): Objectives, contents, methods and participation«, in *Norsk epidemiologi* 13 (1), 2003, S. 19–32.

20. P. R. Huttenlocher et al.: »Medium-chain triglycerides as a therapy for intractable childhood epilepsy«, in *Neurology* 21 (11), 1971, S. 1097.
21. Ronald P. Mensink et al.: »Effects of dietary fatty acids and carbohydrates on the ratio of serum total to HDL cholesterol and on serum lipids and apolipoproteins: A meta-analysis of 60 controlled trials«, in *The American Journal of Clinical Nutrition* 77 (5), 2003, S. 1146–55.
22. Paola Bogani et al.: »Postprandial anti-inflammatory and antioxidant effects of extra virgin olive oil«, in *Atherosclerosis* 190 (1), 2007, S. 181–86.
23. »You Can Control Your Cholesterol: A Guide to Low-Cholesterol Living.« Merck & Co. Inc.
24. Francesco Visioli und Tory M. Hagen: »Nutritional strategies for healthy cardiovascular aging: Focus on micronutrients«, in *Pharmacological Research* 55 (3), 2007, S. 199–206.
25. Emily Ho et al.: »Dietary influences on endocrine-inflammatory interactions in prostate cancer development«, in *Archives of Biochemistry and Biophysics* 428 (1), 2004, S. 109–17.
26. J. Thomas Brenna et al.: »ISSFAL Official Statement Number 5 α-Linolenic Acid Supplementation and Conversion to n-3 Long Chain Polyunsaturated Fatty Acids in Humans«, International Society for the Study of Fatty Acids and Lipids, 2009.
27. Thomas A. B. Sanders: »DHA status of vegetarians«, in *Prostaglandins, Leukotrienes, and Essential Fatty Acids* 81 (2), S. 137–41.
28. Walter J. Lukiw et al.: »A role for docosahexaenoic acid-derived neuroprotectin D1 in neural cell survival and Alzheimer disease«, in *Journal of Clinical Investigation* 115 (10), 2005, S. 2774–83.
29. Ramin Farzaneh-Far et al.: »Association of marine omega-3 fatty acid levels with telomeric aging in patients with coronary heart disease«, in *Journal of the American Medical Association* 303 (3), 2010, S. 250–57.

7. Kapitel

1. R. Kunze et al.: »Humoral immunomodulatory capacity of proteases in immune complex decomposition and formation«, First International Symposium on Combination Therapies, Washington, D.C., 1991.
2. Ratan Kumar et al.: »Enhanced thermogenesis in rats by Panax ginseng, multivitamins and minerals«, in *International Journal of Biometeorology* 39 (4), 1996, S. 187–91.
3. Gregory S. Kelly: »Nutritional and botanical interventions to assist with the adaptation to stress«, in *Alternative Medicine Review: A Journal of Clinical Therapeutics* 4 (4), 1999, S. 249–65.
4. Gloria Chacón de Popovici: *MACA (Lepidium peruvianum Chacón): Millenarian Peruvian Food Plant, With Highly Nutritional and Medicinal Properties.* Lima, Peru: Gráfica Mundo, 2001.
5. Gustavo F. Gonzales et al.: »Lepidium meyenii (Maca): A plant from the highlands of Peru – from tradition to science«, in *Forschende Komplementärmedizin/Research in Complementary Medicine* 16 (6), 2009, S. 373–80.
6. Rostislav Vecera et al.: »The influence of maca (Lepidium meyenii) on antioxidant status, lipid and glucose metabolism in rat«, in *Plant Foods for Human Nutrition* 62 (2), 2007, S. 59–63.
7. A. Panossian et al.: »Rosenroot (*Rhodiola rosea*): Traditional use, chemical composition, pharmacology and clinical efficacy«, in *Phytomedicine* 17 (7), 2010, S. 481–93.
8. Katrien De Bock et al.: »Acute Rhodiola rosea intake can improve endurance exercise performance«, in *International Journal of Sport Nutrition and Exercise Metabolism* 14 (3), 2004, S. 298–307.
9. Zhang-jin Zhang et al.: »Dietary supplement with a combination of Rhodiola crenulata and Ginkgo biloba enhances the endurance performance in healthy volunteers«, in *Chinese Journal of Integrative Medicine* 15, 2009, S. 177–83.
10. Ramar Perumal Samy et al.: »A compilation of bioactive compounds from Ayurveda«, in *Bioinformation* 3 (3), 2008, S. 100.
11. Shweta Shenoy et al.: »Effects of eight-week supplementation of Ashwagandha on cardiorespiratory endurance in elite Indi-

an cyclists«, in *Journal of Ayurveda and Integrative Medicine* 3 (4), 2012, S. 209.

10. Kapitel

1. James H. Geer et al.: »Reduction of stress in humans through nonveridical perceived control of aversive stimulation«, in *Journal of Personality and Social Psychology* 16 (4), 1970, S. 731.
2. Annie M. Bollini et al.: »The influence of perceived control and locus of control on the cortisol and subjective responses to stress«, in *Biological Psychology* 67 (3), 2004, S. 245–60.
3. Susan P. Baker et al.: »Aviation-related injury morbidity and mortality: Data from US health information systems«, in *Aviation, Space, and Environmental Medicine* 80 (12), 2009, S. 1001–05.
4. Brad J. Bushman et al.: »Catharsis, aggression, and persuasive influence: Self-fulfilling or self-defeating prophecies?«, in *Journal of Personality and Social Psychology* 76 (3), 1999, S. 367–76.
5. Terry Hartig et al.: »Restorative effects of natural environment experiences«, in *Environment and Behavior* 23 (1), 1991, S. 3–26.
6. Jules Pretty et al.: »Green exercise in the UK countryside: Effects on health and psychological well-being, and implications for policy and planning«, in *Journal of Environmental Planning and Management* 50 (2), 2007, S. 211–31.
7. Martin A. Mainster: »Violet and blue light blocking intraocular lenses: Photoprotection versus photoreception«, in *British Journal of Ophthalmology* 90 (6), 2006, S. 784–92.

11. Kapitel

1. Caroline E. Jenkinson et al.: »Is volunteering a public health intervention? A systematic review and meta-analysis of the health and survival of volunteers«, in *BMC Public Health* 13 (1), 2013, S. 1–10.

Kostenlose Downloads

Sie haben dieses Buch zur Hand genommen und bewiesen, dass Sie jemand sind, der oder die fest entschlossen ist, ein erfülltes, energiegeladenes und gesundes Leben zu führen. Als Dank und zum Ansporn, damit Sie dranbleiben und Ihre Ziele auch wirklich erreichen, stelle ich Ihnen auf meiner Website drei Downloads (natürlich auf Englisch) als Geschenke bereit:

1. **Food Labeling 101.** Ich könnte mir vorstellen, dass Sie hin und wieder doch noch abgepackte Fertiglebensmittel im Haus haben. Damit Sie nicht an der Nase herumgeführt werden, zeige ich Ihnen hier, wie die manchmal schwer durchschaubaren Aufdrucke zu entschlüsseln sind.

2. **8 Energy-Boosting Desserts.** Mit diesen leckeren und dazu auch noch gesunden Desserts haben Sie endlich wieder die Möglichkeit, ohne Gewissensbisse, aber auch ohne Gefährdung durch Zucker, Milchprodukte und Gluten zu naschen.

3. **Yoga for Energy.** Hier bekommen Sie eine 15-minütige Yoga-Sequenz zur Entspannung und Verjüngung Ihres Körpers.

All das finden Sie als freie Downloads unter
www.alldayenergydiet.com/3gifts

Zu guter Letzt

Ich habe in diesem Buch immer wieder betont, wie wichtig es ist, in Ihrem Körper basische Verhältnisse zu schaffen, wenn Sie Ihre Gesundheit verbessern und Ihrer Energie auf die Sprünge helfen möchten. Außerdem habe ich nützliche Nahrungsergänzungen sowie Übungen beschrieben, mit denen Sie Ihren Energiehaushalt normalisieren, Ihre Gesundheit verbessern und Ihrem Stress abhelfen können.

In diesem letzten Abschnitt des Buchs finden Sie, ausreichende Englischkenntnisse vorausgesetzt, ein paar Dinge, die Sie sich auf meiner Website ansehen und mit denen Sie unmittelbar einsteigen können.

Energy Greens. Dabei handelt es sich um ein von mir selbst zusammengestelltes grünes Pulver – ausgesprochen schmackhaft. Es besteht aus acht sagenhaft guten Superfoods und ist eine im Handumdrehen zubereitete Köstlichkeit, die Sie alle Tage genießen können.

Zusammensetzung (alle Zutaten in Bioqualität):

- Alfalfasaft-Pulver
- Gerstengrassaft-Pulver
- Spirulina-Pulver
- Gojibeerensaft-Pulver
- Maca-Pulver
- Vanille
- Chlorella-Pulver
- Zimt

Sie können Super Greens über die unten genannte Webadresse bestellen oder sich auf dieser Seite zumindest eingehend über das Pulver und seinen Nutzen informieren.
www.alldayenergydiet.com/greens

Yoga for Athletes – Yoga für Sportler. Hier kommen Sie in den Genuss eines verjüngend und stressabbauend wirkenden Yogaablaufs, den ich für den Männerfußball an der University of Toronto entwickelt habe. Das Programm steht als Audio, Video und als PDF-Download zur Verfügung.
www.alldayenergydiet.com/yoga

Exercises – Übungen. Ich habe in diesem Buch einige Fitnessübungen beschrieben und dazu auch selbst ein paar kleine Videos für Sie gedreht, die Sie sich auf meiner Website anschauen und kostenlos downloaden können, damit Sie genau wissen, wie man da vorgehen muss.
www.alldayenergydiet.com/exercises

Smoothies und Säfte. Ich habe Ihnen 54 Rezepte für herrliche Smoothies und Säfte zusammengestellt, alle von meinen drei Kindern geprüft und für gut befunden. Wenn Sie ohne große Umstände für erstklassige Ernährung sorgen möchten, werden Sie von diesen Rezepten begeistert sein. Sie stehen als Buch und als Download zur Verfügung.
www.alldayenergydiet.com/smoothies

Über den Autor

Yuri Elkaim ist ein ganzheitlicher Ernährungsberater und Fitnessexperte – berühmt dafür, dass er den Menschen ohne Firlefanz oder Modediäten zu strotzender Gesundheit und stabiler, anhaltender Energie verhilft. Viele wissen auch, dass er Sportler ohne halsbrecherisches Training und unabhängig von ihrem Anfangsstand zu enormer athletischer Form aufbaut. Seine Mut machende Gesundheitsbotschaft hat bereits einer halben Million Menschen in aller Welt zu einem anderen Leben verholfen, aber er wünscht sich, dass es mindestens zehn Millionen werden.

Yuri hat an der University of Toronto Titel in den Fächern Körpererziehung und Gesundheit/Kinesiologie erworben. Als Profifußballer gewann er mehrere Pokale. Darüber hinaus war er sieben Spielzeiten lang leitender Kraft-, Konditionstrainings- und Ernährungscoach an der University of Toronto.

Yuri ist Professor der Super Nutrition Academy und hat über 130 Fitnessprogramme entwickelt.

www.alldayenergydiet.com

Der einfachste Weg zum gesunden Lebensstil

Tom Rath stellte nach 20 Jahre im Selbstversuch fest, dass unser Wohlbefinden auf drei Säulen ruht: das Richtige essen, sich mehr bewegen und besser schlafen. Diese alltäglichen kleinen Entscheidungen bewirken eine stabile Gesundheit bis ins hohe Alter.

288 Seiten
ISBN 978-3-442-22096-0
auch als E-Book erhältlich

www.goldmann-verlag.de
www.facebook.com/goldmannverlag

GOLDMANN
Lesen erleben

Um die ganze Welt des GOLDMANN *Body, Mind & Spirit* Programms kennenzulernen, besuchen Sie uns doch im **Internet** unter:

www.goldmann-verlag.de

Dort können Sie
nach weiteren interessanten Büchern ***stöbern***,
Näheres über unsere ***Autoren*** erfahren,
in ***Leseproben*** blättern, alle ***Termine*** zu Lesungen und
Events finden und den ***Newsletter*** mit interessanten
Neuigkeiten, Gewinnspielen etc. abonnieren.

Ein ***Gesamtverzeichnis*** aller Goldmann Bücher finden Sie dort ebenfalls.

Sehen Sie sich auch unsere ***Videos*** auf YouTube an und werden Sie ein ***Facebook***-Fan des Goldmann Verlags!

www.goldmann-verlag.de
www.facebook.com/goldmannverlag